本書の特色と使い方

教科書の学習進度にあわせて，授業・宿題・予習・復習などに使えます

教科書のほぼすべての単元を掲載しています。今，学習している内容にあわせて授業用プリントとしてお使いいただけます。また，宿題や予習や復習用プリントとしてもお使いいただけます。

本書をコピー・印刷して教科書の内容をくりかえし練習できます

計算問題などは型分けした問題をしっかり学習したあと，いろいろな型を混合して出題しているので，学校での学習をくりかえし練習できます。
学校の先生方はコピーや印刷をして使えます。

「ふりかえり・たしかめ」や「まとめのテスト」で学習の定着をみることができます

「練習のページ」が終わったあと，「ふりかえり・たしかめ」や「まとめのテスト」をやってみましょう。
「ふりかえり・たしかめ」で，できなかったところは，もう一度「練習のページ」を復習しましょう。
「まとめのテスト」で，力だめしをしましょう。

「解答例」を参考に指導することができます

本書 p 103 ～「解答例」を掲載しております。まず，指導される方が問題を解き，本書の解答例も参考に解答を作成してください。
児童の多様な解き方や考え方に沿って答え合わせをお願いいたします。

4年 ①

目　次

1　大きい数のしくみ

2　折れ線グラフと表

3　わり算の筆算①－わる数が1けた

4　角の大きさ

5　小数のしくみ

考える力をのばそう

6　わり算の筆算②－わる数が 2 けた

倍の見方

7　がい数の使い方と表し方

月　　日

1 大きい数のしくみ

大きい数のしくみ (1)

名前

1 次の □ にあてはまる数を書きましょう。

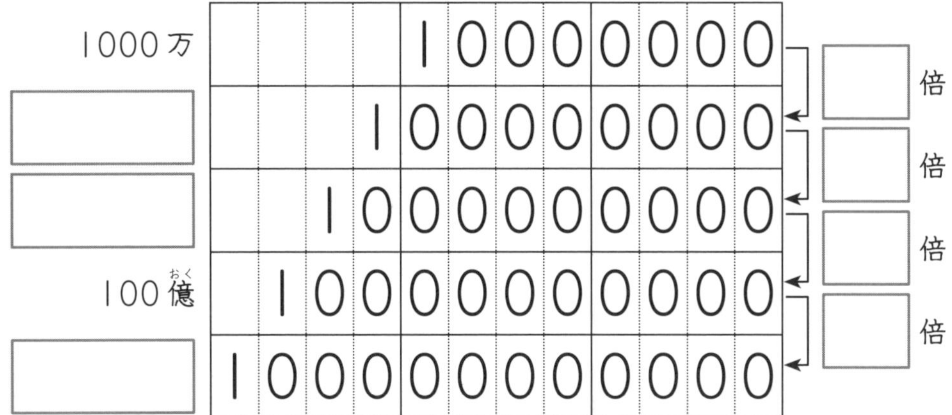

2 次の数を表に書いて，漢字で読みを書きましょう。

① 2022年の日本の人口　　1億2519万（人）

千	百	十	一億	千	百	十	一万	千	百	十	一

読み（　　　　　　　　　　　　　　）

② 2022年の世界の人口　　79億468万（人）

千	百	十	一億	千	百	十	一万	千	百	十	一

読み（　　　　　　　　　　　　　　）

月　　日

1 大きい数のしくみ

大きい数のしくみ (2)

名前

1 （　　）にあてはまる数を ⬚ から選んで書きましょう。
（同じ数を2度使ってもよい。）

① 1000億の10倍は（　　　　）です。

② 10兆は，1兆の（　　　　）倍です。

③ 100兆の10倍は，（　　　　　　）です。

④ 整数は，位が1つ左へ進むごとに，（　　　　）倍になるしくみです。

10　　100　　1兆　　10兆　　100兆　　1000兆

2 次の数を，表に数字で書きましょう。

① 1000万を10倍した数

② 1000億を10倍した数

③ 100兆

月　日

1 大きい数のしくみ
大きい数のしくみ (3)

名前

1 次の数を表に書き，読みを漢字で書きましょう。

① 2022年の国の予算　107兆5964億（円）

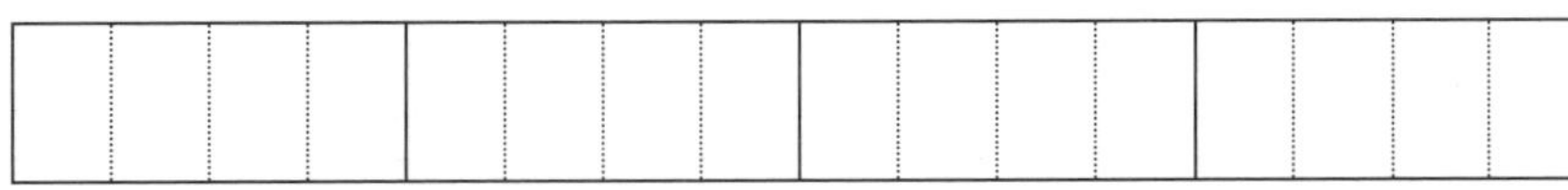

読み（　　　　）

② 地球から北極星までのきょり　4096兆（km）

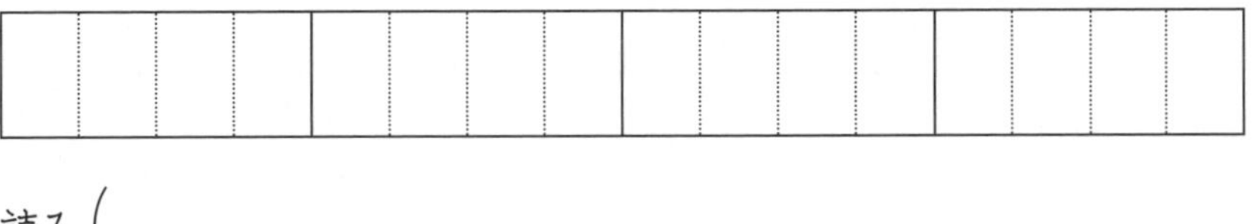

読み（　　　　）

2 数字で書きましょう。

① 八十二億五千六百十九万七千

② 六十三兆二千四百十億

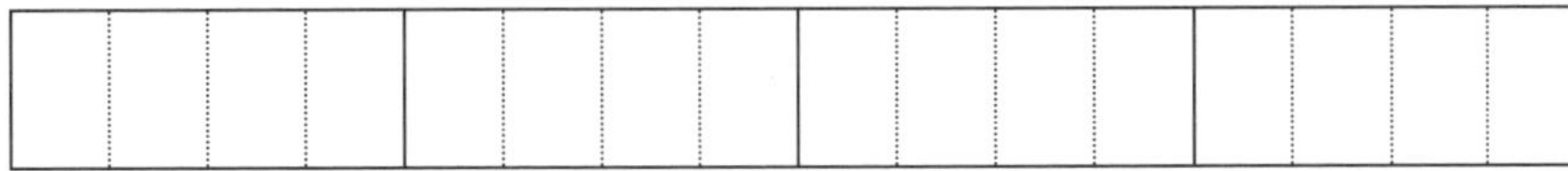

③ 千二百兆九百六十三億

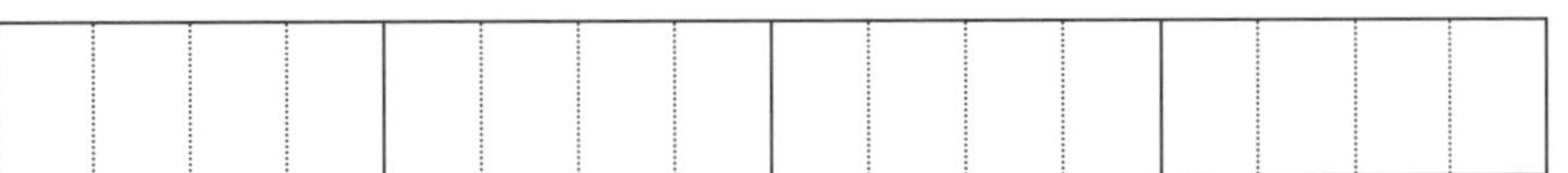

月　日

1 大きい数のしくみ
大きい数のしくみ (4)

名前

1 次の数を数字で書きましょう。

①

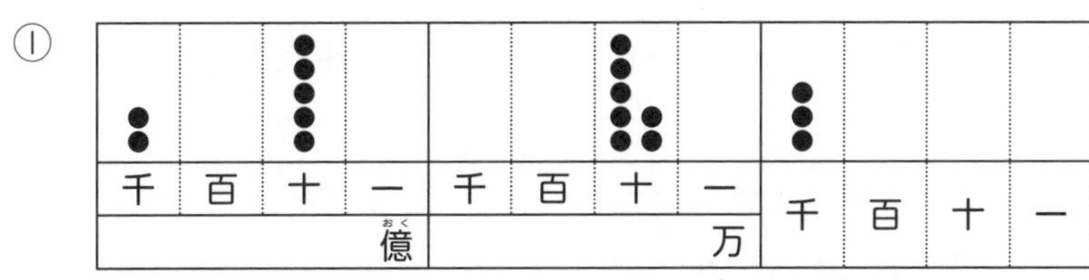

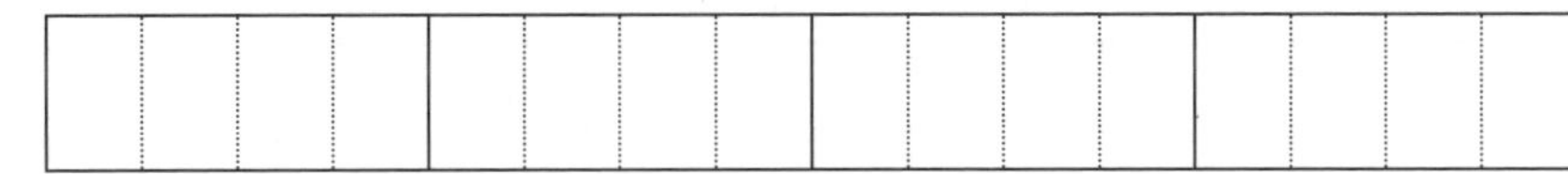

② 1兆を9こ，10億を6こ，1万を8こあわせた数

③ 1億を230こ集めた数

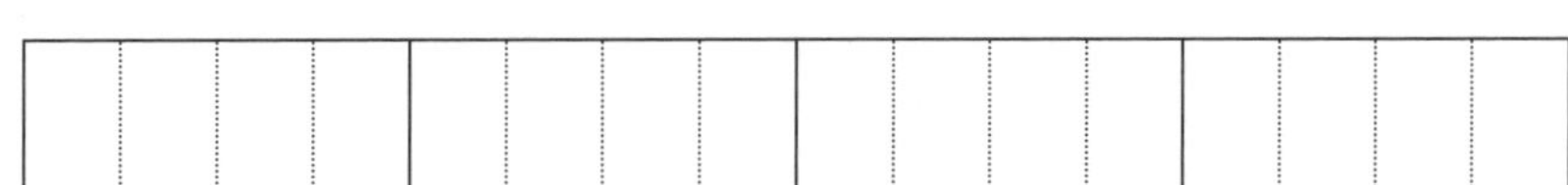

2 □にあてはまる数を書きましょう。

①

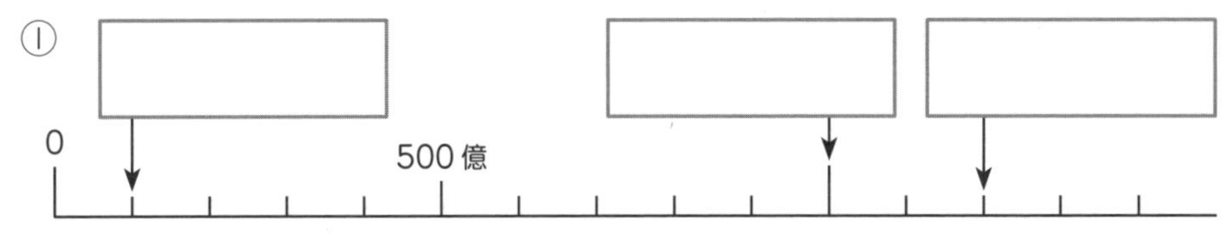

②

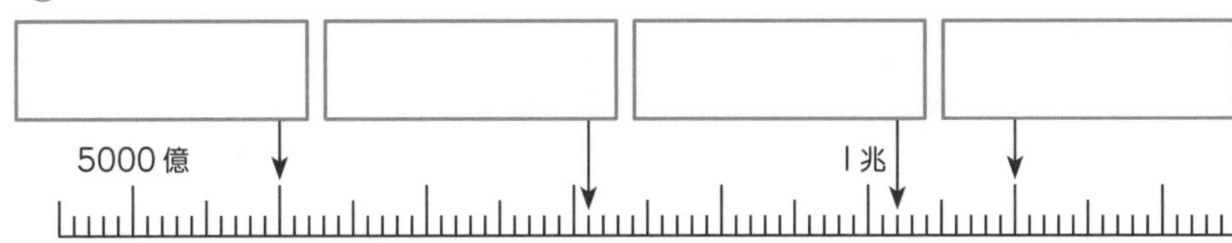

月　日

1 大きい数のしくみ
大きい数のしくみ（5）

名前

● （　）にあてはまる数を書きましょう。（表も使って考えましょう。）

① 4 7200 0000 は，100 万を（　　　）こ集めた数です。

② 100 万を 6200 こ集めた数は，（　　　）です。

③ 7 5000 0000 は，（　　　）を 75 こ集めた数です。

④ 1000 万を 27 こ集めた数は，（　　　）です。

⑤ 1000 万を 380 こ集めた数は，（　　　）です。

⑥ 1 億（おく）を 240 こ集めた数は，（　　　）です。

⑦ 1 億を（　　　）こ集めた数は，307 億です。

⑧ 1 兆（ちょう）は，1 億の（　　　）倍です。

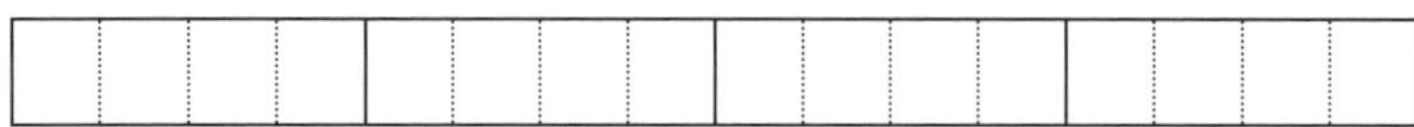

月　日

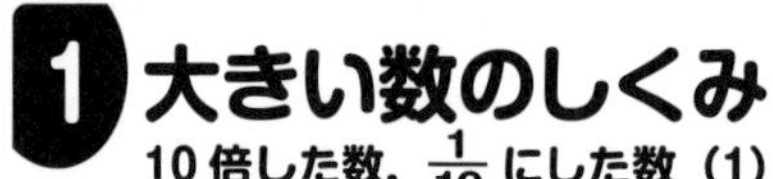

1 大きい数のしくみ
10 倍した数，$\frac{1}{10}$ にした数（1）

名前

● 次の数を 10 倍した数と，$\frac{1}{10}$ にした数を書きましょう。

① 34 億（おく）

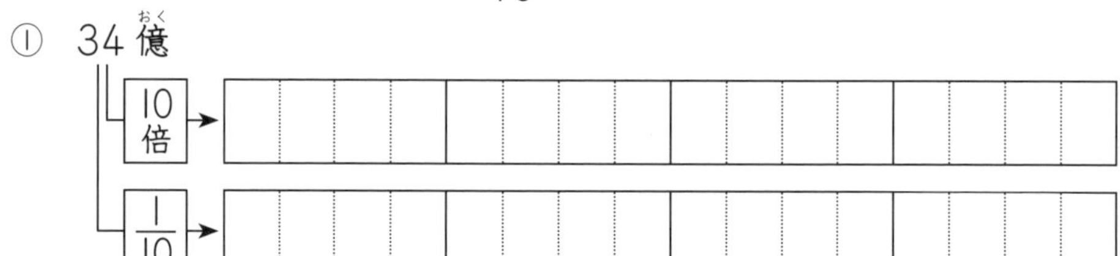

② 910 億

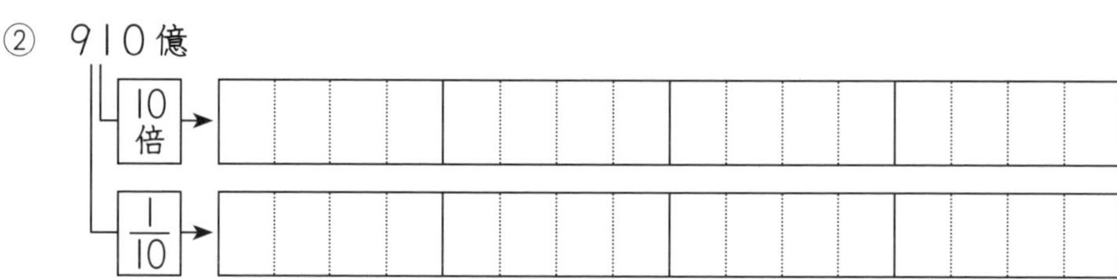

③ 7 億

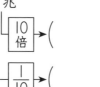

④ 4 兆（ちょう）

⑤ 5000 億

月　日

1 大きいの数のしくみ

10倍した数，$\frac{1}{10}$にした数（2）

名前

● 次の数を10倍した数と，$\frac{1}{10}$にした数を，例（れい）のように書きましょう。

例　60万　　10倍（　600万　）　$\frac{1}{10}$（　6万　）

① 70億（おく）

10倍（　　　　）　$\frac{1}{10}$（　　　　）

② 8000億

10倍（　　　　）　$\frac{1}{10}$（　　　　）

③ 3兆（ちょう）

10倍（　　　　）　$\frac{1}{10}$（　　　　）

トライ ④ 94億

10倍（　　　　）　$\frac{1}{10}$（　　　　）

トライ ⑤ 2600億

10倍（　　　　）　$\frac{1}{10}$（　　　　）

トライ ⑥ 1兆3000億

10倍（　　　　）　$\frac{1}{10}$（　　　　）

月　日

1 大きい数のしくみ

10倍した数，$\frac{1}{10}$にした数（3）

名前

1 次の数について答えましょう。

㋐　　㋑ 784907520000

① ㋐は，何が何こあることを表していますか。

（　　　　）が（　　　）こ

② ㋑は，何が何こあることを表していますか。

（　　　　）が（　　　）こ

2 0から9までの数字を使って，10けたの整数をつくります。
同じ数字を何度使ってもよいことにします。次の数をつくりましょう。

① いちばん大きい数

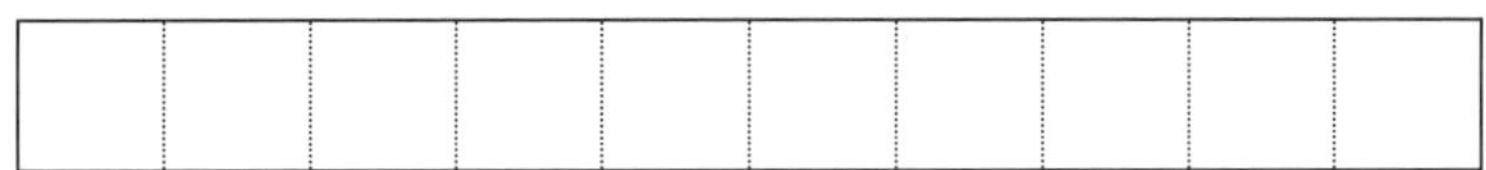

② 2ばんめに大きい数

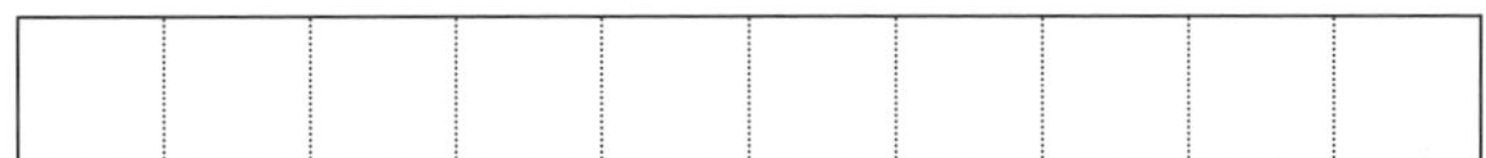

③ 10ばんめに大きい数

④ いちばん小さい数

月　　日

1 大きい数のしくみ
かけ算（1）

名前

1 □にあてはまることばを［　］から選んで書きましょう。

① かけ算の答え □　② わり算の答え □

③ たし算の答え □　④ ひき算の答え □

和　差　積　商

2 □にあてはまる数を書きましょう。

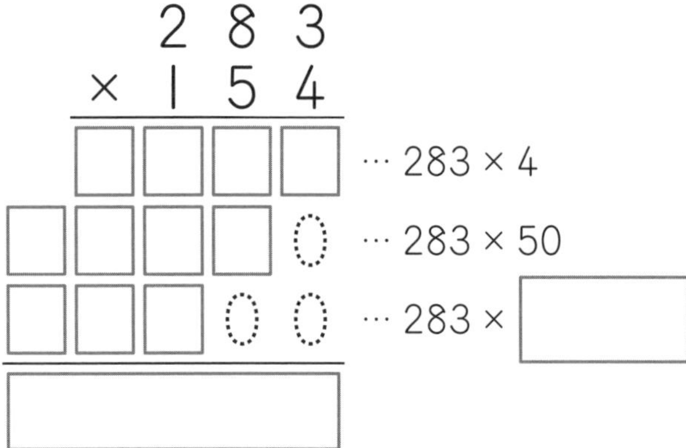

3 次の計算を筆算でして，積を求めましょう。

① 217 × 312　② 467 × 827　③ 905 × 629

月　　日

1 大きい数のしくみ
かけ算（2）

名前

1 筆算のしかたをくふうして，次の計算をしましょう。

① 477 × 602　② 342 × 505

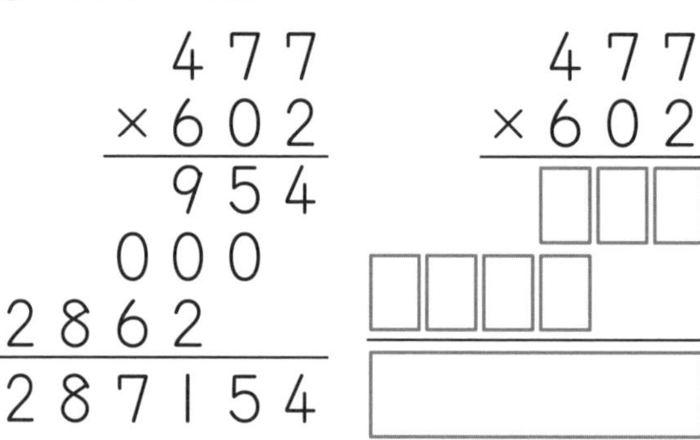

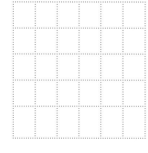

2 筆算のしかたをくふうして，次の計算をしましょう。

① 320 × 400　② 780 × 3200

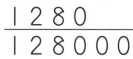

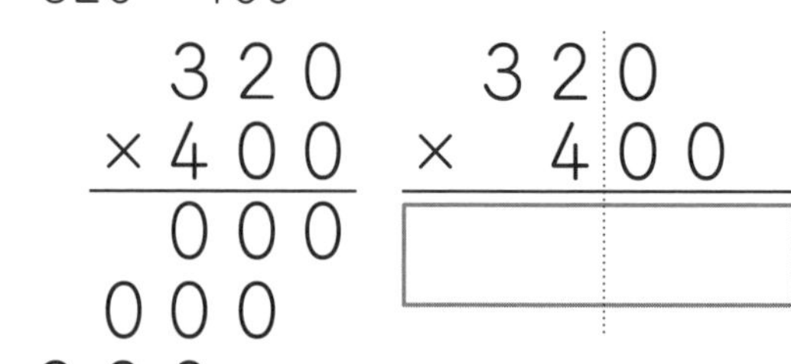

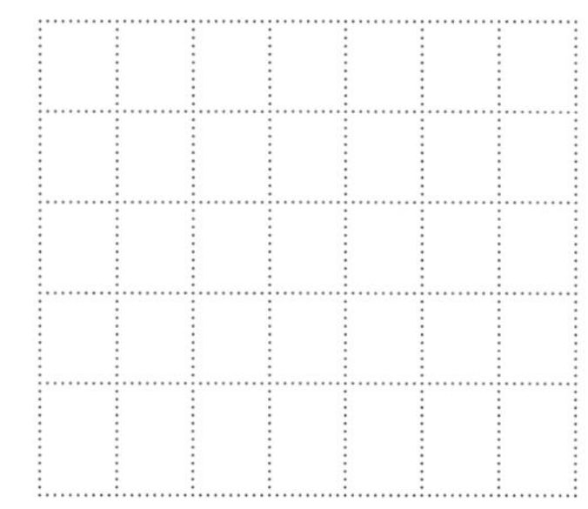

③ 7200 × 6400　④ 5200 × 250

月　　日

1 大きい数のしくみ
かけ算（3）

名前

● 次の計算を筆算でして，積を求めましょう。

① 526 × 713

② 137 × 988

③ 406 × 625

④ 7625 × 831

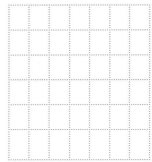

⑤ 4081 × 632

⑥ 9008 × 765

⑦ 324 × 2516

		3	2	4
×	2	5	1	6

	2	5	1	6
×		3	2	4

月　　日

1 ふりかえり・たしかめ（1）
大きい数のしくみ

名前

1 次の数を数字で書きましょう。

① 四百七億五千八百万

② 三百四十兆九千五億

2 次の数の読みを漢字で書きましょう。

① 605100000 （　　　　　）

② 104060000000000 （　　　　　）

3 （　）にあてはまる数を書きましょう。

① 1億を470こ集めた数は，（　　　　　）です。

② 1兆は，1億の（　　　　　）倍です。

③ 1兆は，1000億の（　　　）倍です。

④ 1億より1小さい数は，（　　　　　）です。

⑤ 1兆より1小さい数は，

（　　　　　）です。

月　　日

1 ふりかえり・たしかめ (2)

大きい数のしくみ

名前

1　(　　)にあてはまる数を書きましょう。

① 1億は，(　　　　　　　)の 10 倍です。

② 1兆 2000 億は，1000 億を(　　　　)こ集めた数です。

③ 1000 億を 25 こ集めた数は，(　　　　　　　　　)です。

④ 100 億を 400 こ集めた数は，(　　　　)です。

2　数直線の □ にあてはまる数を書きましょう。

①

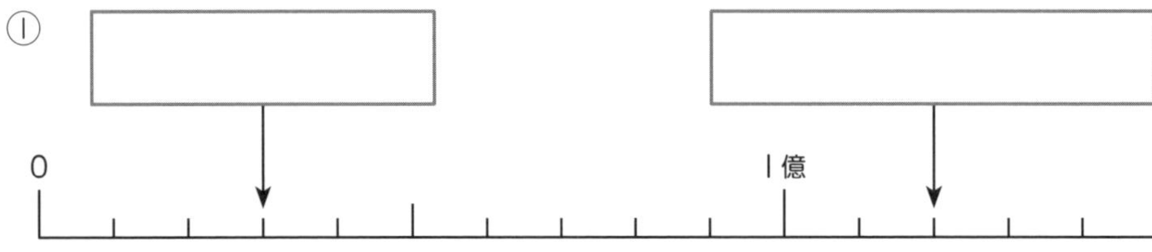

②

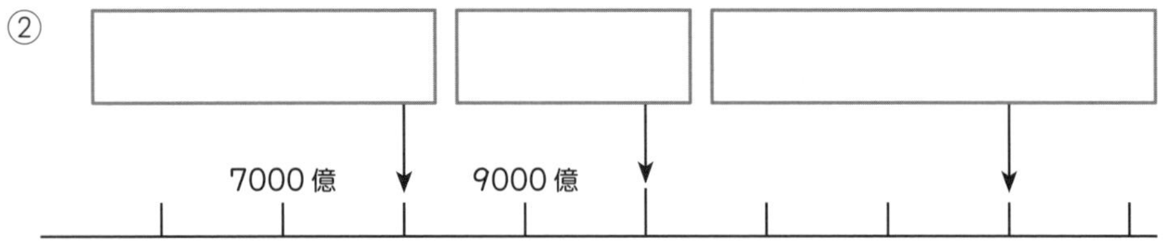

月　　日

1 ふりかえり・たしかめ (3)

大きい数のしくみ

名前

1　次の数を 10 倍した数と，$\frac{1}{10}$ にした数を書きましょう。

① 5億

10 倍(　　　　　　　)　$\frac{1}{10}$(　　　　　　　)

② 1兆 9000 億

10 倍(　　　　　　　)　$\frac{1}{10}$(　　　　　　　)

③ 2700 億

10 倍(　　　　　　　)　$\frac{1}{10}$(　　　　　　　)

2　次の計算はまちがっています。まちがっているところを説明して，正しい計算をしましょう。

```
    4 2 6
  × 5 1 3
  -------
  1 2 7 8
   4 2 6
2 1 3 0
---------
2 5 8 3 8
```

正しい計算

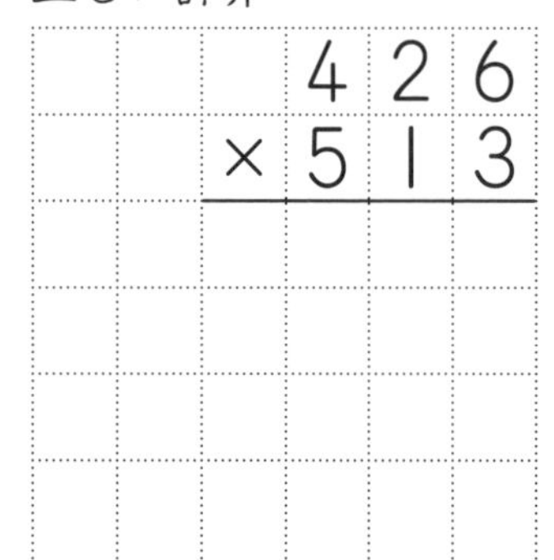

まちがっているところ

月　　日

1 まとめのテスト
大きい数のしくみ

名前

【知識・技能】

1　次の数について答えましょう。(5 × 2)

㋐6274 ㋑169000000000
(㋐ marks the digit 6 and ㋑ marks the digit 1: 6274169000000000)

①　㋐は，何が何こあることを表していますか。

(　　　　　)が(　　　)こ

②　㋑は，何が何こあることを表していますか。

(　　　　　)が(　　　)こ

2　次の数を数字で書きましょう。(5 × 2)

①　四兆（ちょう）九千三十二億（おく）七千万

②　九百七兆十億

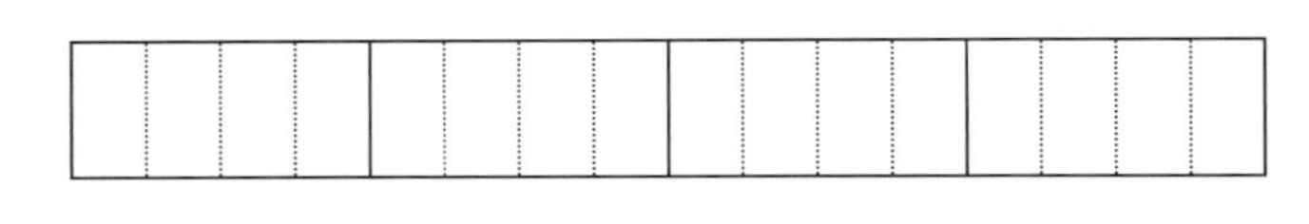

3　□にあてはまる数を書きましょう。(5 × 2)

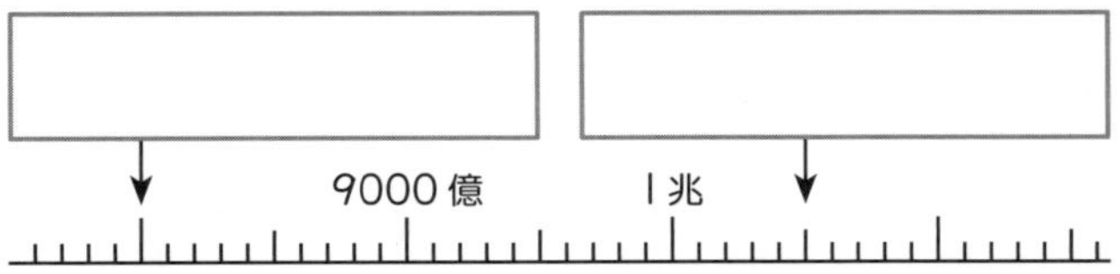

□　□

9000億　1兆

4　次の数を10倍した数と，$\frac{1}{10}$にした数を書きましょう。(5 × 4)

①　8億

10倍(　　　　　)

$\frac{1}{10}$(　　　　　)

②　2兆6000億

10倍(　　　　　)

$\frac{1}{10}$(　　　　　)

【思考・判断・表現】

5　次の数について，□にあてはまる数を書きましょう。(5 × 4)

5700000000000

①　1000億を□こ集めた数です。

②　1兆を□こ，

1億を□こあわせた数です。

③　□を10倍した数です。

④　□を$\frac{1}{10}$にした数です。

6　0～9までの数字を使って，次の10けたの整数をつくりましょう。同じ数字を何度使ってもよいことにします。(5 × 2)

①　9ばんめに大きい数

②　2ばんめに小さい数

7　次の筆算はまちがっています。まちがっているところを説明（せつめい）して，正しい筆算をしましょう。(10 × 2)

723 × 604

```
   723
 × 604
  2892
4338
46272
```

正しい計算

```
   723
 × 604
```

まちがっているところ

月　日

2 折れ線グラフと表

折れ線グラフ（1）

名前

● 右のグラフは，東京都の１年間の気温の変わり方を表したものです。
　グラフを見て答えましょう。

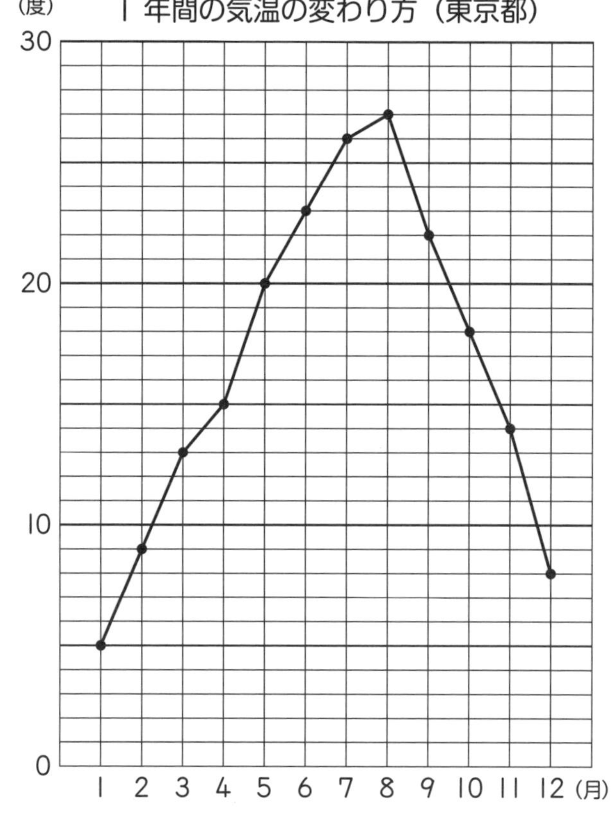

① 右のようなグラフを何グラフといいますか。 （　　　　）

② 横のじくは，何を表していますか。 （　　　　）

③ たてのじくは，何を表していますか。 （　　　　）

④ たてのじくの１めもりは，何度を表していますか。 （　　　　）

⑤ いちばん気温が高いのは，何月で，それは何度ですか。 （　　　　），（　　　　）度

⑥ 気温が１８度なのは，何月ですか。 （　　　　）

月　日

2 折れ線グラフと表

折れ線グラフ（2）

名前

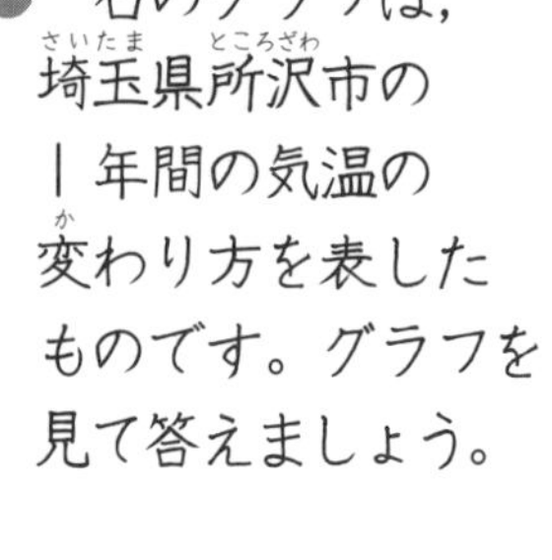
● 右のグラフは，埼玉県所沢市の１年間の気温の変わり方を表したものです。グラフを見て答えましょう。

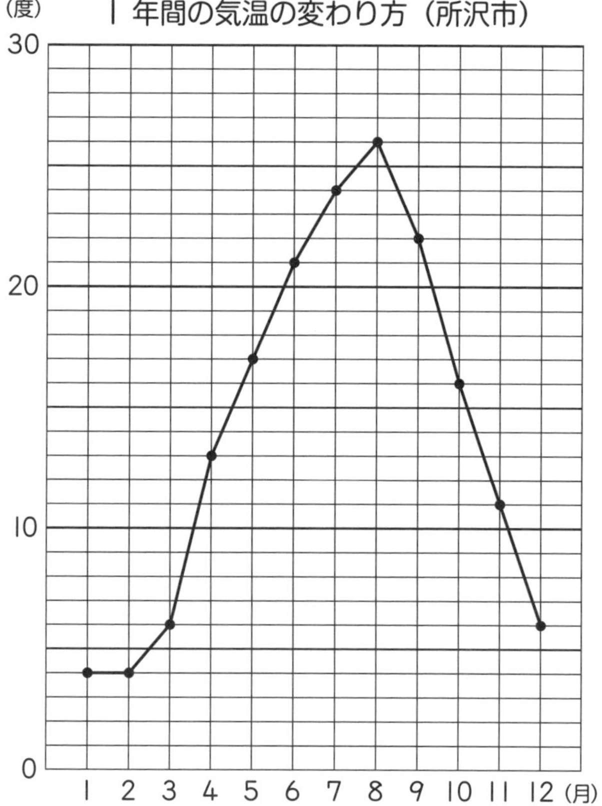

① 気温が変わらないのは，何月から何月ですか。 （　　　　）

② 気温が上がっているのは，何月から何月ですか。 （　　　　）

③ 気温の上がり方がいちばん大きいのは，何月と何月の間ですか。
　また，何度上がっていますか。 （　　　　），（　　　　）度

④ 気温の下がり方がいちばん大きいのは，何月と何月の間ですか。 （　　　　）

⑤ 気温の下がり方がいちばん小さいのは，何月と何月の間ですか。 （　　　　）

月　　日

2 折れ線グラフと表

折れ線グラフ (3)

名前

● 下の㋐〜㋗は，折(お)れ線(せん)グラフの一部を表したものです。
下の問いに答えましょう。

㋐
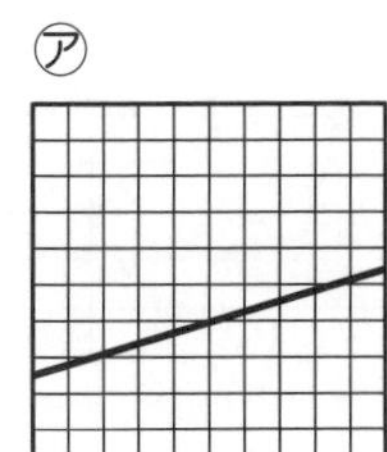

㋑
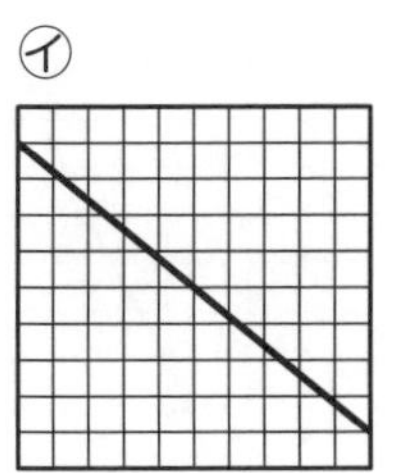

㋒
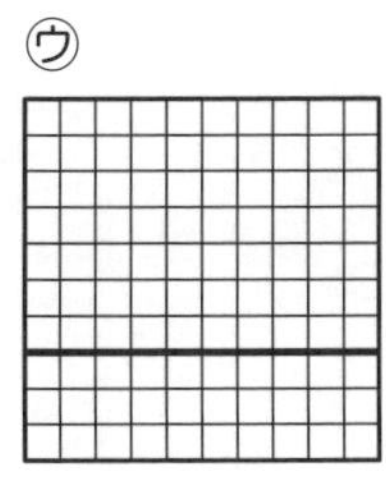

㋓
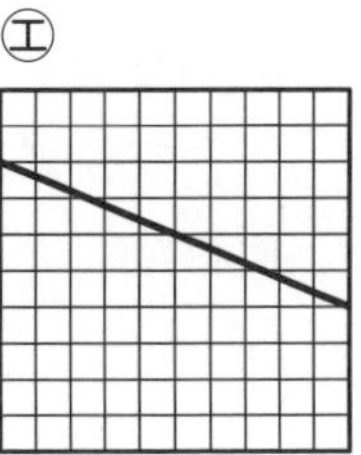

㋔
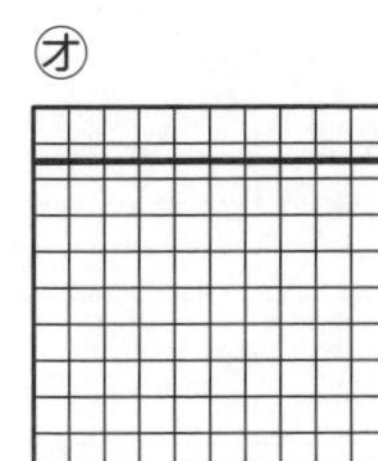

㋕
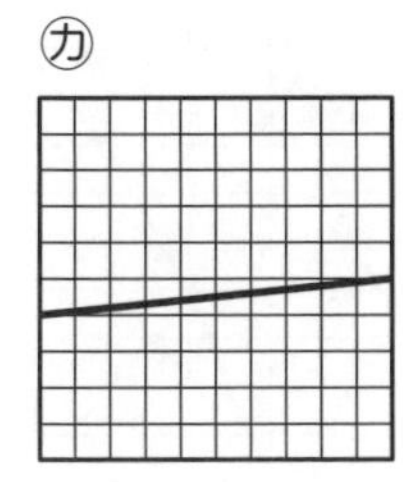

㋖
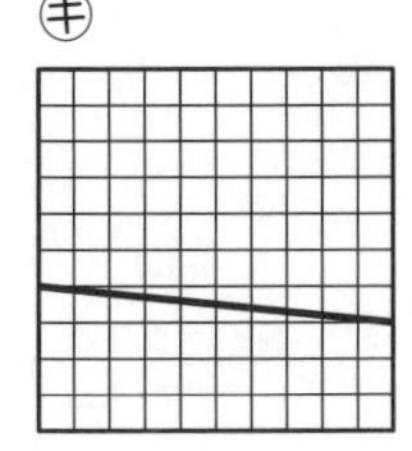

㋗
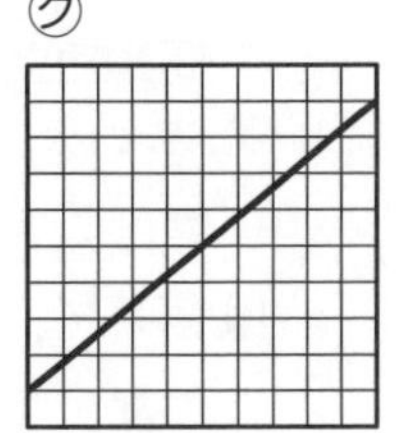

① 上がっていることを表しているのは，どれですか。すべて選んで書きましょう。

② 下がっていることを表しているのは，どれですか。すべて選んで書きましょう。

③ 変(か)わらないことを表しているのは，どれですか。すべて選んで書きましょう。

④ 上がり方がいちばん大きいのは，どれですか。

⑤ 下がり方がいちばん大きいのは，どれですか。

月　　日

2 折れ線グラフと表

折れ線グラフ (4)

名前

● 下のグラフ用紙を使って，高知市の１年間の気温の変(か)わり方を，折(お)れ線(せん)グラフに表しましょう。

１年間の気温の変わり方（高知市）

月	1	2	3	4	5	6	7	8	9	10	11	12
気温（度）	6	8	11	16	20	23	27	28	25	19	14	9

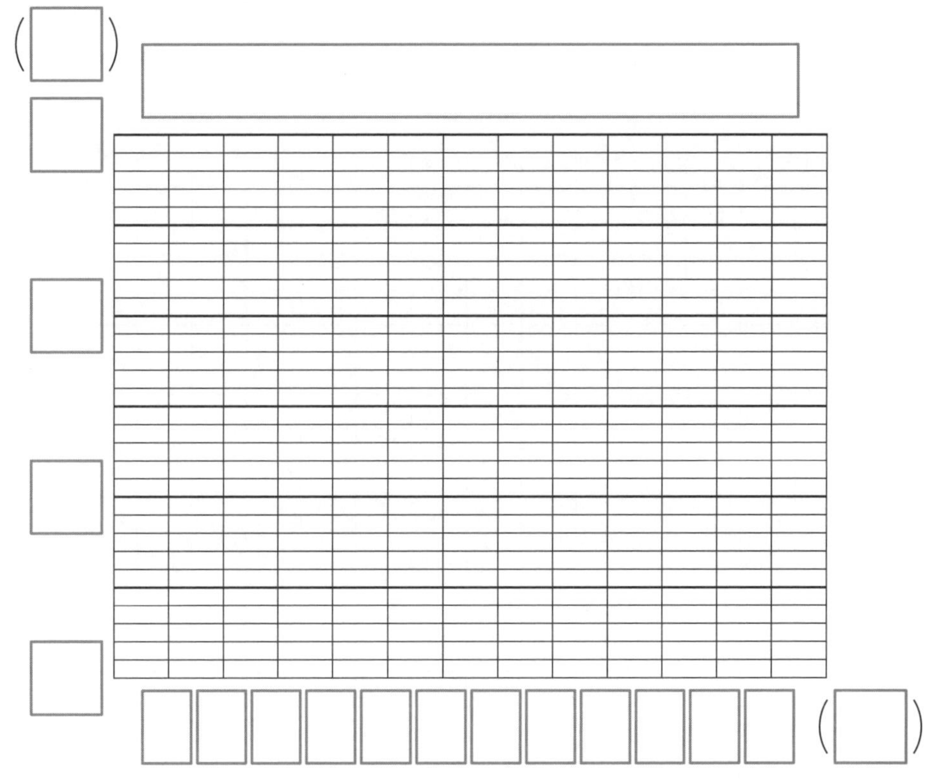

かき方
① 横じくに月を書く。単位(たんい)（月）も書く。
② たてじくに気温のめもりを書く。単位（度）も書く。
③ それぞれの月の気温を点でとり，点と点を直線で結(むす)ぶ。
④ 表題を書く。

月　日

2 折れ線グラフと表

折れ線グラフ（5）

名前

● 下のグラフ用紙を使って，パリ（フランス）の１年間の気温の変わり方を，折れ線グラフに表しましょう。

１年間の気温の変わり方（パリ）

月	1	2	3	4	5	6	7	8	9	10	11	12
気温（度）	2	1	3	6	10	13	15	15	12	9	5	2

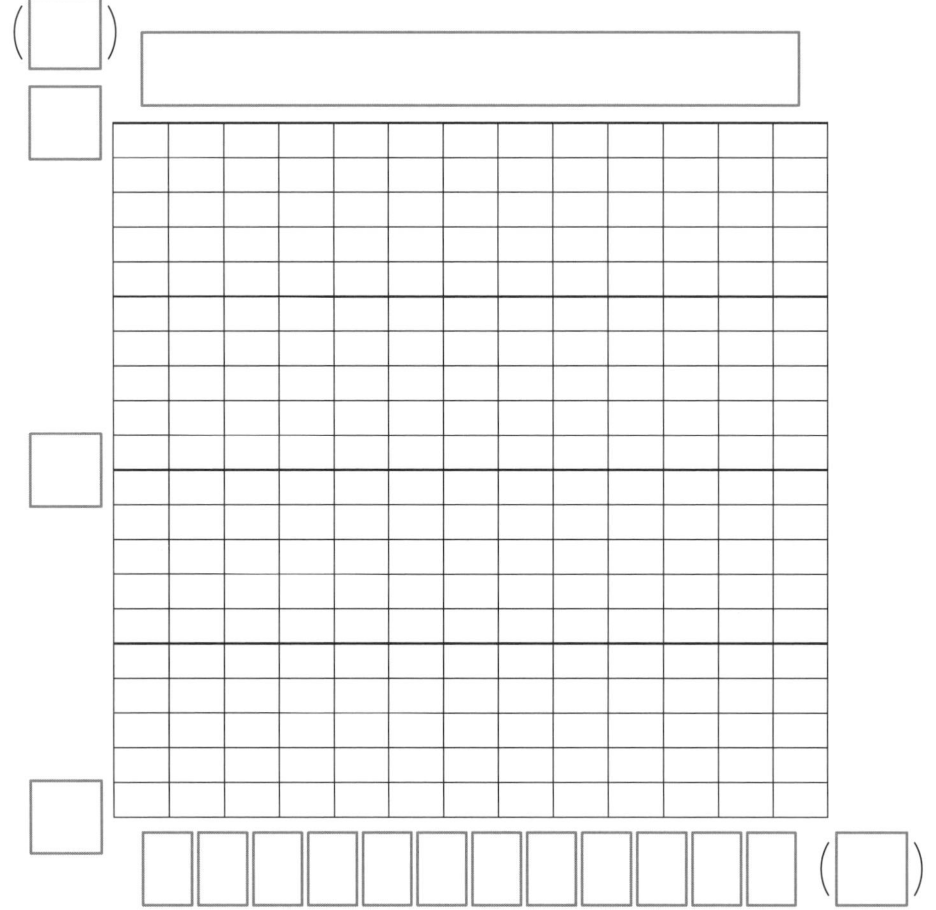

月　日

2 折れ線グラフと表

折れ線グラフ（6）

名前

● 高知市とパリ（フランス）の１年間の気温の変わり方を，同じグラフ用紙に表しました。

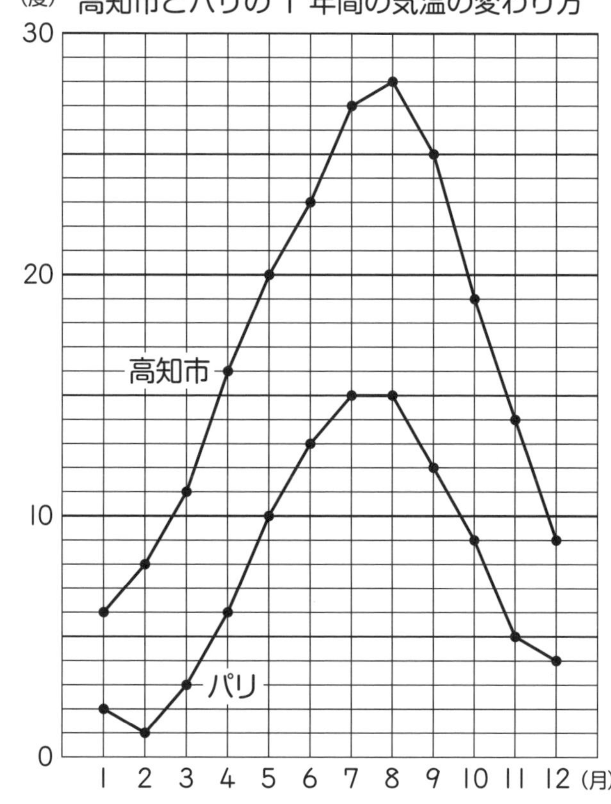

① 高知市とパリの気温のちがいがいちばん大きいのは何月で，ちがいは何度ですか。

（　　　）月，

（　　　）度

② 高知市とパリの気温のちがいがいちばん小さいのは何月で，ちがいは何度ですか。（　　　）月，（　　　）度

③ 高知市とパリの１年間の気温の変わり方で，にていることは何ですか。

（　　　　　　　　　　　　　　　　）

④ 高知市とパリの１年間の気温の変わり方で，ちがうことは何ですか。

（　　　　　　　　　　　　　　　　）

月　日

2 折れ線グラフと表

折れ線グラフ（7）

名前

● 下のグラフ用紙を使って，ドバイ（アラブ首長国連邦）の１年間の気温の変わり方を，折れ線グラフに表しましょう。

１年間の気温の変わり方（ドバイ）

月	1	2	3	4	5	6	7	8	9	10	11	12
気温（度）	14	15	17	21	24	27	29	29	27	24	20	16

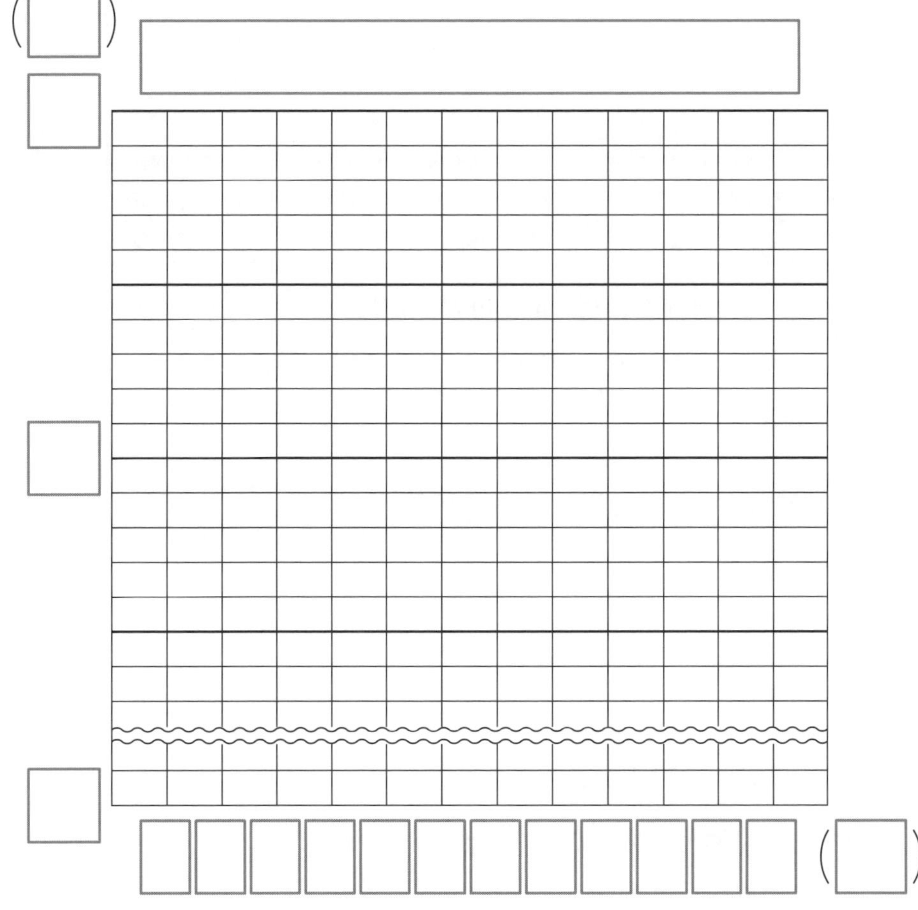

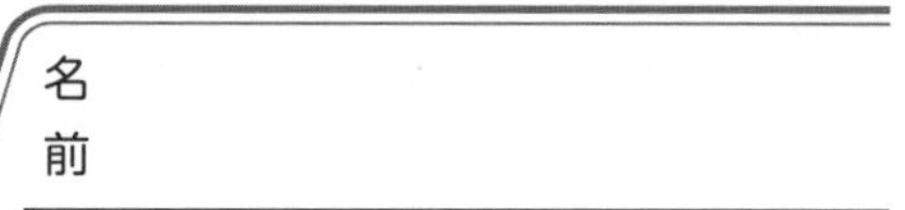

2 折れ線グラフと表

折れ線グラフ（8）

● 右の折れ線グラフを見て答えましょう。

高知市と札幌市の１日の気温の変わり方（7月10日）

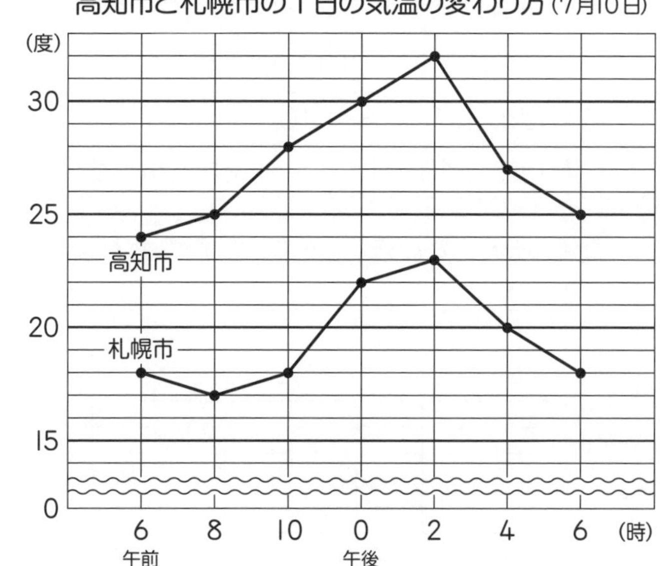

① 高知市と札幌市で，それぞれいちばん気温が低いのは何時で，それは何度ですか。

高知市（　　　　　），（　　）度　札幌市（　　　　　），（　　）度

② 高知市と札幌市で，それぞれ気温の上がり方がいちばん大きいのは，何時から何時の間ですか。

高知市（　　　　　　　　　）

札幌市（　　　　　　　　　）

③ 高知市と札幌市の気温のちがいがいちばん大きいのは何時で，ちがいは何度ですか。（　　　　　），（　　）度

月　　日

2 折れ線グラフと表
折れ線グラフ（9）

名前

● 1日の気温の変わり方を調べて，下の表に表しました。

1日の気温の変わり方

時こく(時)	午前8	9	10	11	午後0	1	2	3	4	5
気　温(度)	15	17		21	24	27	25	21		18

① 気温の分からない時こくがありますが，折れ線グラフにかいてみましょう。

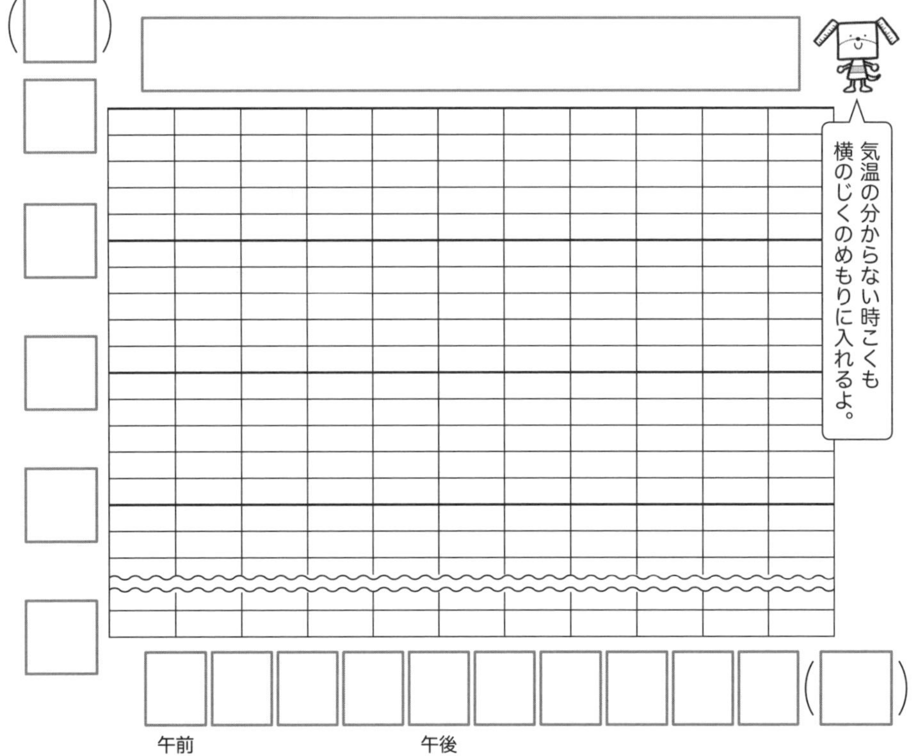
気温の分からない時こくも
横のじくのめもりに入れるよ。
午前
午後

② 午前10時の気温は何度くらいと予想できますか。

（　　　　　　　　）

③ 午後4時の気温は何度くらいと予想できますか。

（　　　　　　　　）

月　　日

2 折れ線グラフと表
整理のしかた（1）

名前

● どんな場所で，どんなけがをしているのか調べました。

① 次のデータを表に整理します。下の表に人数を書きましょう。

学年	場所	けがの種類
4	運動場	すりきず
3	体育館	打ぼく
2	教　室	切りきず
1	運動場	打ぼく
2	運動場	切りきず
3	体育館	打ぼく
5	ろう下	打ぼく
2	運動場	すりきず
3	ろう下	打ぼく
4	体育館	すりきず

学年	場所	けがの種類
6	運動場	切りきず
4	ろう下	打ぼく
3	運動場	切りきず
1	体育館	打ぼく
4	運動場	すりきず
5	運動場	切りきず
1	ろう下	すりきず
3	運動場	すりきず
2	教　室	打ぼく
2	体育館	すりきず

学年	場所	けがの種類
5	教　室	すりきず
2	ろう下	打ぼく
3	運動場	切りきず
4	体育館	打ぼく
1	運動場	切りきず
3	教　室	打ぼく
2	ろう下	すりきず
6	体育館	切りきず
1	教　室	打ぼく
2	体育館	すりきず

けがをした場所とけがの種類　　(人)

場所＼種類	切りきず	すりきず	打ぼく	合計
運動場				
体育館				
教　室				
ろう下				
合計(人)				あ

けがをした場所とけがの種類の２つに注目して書こう。

② それぞれの合計も計算して書きましょう。

③ あに入る数は，どんな数ですか。

（　　　　　　　　）

月　日

2 折れ線グラフと表

整理のしかた（2）

名前

● 下の表は，けがの種類（しゅるい）とけがをした場所の 2 つに注目してできた表です。下の問いに答えましょう。

けがの種類とけがをした場所

種類＼場所	運動場	体育館	教　室	ろう下	合計（人）
すりきず	5	3	2	2	㋒
打ぼく	3	㋐	1	4	12
切りきず	3	2	3	1	9
ねんざ	㋑	2	0	1	7
合計（人）	15	11	㋓	8	㋔

① 表の㋐～㋔にあてはまる数を書きましょう。

㋐ □　㋑ 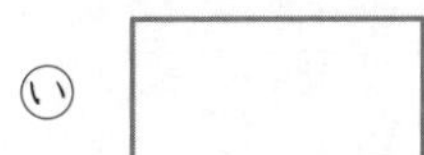　㋒ 

㋓ □　㋔ 

② どこでどんなけがをした人が，いちばん多いですか。

（　　　　　　　　　　）

③ ろう下で打ぼくをした人は，何人ですか。　（　　　　）

④ ㋐の数は，何を表している数ですか。

（　　　　　　　　　　）

月　日

2 折れ線グラフと表

整理のしかた（3）

名前

● 右のデータは，4 年生で先週と今週にわすれ物をしたかどうかを調べたものです。

① 下の表に人数を書きましょう。

わすれ物調べ　（人）

		先週 なし（○）	先週 あり（×）	合計
今週	なし（○）	㋐	㋑	
今週	あり（×）		㋒	㋓
合計		㋔		

② ㋐～㋔は，それぞれどのような人数を表していますか。

㋐（　　　　　　　　　　）

㋑（　　　　　　　　　　）

㋒（　　　　　　　　　　）

㋓（　　　　　　　　　　）

㋔（　　　　　　　　　　）

4 年生
わすれ物調べ

出席番号（しゅっせき）	先週	今週
1	○	○
2	○	×
3	×	○
4	○	○
5	○	×
6	×	○
7	×	○
8	○	○
9	○	×
10	○	×
11	×	○
12	○	×
13	○	○
14	×	○
15	×	×
16	○	○
17	×	○
18	○	○
19	○	○
20	×	○
21	○	○
22	×	×
23	○	○
24	○	○
25	○	○
26	×	×
27	○	×
28	○	○
29	×	○
30	○	○

× わすれ物あり
○ わすれ物なし

月　　日

2 折れ線グラフと表
整理のしかた (4)

名前

● 下の表を見て，問いに答えましょう。

スイミング・ランニングのとくい，ふとくい調べ（人）

		ランニング		合計
		とくい	ふとくい	
スイミング	とくい	12	Ⓘ 7	Ⓤ 19
	ふとくい	Ⓐ 9	4	13
合計		21	11	32

① スイミングもランニングもとくいな人は，何人いますか。（　　　）

② スイミングもランニングもふとくいな人は，何人いますか。（　　　）

③ Ⓐ，Ⓘ，Ⓤは，どのような人数を表していますか。

Ⓐ（　　　）

Ⓘ（　　　）

Ⓤ（　　　）

④ 調べた人数は，全部で何人ですか。（　　　）

月　　日

2 折れ線グラフと表
折れ線グラフとぼうグラフ

名前

● 下のグラフは，A市の１年間の気温の変わり方と，雨がふった量（こう水量）を月別に表したものです。

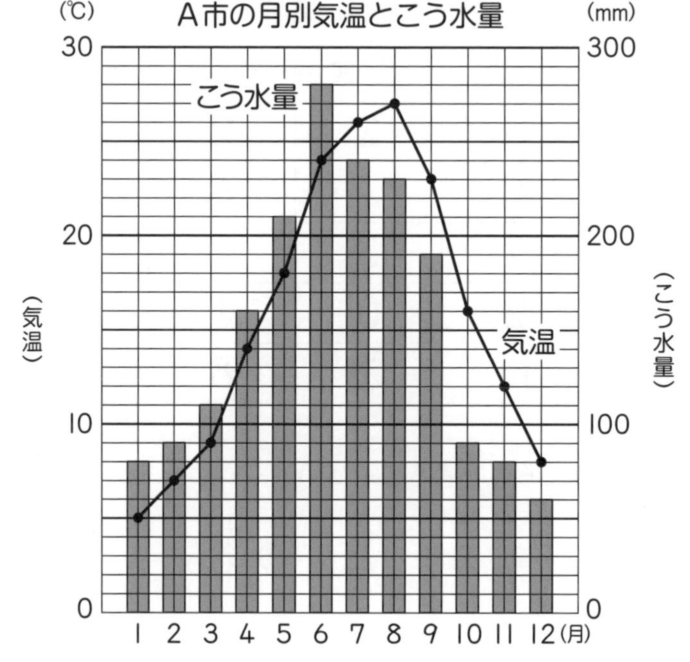

気温は折れ線グラフに，こう水量はぼうグラフに，それぞれ表しているね。

① 4月の気温とこう水量を書きましょう。

気温（　　　）　こう水量（　　　）

② 気温が10度以下で，こう水量が100mmより少ない月をすべて書きましょう。（　　　）

③ 気温が20度以上で，こう水量が200mmより多い月をすべて書きましょう。（　　　）

月　日

2 ふりかえり・たしかめ (1)
折れ線グラフと表

名前

1 右の折れ線グラフは，ある年の広島市の気温の変わり方を表したものです。

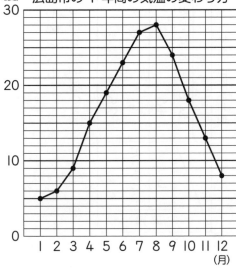

広島市の１年間の気温の変わり方

① たてじくと横じくは，それぞれ何を表していますか。

たてじく（　　　　）

横じく（　　　　）

② 気温がいちばん上がっているのは，何月と何月の間ですか。

（　　　　）

③ 気温が６度下がっているのは，何月と何月の間ですか。（　　　　）

2 下の表は，ある市のハザードマップをもとに，町ごとのきけんな場所をまとめたものです。あ～きにあてはまる数を表に書きましょう。

町ごとのきけんな場所の数　(か所)

場所＼町	A町	B町	C町	D町	合計
がけくずれきけんか所	あ	8	3	4	20
しん水きけんか所	2	い	7	5	14
建物がこわれそうな所	う	4	2	え	16
合計(人)	11	お	か	15	き

月　日

2 ふりかえり・たしかめ (2)
折れ線グラフと表

名前

● 下の表は，ある日の１日の気温の変わり方を表しています。折れ線グラフにかいて，下の問いに答えましょう。

１日の気温の変わり方

時こく(時)	午前8	9	10	11	午後0	1	2	3	4	5
気温(度)	14	20	23	25	26	27	27	24	19	16

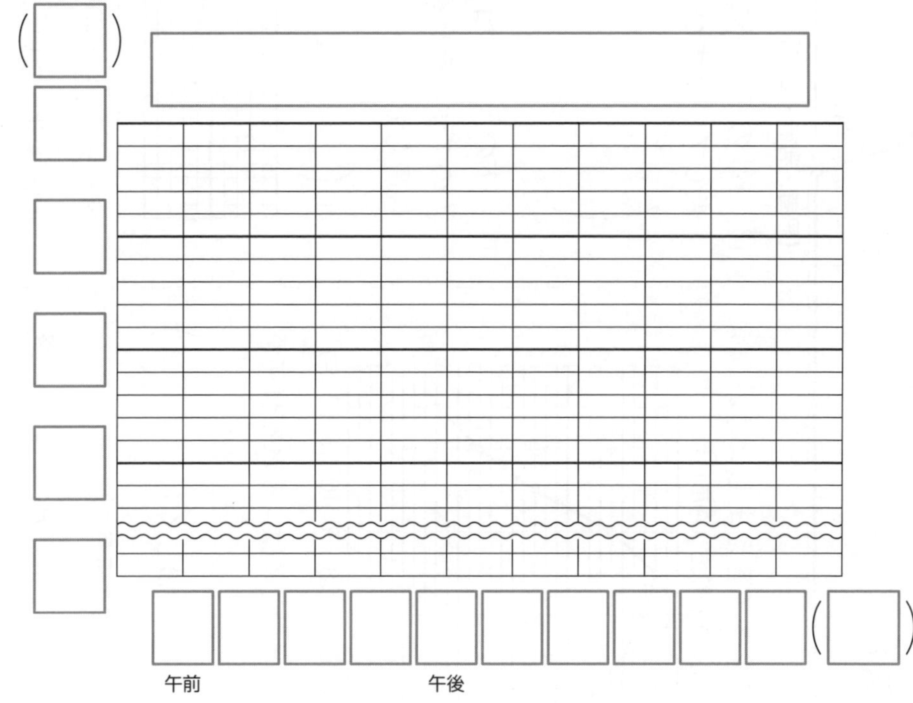

① いちばん気温が上がっているのは，何時から何時の間ですか。

（　　　　）

② いちばん気温が下がっているのは，何時から何時の間ですか。

（　　　　）

2 まとめのテスト
折れ線グラフと表

月　　日

名前

【知識・技能】

1　下の折れ線グラフを見て答えましょう。(5×5)

1年間の気温の変わり方（A市）

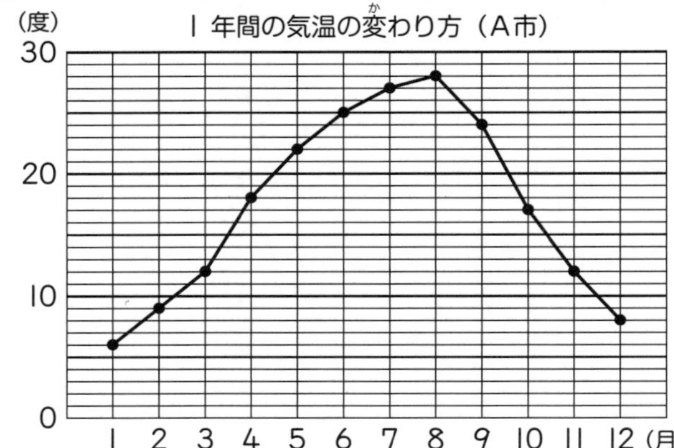

① グラフのたてじくと横じくは，それぞれ何を表していますか。

たてじく（　　　）　横じく（　　　）

② 気温がいちばん低いのは何月で，それは何度ですか。（　　）月，（　　）度

③ 気温の上がり方がいちばん大きいのは，何月と何月の間ですか。

（　　　　　）

2　B市の1日の気温の変わり方を，折れ線グラフに表しましょう。(25)

1日の気温の変わり方（B市）

時こく(時)	午前8	9	10	11	午後0	1	2	3	4	5
気　温(度)	14	16	19	25	26	27	23	22	18	16

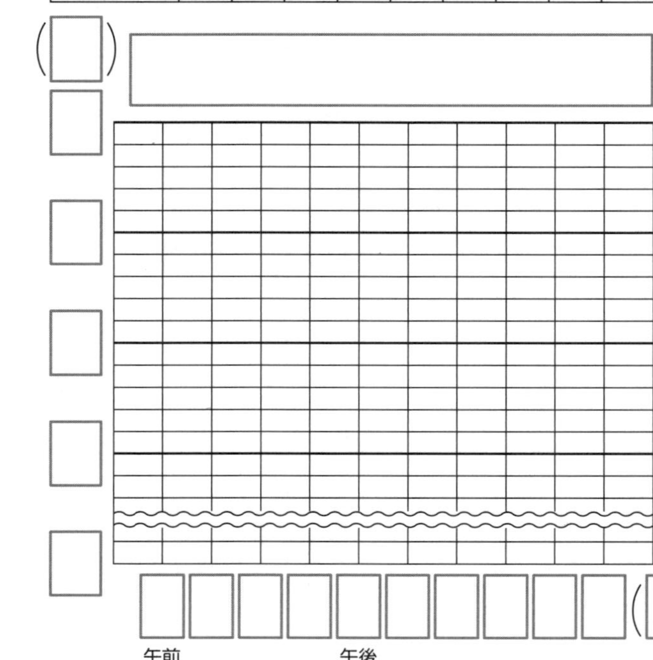

【思考・判断・表現】

3　2のグラフにある 〰〰 の印は，何を表していますか。(10)

（　　　　　）

4　下の①～④は，折れ線グラフの一部を表したものです。それぞれの変化にあう文を㋐～㋓から選んで，（　）に記号を書きましょう。(5×4)

①（　　）②（　　）③（　　）④（　　）

㋐ 大きく上がっている。　㋑ 下がっている。

㋒ 変化がない。　㋓ 少し上がっている。

5　下の表は，先週と今週に自主学習をしたか，しなかったかを調べたものです。(5×4)

自主学習のようす　（人）

		今週 した	今週 しなかった	合計
先週	した	16	あ	19
先週	しなかった	い	6	う
合計		25	え	34

あ，い，う，えの数を求めましょう。また，その数は何を表しているかを書きましょう。

あ　数［　　］（　　　　）

い　数［　　］（　　　　）

う　数［　　］（　　　　）

え　数［　　］（　　　　）

月　　日

3 わり算の筆算①－わる数が１けた
何十，何百のわり算（1）

名前

1　60 このあめを，３人で同じ数ずつ分けます。
　１人分は何こになりますか。

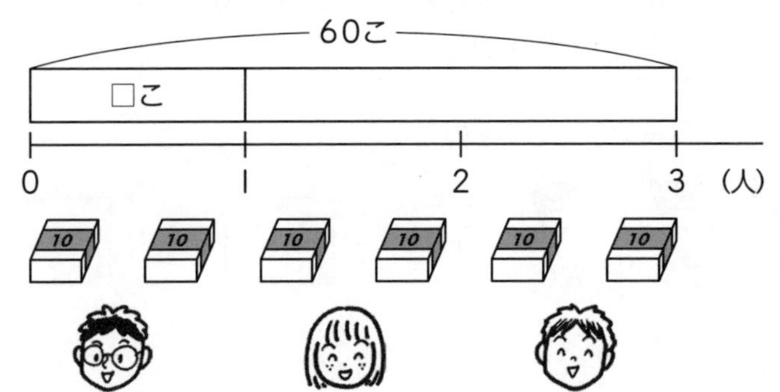

6 ÷ 3 を使って計算しよう。

式

答え ＿＿＿＿＿＿

2　800 このあめを，４人で同じ数ずつ分けます。
　１人分は何こになりますか。

8 ÷ 4 を使って計算しよう。

式

答え ＿＿＿＿＿＿

月　　日

3 わり算の筆算①－わる数が１けた
何十，何百のわり算（2）

名前

1　計算をしましょう。

① 80 ÷ 2 ＝　　② 90 ÷ 3 ＝

③ 60 ÷ 2 ＝　　④ 150 ÷ 5 ＝

⑤ 240 ÷ 4 ＝　　⑥ 240 ÷ 8 ＝

⑦ 400 ÷ 8 ＝　　⑧ 300 ÷ 6 ＝

2　計算をしましょう。

① 600 ÷ 2 ＝　　② 800 ÷ 8 ＝

③ 1800 ÷ 6 ＝　　④ 2800 ÷ 7 ＝

⑤ 4800 ÷ 8 ＝　　⑥ 6300 ÷ 9 ＝

⑦ 2000 ÷ 4 ＝　　⑧ 1000 ÷ 5 ＝

月　日

3 わり算の筆算①ーわる数が１けた
何十，何百のわり算（3）

名前

1 計算をしましょう。

① 60 ÷ 2 =　　② 120 ÷ 3 =

③ 540 ÷ 9 =　　④ 300 ÷ 6 =

⑤ 800 ÷ 4 =　　⑥ 1500 ÷ 5 =

⑦ 7200 ÷ 8 =　　⑧ 4000 ÷ 5 =

⑨ 2000 ÷ 4 =　　⑩ 3000 ÷ 6 =

トライ

2 □にあてはまる数を書きましょう。

① □ ÷ 3 = 30　　② □ ÷ 9 = 40

③ □ ÷ 2 = 300　　④ □ ÷ 6 = 600

⑤ □ ÷ 8 = 700

月　日

3 わり算の筆算①ーわる数が１けた
わり算の筆算①（1）

名前

2けた÷1けた＝2けた

● □にあてはまる数を書きましょう。

(1) 56このあめを，4人で同じ数ずつ分けます。1人分は何こになりますか。

① はじめに10こ入りの箱を4人にくばる。

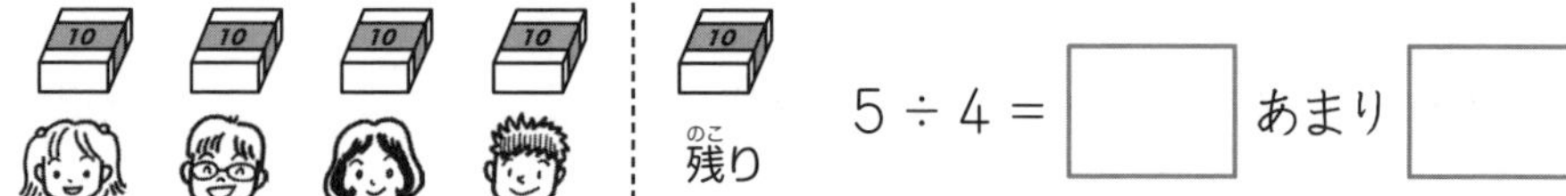

5 ÷ 4 = □ あまり □

② 残りの1箱（10こ）と，ばらの6こで，16こ。16こを4人で分ける。

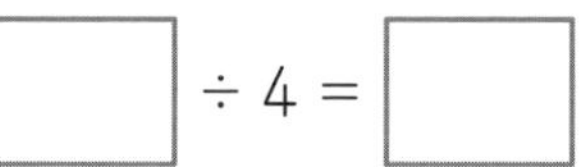

□ ÷ 4 = □

答え　1人分は □ こ

(2) 51このあめを，3人で同じ数ずつ分けます。1人分は何こになりますか。

① はじめに10こ入りの箱を3人にくばる。

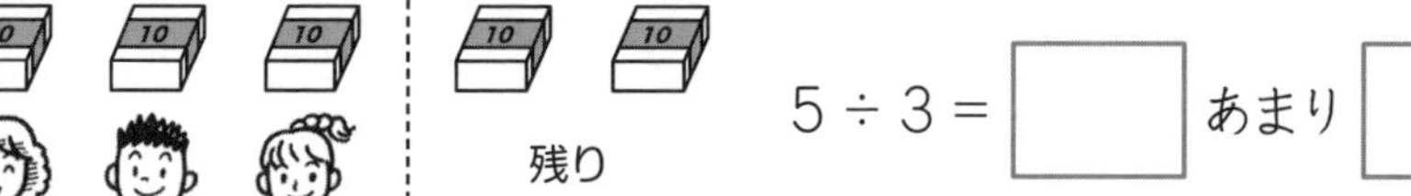

5 ÷ 3 = □ あまり □

② 残りの2箱（20こ）と，ばらの1こで，21こ。21こを3人で分ける。

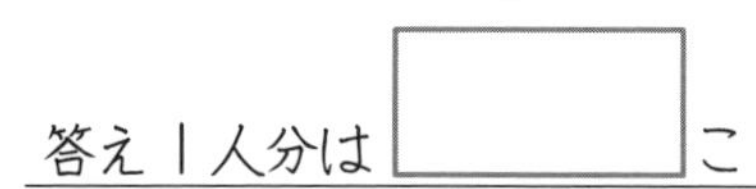

□ ÷ 3 = □

答え　1人分は □ こ

月　日

3 わり算の筆算①ーわる数が１けた

わり算の筆算①（2）

名前

2けた÷1けた＝2けた

● 96÷4の筆算のしかたを説明（せつめい）します。
□にあてはまることばを書きましょう。

十の位の計算

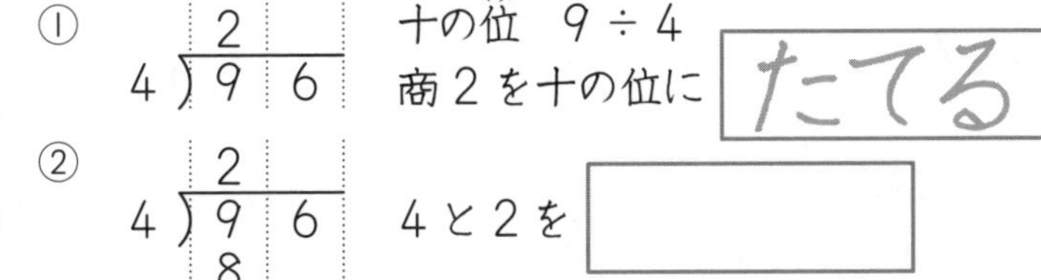

① 十の位（くらい）　9÷4
商2を十の位に たてる

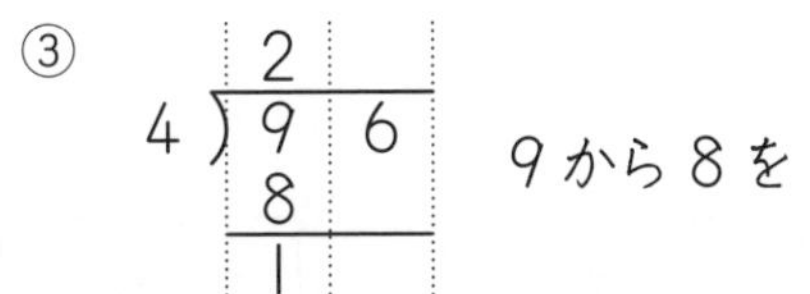

② 4と2を □

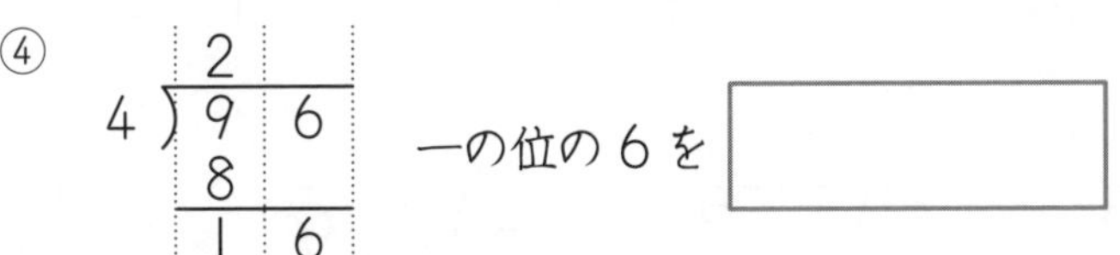

③ 9から8を □

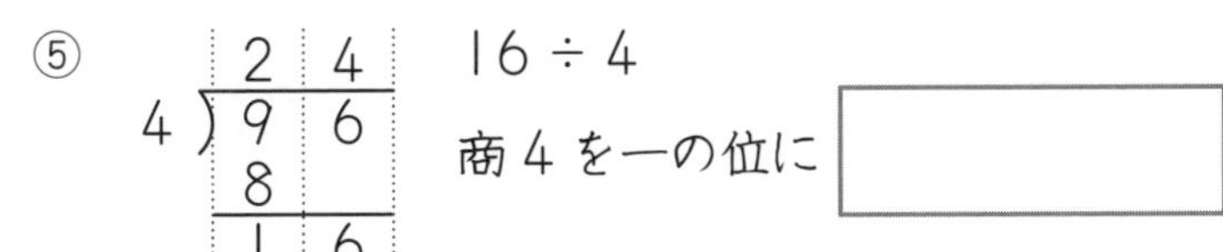

④ 一の位の6を □

一の位の計算

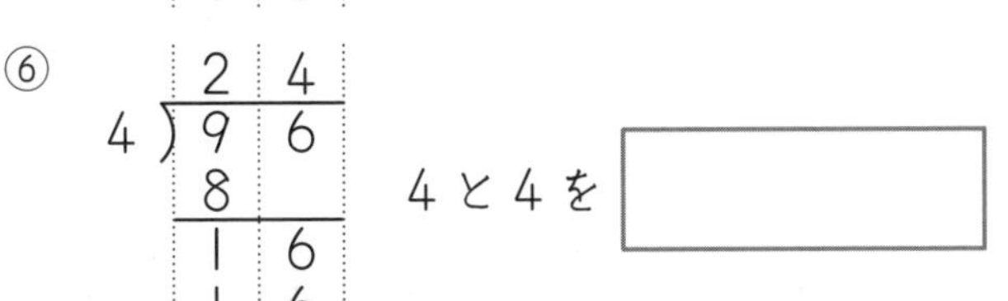

⑤ 16÷4
商4を一の位に □

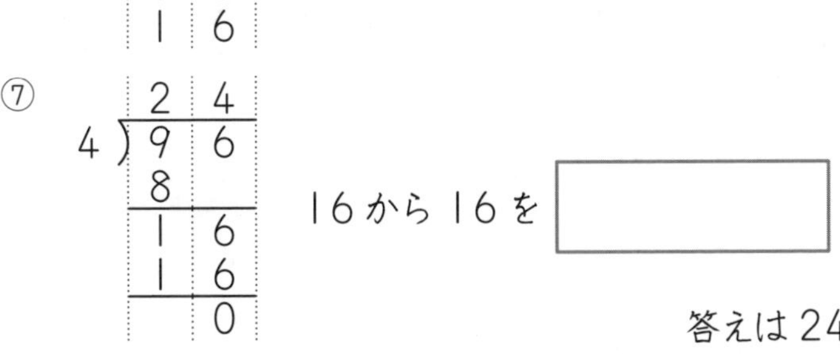

⑥ 4と4を □

⑦ 16から16を □

答えは24

月　日

3 わり算の筆算①ーわる数が１けた

わり算の筆算①（3）

名前

2けた÷1けた＝2けた

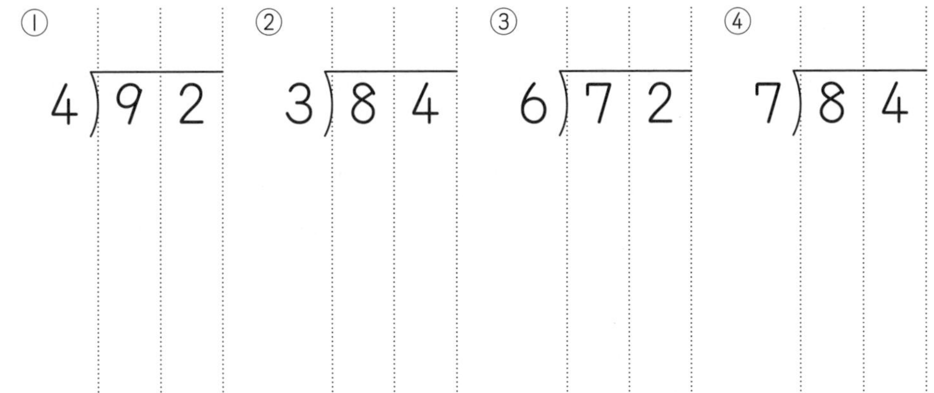

① 4)92　② 3)84　③ 6)72　④ 7)84

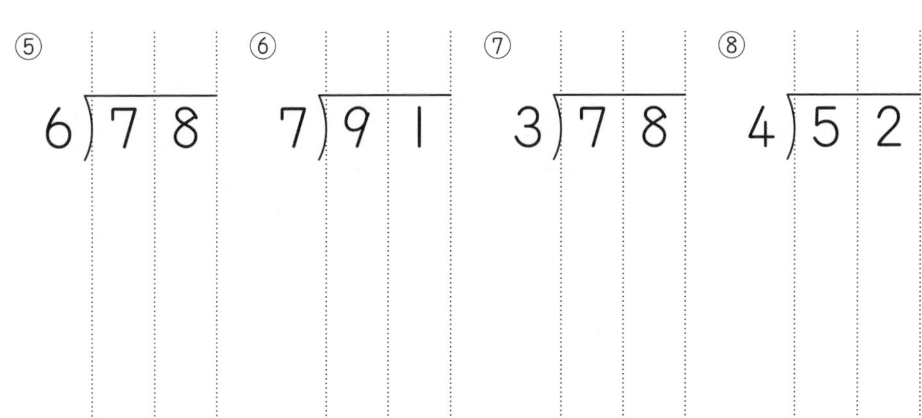

⑤ 6)78　⑥ 7)91　⑦ 3)78　⑧ 4)52

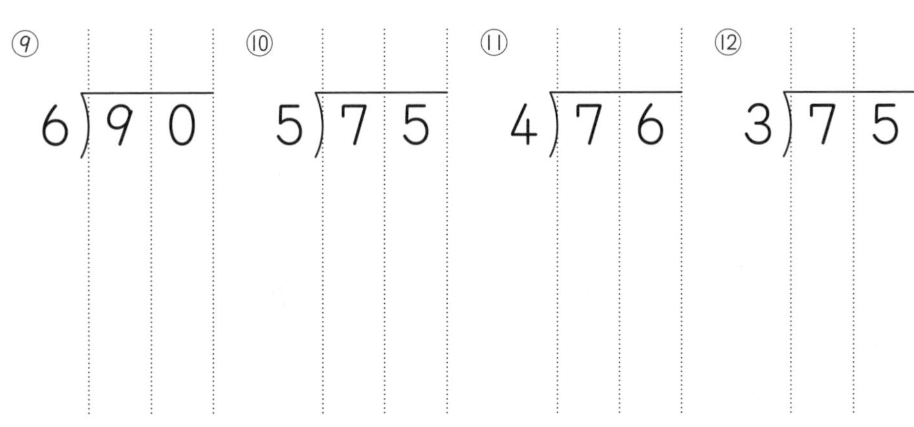

⑨ 6)90　⑩ 5)75　⑪ 4)76　⑫ 3)75

3 わり算の筆算①ーわる数が１けた

わり算の筆算① (4)

月　日

名前

2けた÷1けた＝2けた

1 計算をしましょう。　①～④は，けん算もしましょう。

① 81 ÷ 3　② 78 ÷ 6　③ 84 ÷ 7　④ 72 ÷ 6

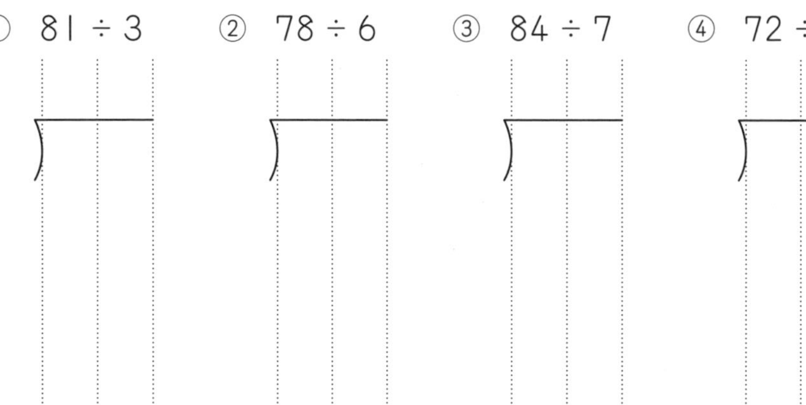

けん算

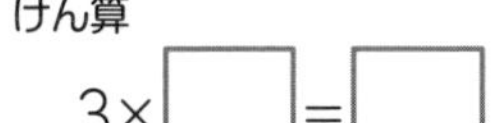

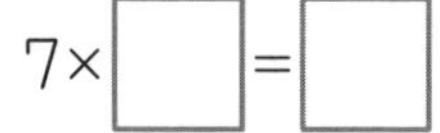

3×□＝□　6×□＝□　7×□＝□　6×□＝□

⑤ 54 ÷ 3　⑥ 72 ÷ 4　⑦ 80 ÷ 5　⑧ 87 ÷ 3

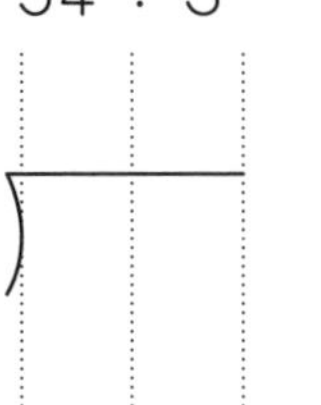
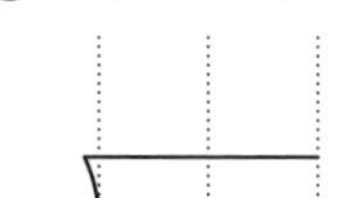
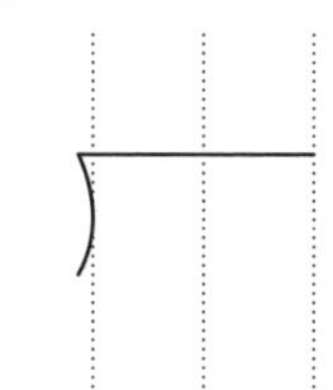
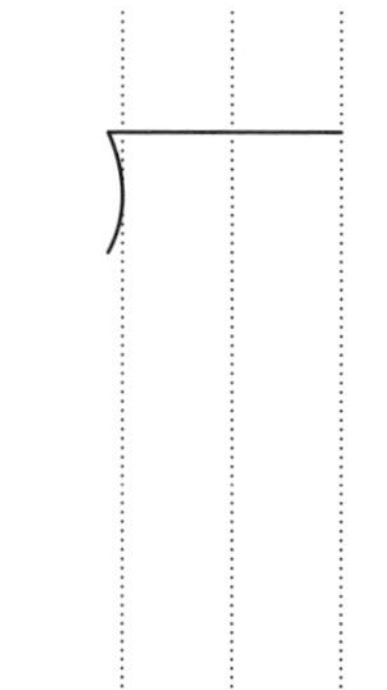

トライ

2 次のわり算で，わりきれるのは，□がどんな数字のときですか。

① $5\overline{)8\square}$

□，□

② $3\overline{)8\square}$

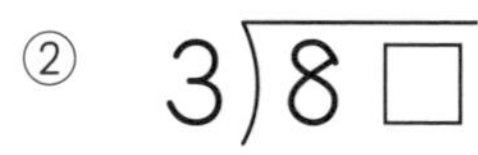

□，□，□

3 わり算の筆算①ーわる数が１けた

わり算の筆算① (5)

月　日

名前

2けた÷1けた＝2けた

● 計算をしましょう。　①～③は，けん算もしましょう。

① $7\overline{)94}$　② $5\overline{)67}$　③ $4\overline{)77}$

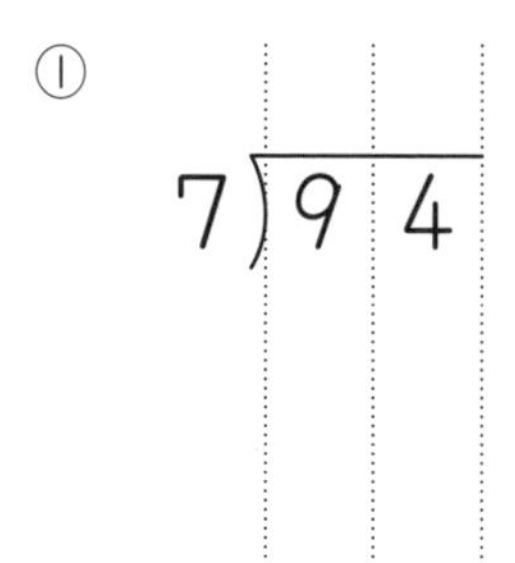
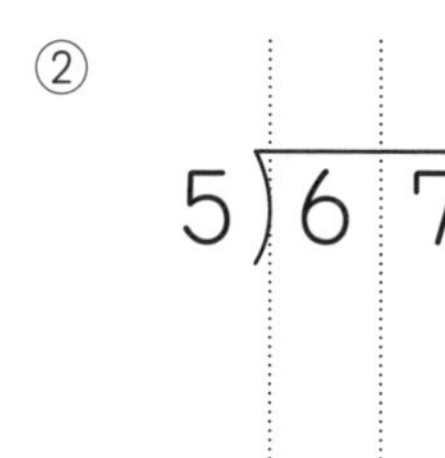
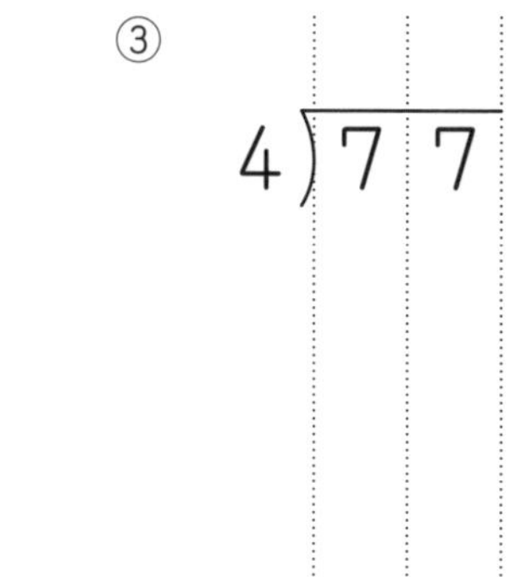

けん算

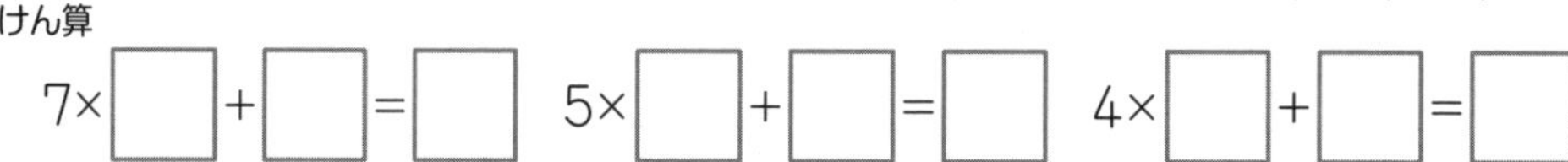

7×□＋□＝□　5×□＋□＝□　4×□＋□＝□

④ $6\overline{)80}$　⑤ $8\overline{)98}$　⑥ $6\overline{)89}$　⑦ $4\overline{)65}$

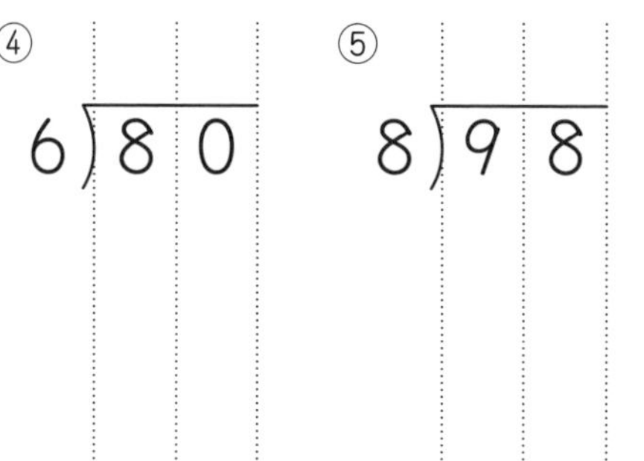

⑧ $3\overline{)55}$　⑨ $4\overline{)79}$　⑩ $6\overline{)93}$　⑪ $5\overline{)73}$

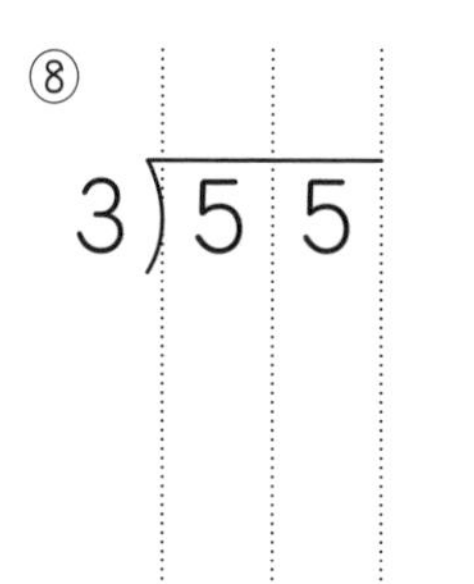
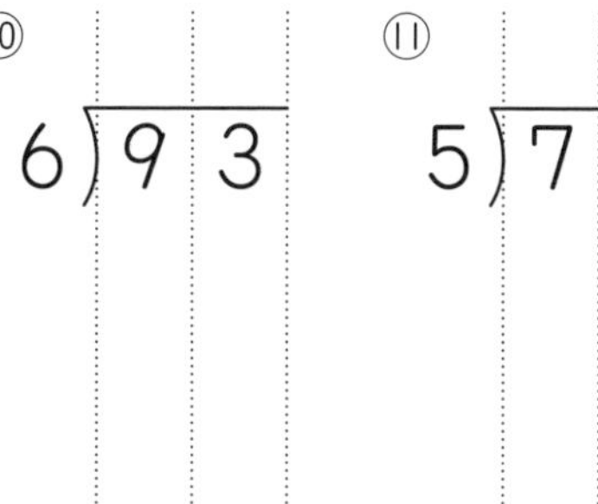

3 わり算の筆算①ーわる数が１けた

わり算の筆算①（6）

名前

2けた÷1けた＝2けた

□1 下の筆算はまちがっています。その理由を説明(せつめい)して，正しく計算しましょう。

$$\begin{array}{r} 25 \\ 3\overline{)79} \\ 6 \\ \hline 19 \\ 15 \\ \hline 4 \end{array}$$

説明

正しい計算

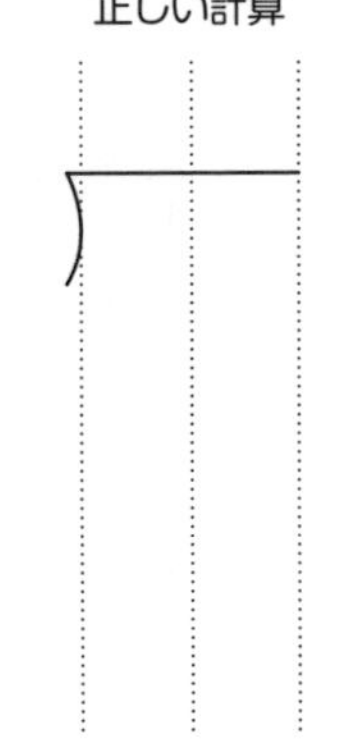

□2 計算をしましょう。

① $3\overline{)71}$　② $7\overline{)89}$　③ $4\overline{)78}$　④ $6\overline{)98}$

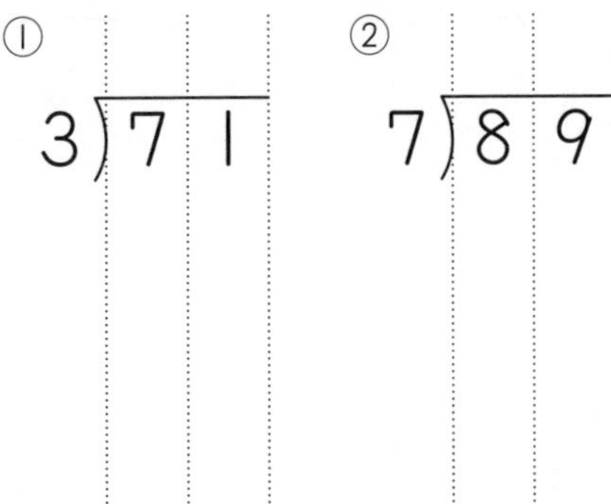

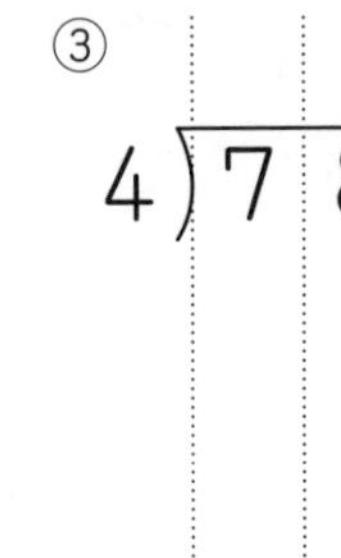

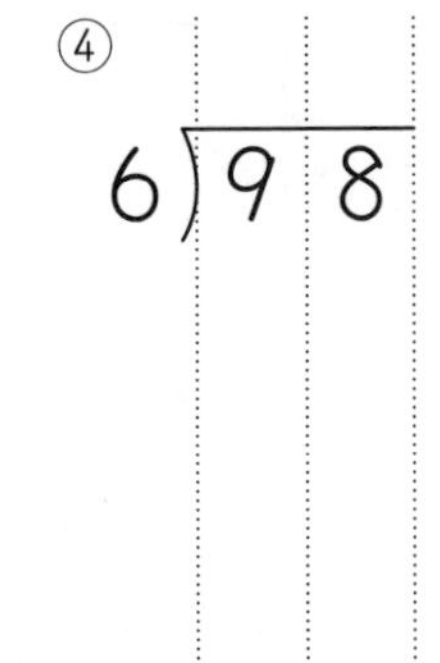

⑤ $5\overline{)93}$　⑥ $4\overline{)90}$　⑦ $6\overline{)80}$　⑧ $7\overline{)90}$

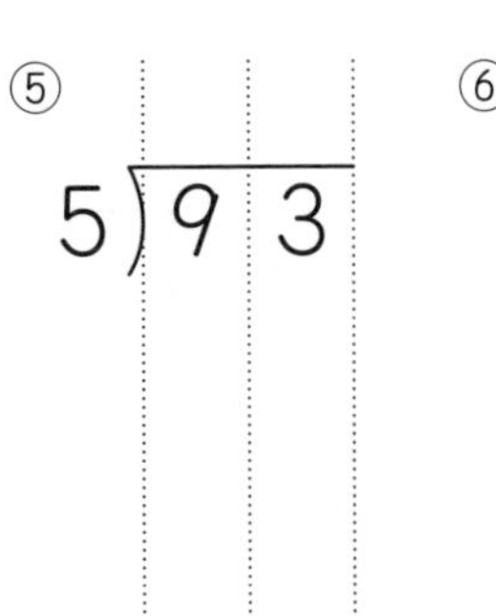

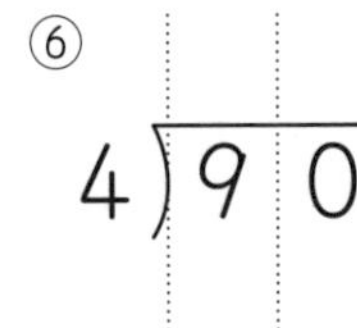

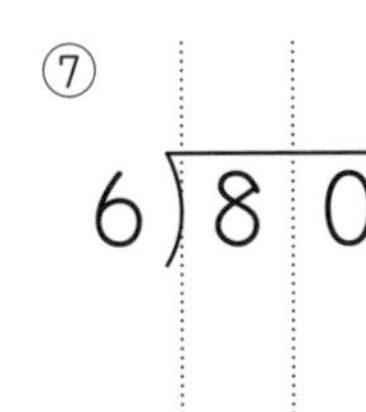

月　　日

3 わり算の筆算①ーわる数が１けた

わり算の筆算①（7）

名前

2けた÷1けた＝2けた

□1 計算をしましょう。

① 71÷2　② 99÷6　③ 88÷7　④ 80÷3

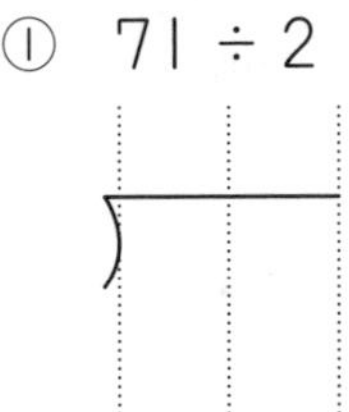

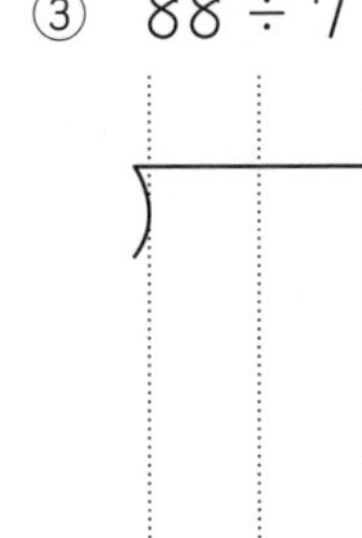

⑤ 83÷5　⑥ 91÷4　⑦ 67÷4　⑧ 77÷3

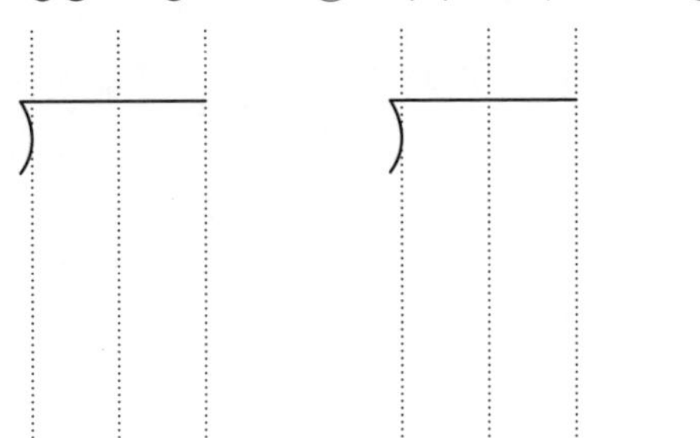

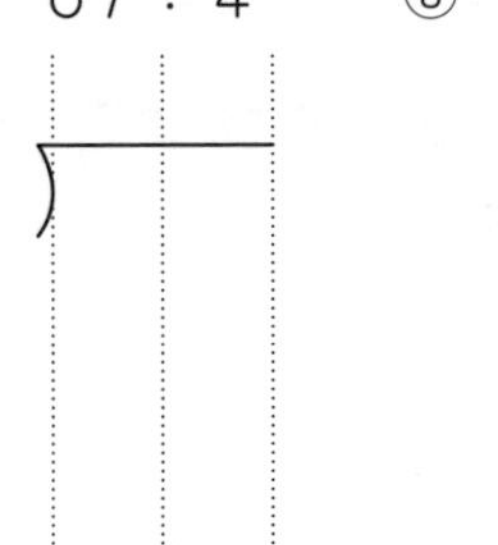

トライ

□2 ある数を4でわるのを，まちがえて3でわったので，商が21，あまりが2になりました。正しい答えを求(もと)めましょう。

① □÷3＝21 あまり2　□にあてはまる数を求めましょう。

式

答え ______

② 正しい答えを求める式を書いて，計算しましょう。

式

答え ______

月　　日

3 わり算の筆算①ーわる数が１けた

わり算の筆算①（8）

名前

1　いちごが 70 こあります。

① 4人で同じ数ずつ分けると，1人分は何こになって，何こあまりますか。

筆算

式

答え

② 1人に6こずつ分けると，何人に分けられて，何こあまりますか。

筆算

式

答え

2　95cm のリボンを 7cm ずつに切って使います。7cm のリボンは何本とれて，何 cm あまりますか。

筆算

式

答え

月　　日

3 わり算の筆算①ーわる数が１けた

わり算の筆算①（9）

名前

2けた÷1けた＝2けた

1　計算をしましょう。

① 83 ÷ 4　　② 91 ÷ 3　　③ 65 ÷ 6　　④ 95 ÷ 3

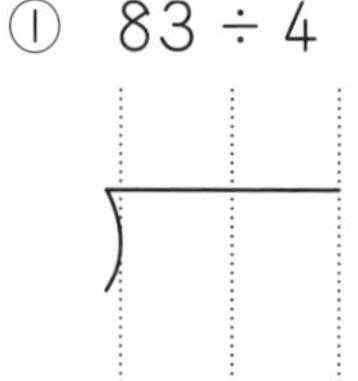

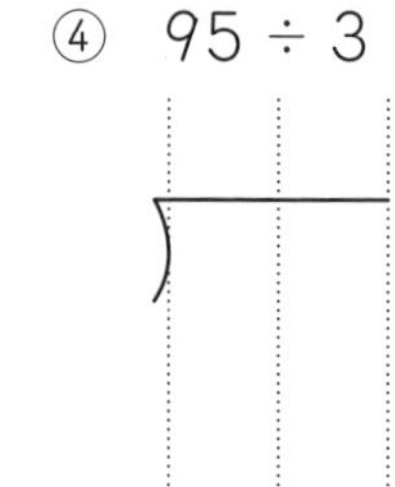

⑤ 65 ÷ 2　　⑥ 75 ÷ 7　　⑦ 88 ÷ 4　　⑧ 96 ÷ 3

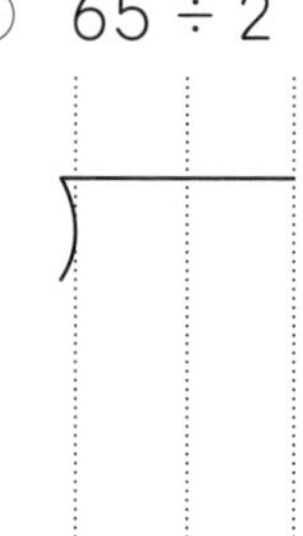

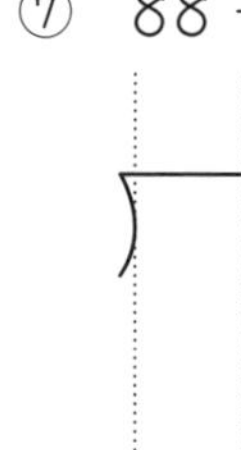

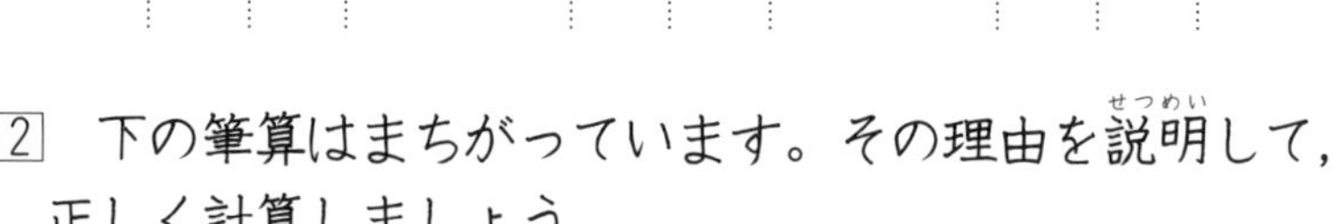

2　下の筆算はまちがっています。その理由を説明（せつめい）して，正しく計算しましょう。

$$\begin{array}{r} 3 \\ 2\overline{)61} \\ \underline{6} \\ 1 \end{array}$$

説明

正しい計算

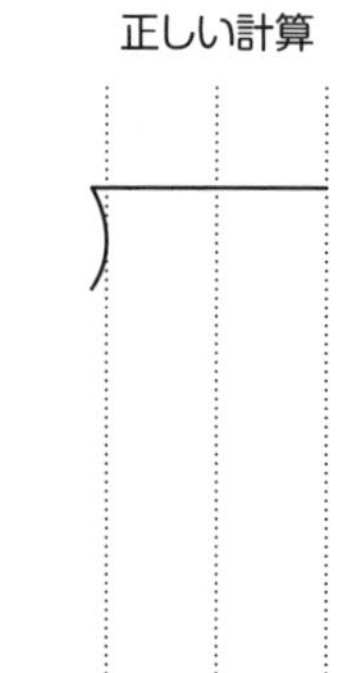

3 わり算の筆算①－わる数が１けた

わり算の筆算①（10）

月　日

名前

2けた÷1けた＝2けた

[1] 計算をしましょう。

① 45 ÷ 2　② 95 ÷ 3　③ 89 ÷ 4　④ 67 ÷ 3

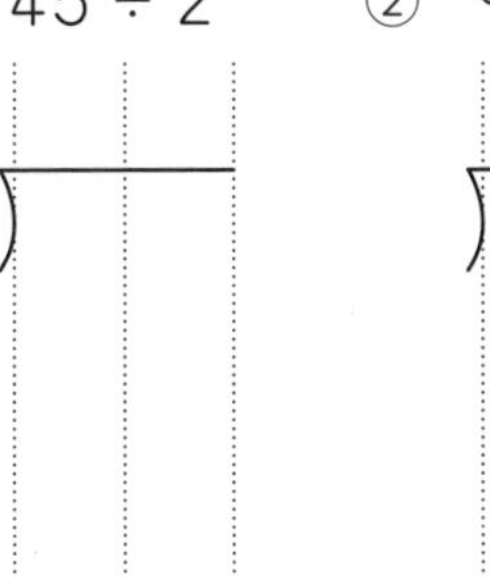
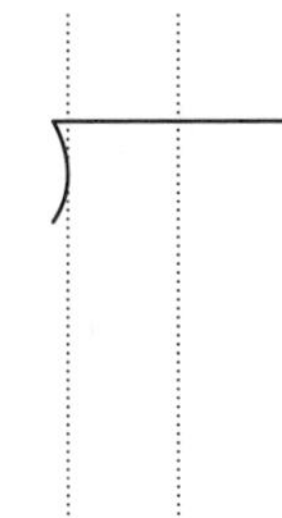
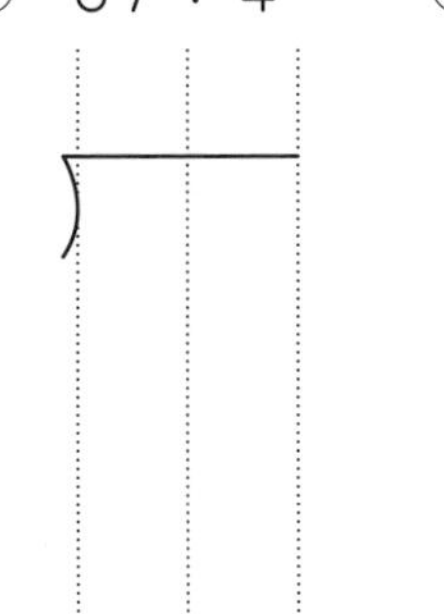

⑤ 63 ÷ 3　⑥ 86 ÷ 2　⑦ 48 ÷ 4　⑧ 93 ÷ 3

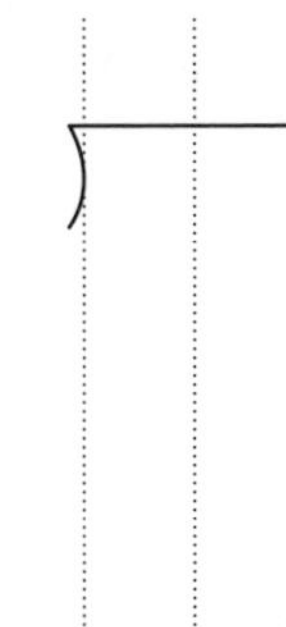
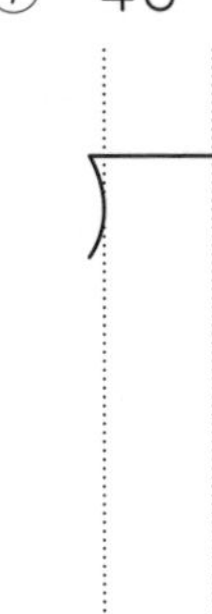

[2] 下の筆算はまちがっています。正しく計算しましょう。

①

```
   1 0
7）7 9
   7
  ----
     9
     0
  ----
     9
```

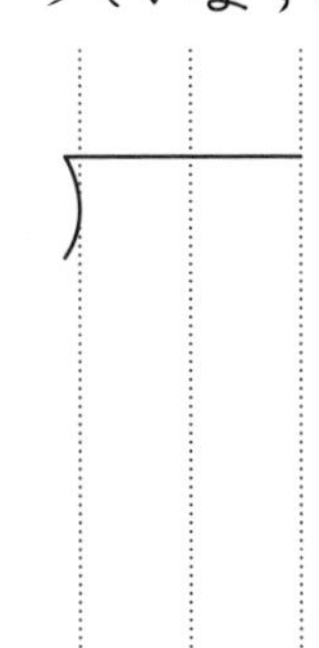

②

```
   2
4）8 3
   8
  ----
     3
```

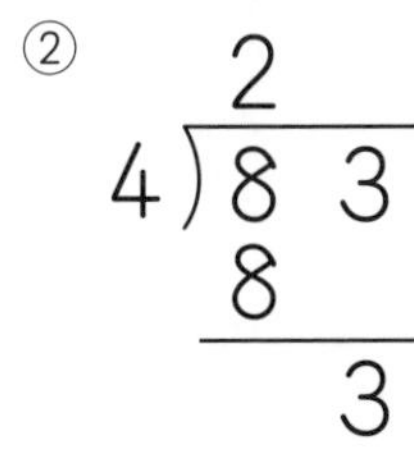

3 わり算の筆算①－わる数が１けた

わり算の筆算①（11）

月　日

名前

2けた÷1けた＝2けた

[1] 計算をしましょう。

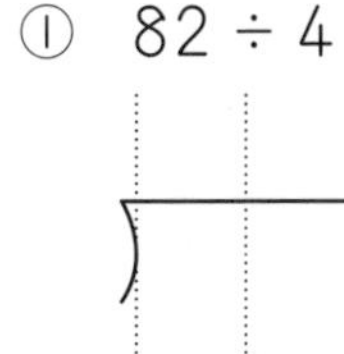

① 82 ÷ 4　② 94 ÷ 9　③ 62 ÷ 3　④ 76 ÷ 7

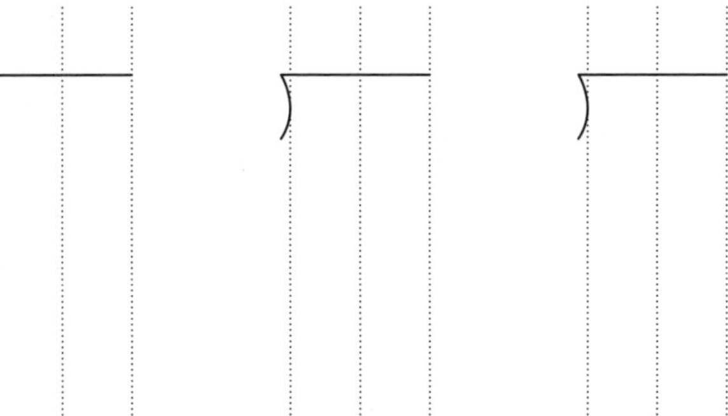

⑤ 60 ÷ 3　⑥ 80 ÷ 2　⑦ 70 ÷ 7　⑧ 90 ÷ 3

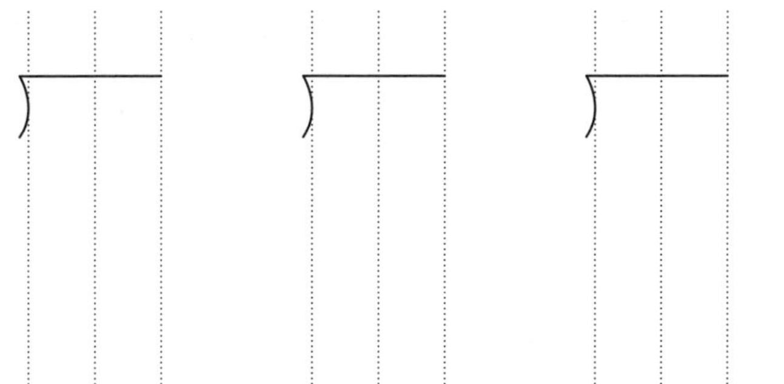

[2] ふみやさんの４年生になったときの連続(れんぞく)二重とびの記録(きろく)は，３回でした。それが，今は36回になりました。
36回は，３回の何倍ですか。

式

答え

月　　日

3 わり算の筆算①－わる数が１けた

わり算の筆算①（12）

名前

3けた÷1けた＝3けた

□1 745÷3の筆算をします。□にあてはまる数を書きましょう。

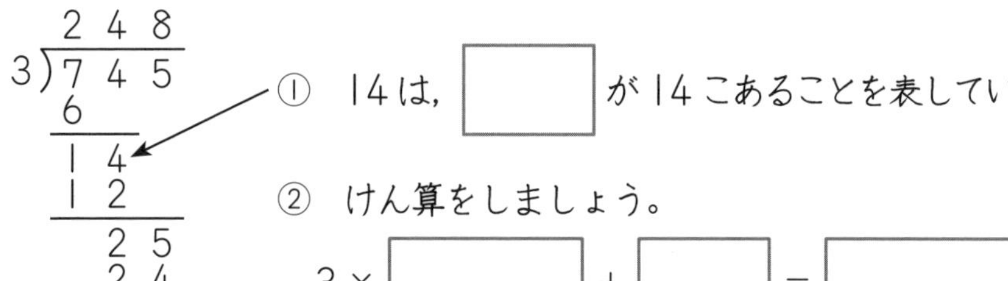

① 14は，□が14こあることを表している。

② けん算をしましょう。

3×□＋□＝□

□2 計算をしましょう。

① 968÷7　② 746÷3　③ 809÷6　④ 673÷5

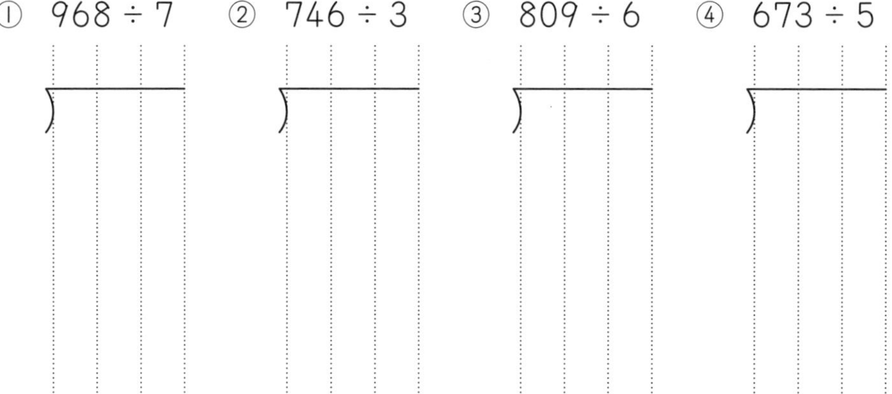

⑤ 947÷4　⑥ 959÷7　⑦ 858÷6　⑧ 948÷4

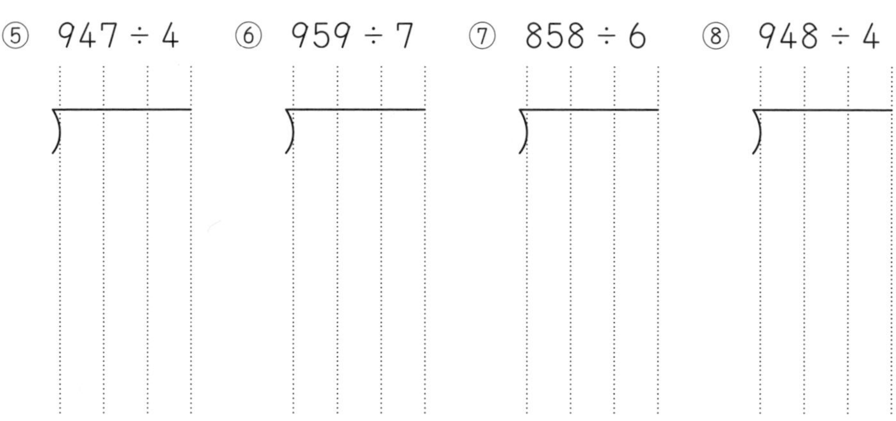

月　　日

3 わり算の筆算①－わる数が１けた

わり算の筆算①（13）

名前

3けた÷1けた＝3けた

□1 計算をしましょう。

① 806÷3　② 793÷4　③ 797÷5　④ 938÷6

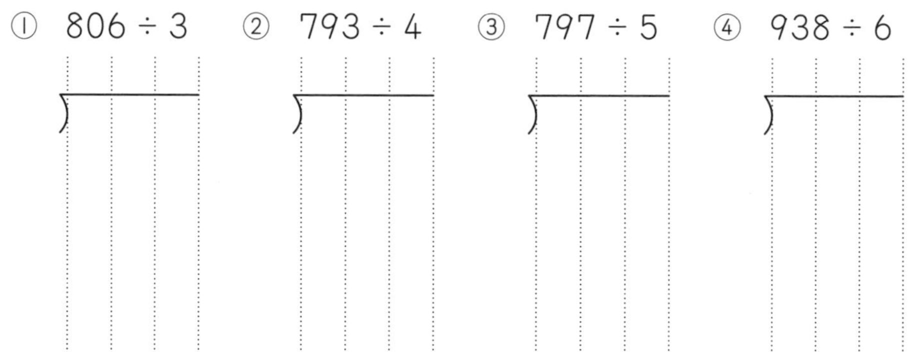

⑤ 908÷4　⑥ 915÷5　⑦ 894÷6　⑧ 834÷3

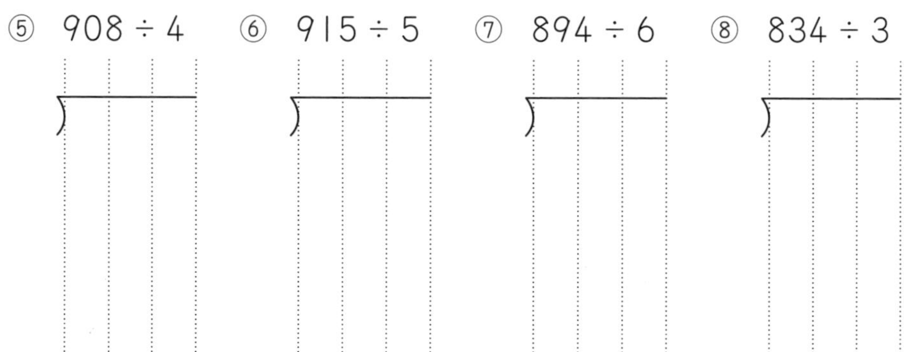

⑨ 736÷2　⑩ 999÷4

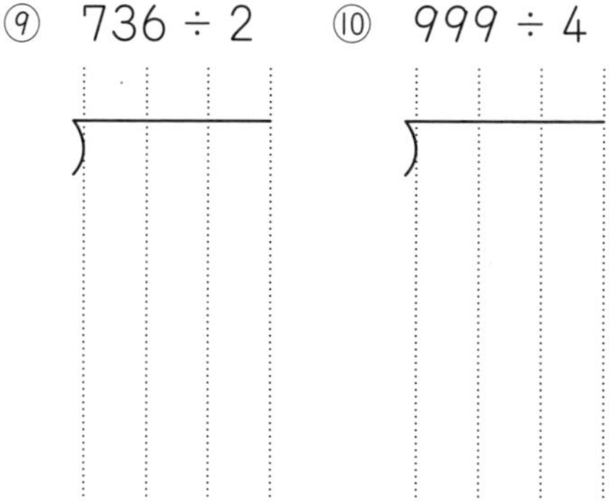

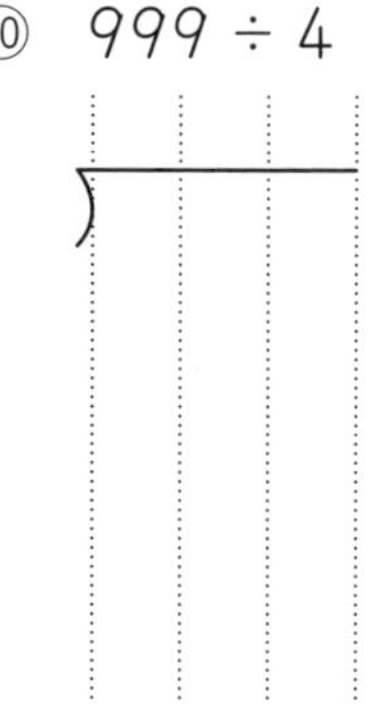

トライ □2 □に数字を入れて，正しい筆算をつくりましょう。

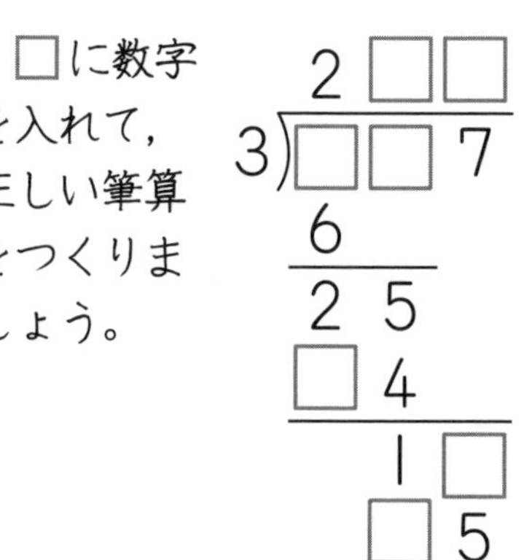

月　日

3 わり算の筆算①－わる数が１けた

わり算の筆算①（14）

名前

3けた÷１けた＝3けた

① 674 ÷ 3　② 784 ÷ 7　③ 728 ÷ 3　④ 567 ÷ 4

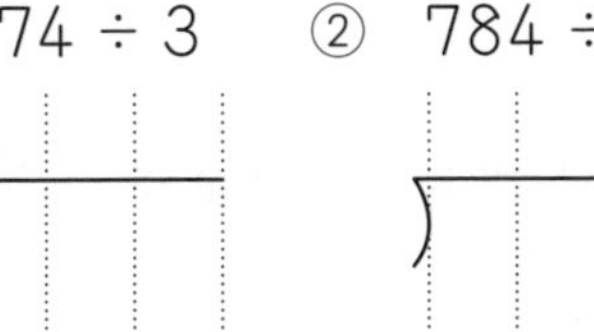

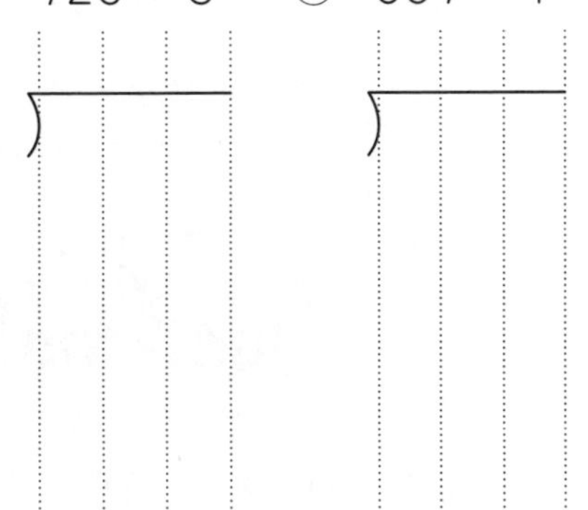

⑤ 638 ÷ 3　⑥ 846 ÷ 2　⑦ 723 ÷ 4　⑧ 845 ÷ 6

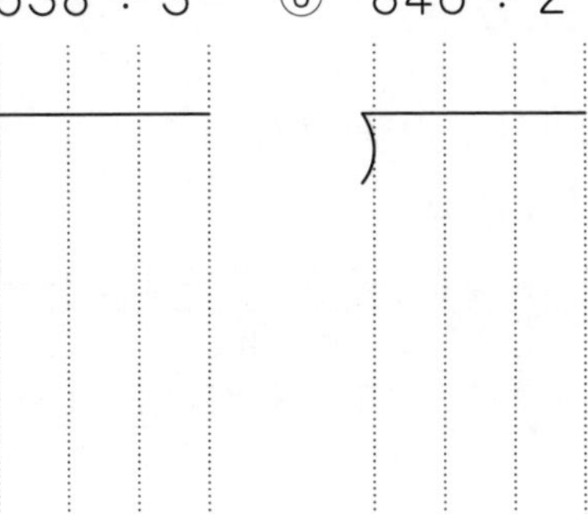
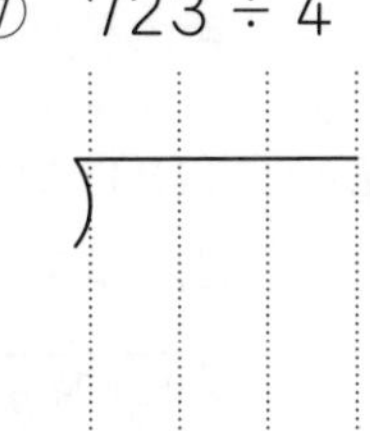
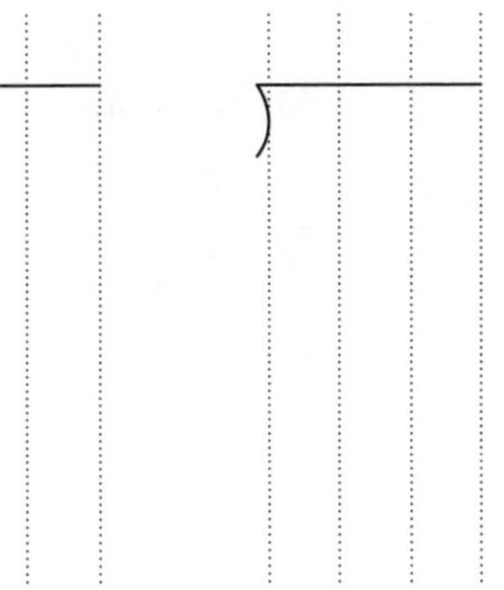

⑨ 811 ÷ 3　⑩ 927 ÷ 9　⑪ 856 ÷ 8　⑫ 927 ÷ 3

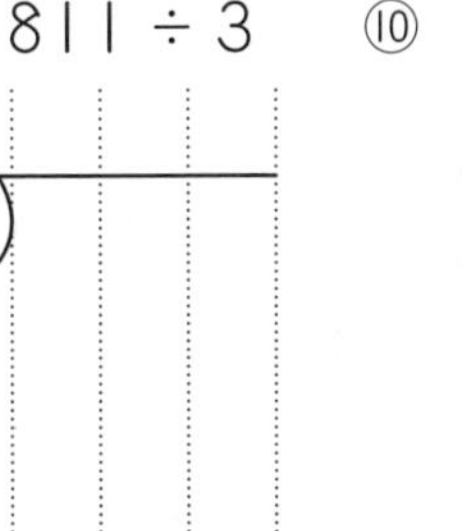

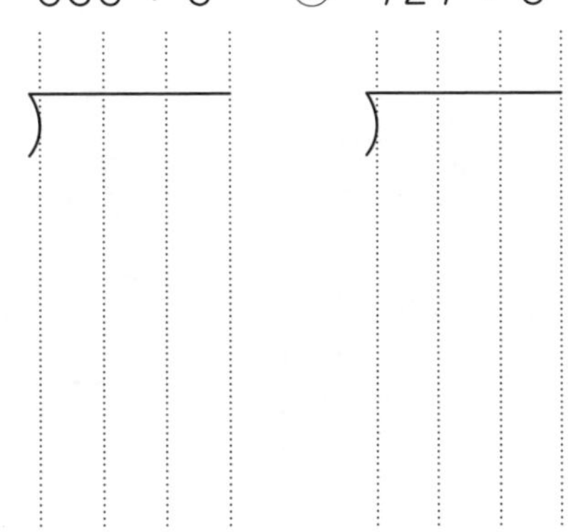

月　日

3 わり算の筆算①－わる数が１けた

わり算の筆算①（15）

名前

3けた÷１けた＝3けた

1 計算をしましょう。

① 896 ÷ 8　② 975 ÷ 3　③ 728 ÷ 6　④ 785 ÷ 3

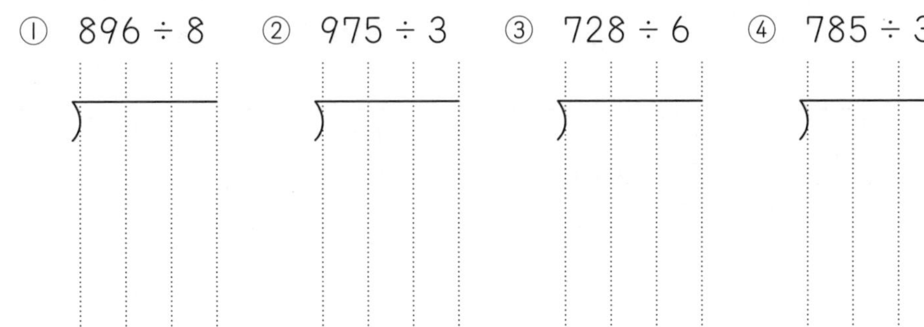

⑤ 568 ÷ 4　⑥ 698 ÷ 3　⑦ 628 ÷ 2　⑧ 847 ÷ 4

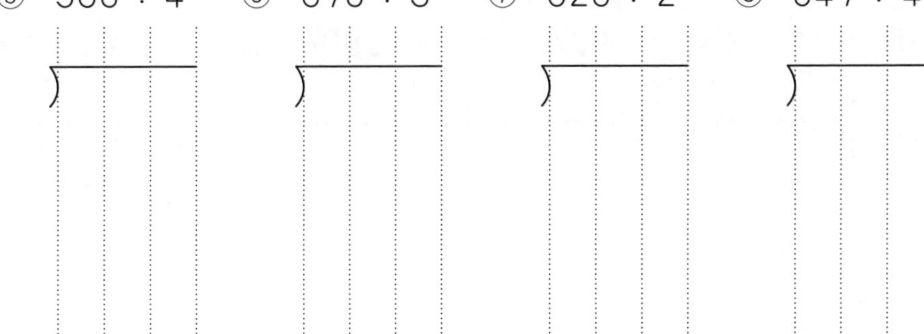

トライ

2 394まいのシールを，３人で同じ数ずつ分けます。１人分は何まいになって，何まいあまりますか。また，あと何まいあると，１人分がもう１まいふえて，あまりがなくなりますか。

筆算

式

答え　１人分は（　　　）まいになって，

（　　　）まいあまる。あと（　　　）まい。

3 わり算の筆算①ーわる数が１けた

わり算の筆算①（16）

名前

3けた÷1けた＝3けた

1 計算をしましょう。

① 782 ÷ 6　② 481 ÷ 3　③ 923 ÷ 4　④ 654 ÷ 5

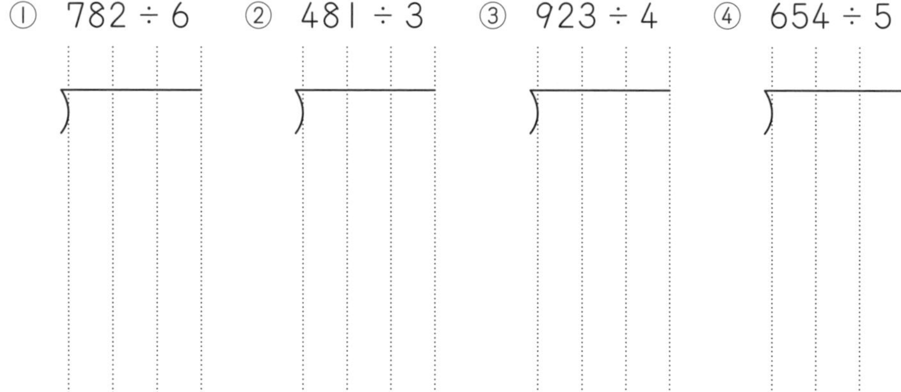

⑤ 924 ÷ 3　⑥ 924 ÷ 9　⑦ 804 ÷ 2　⑧ 815 ÷ 4

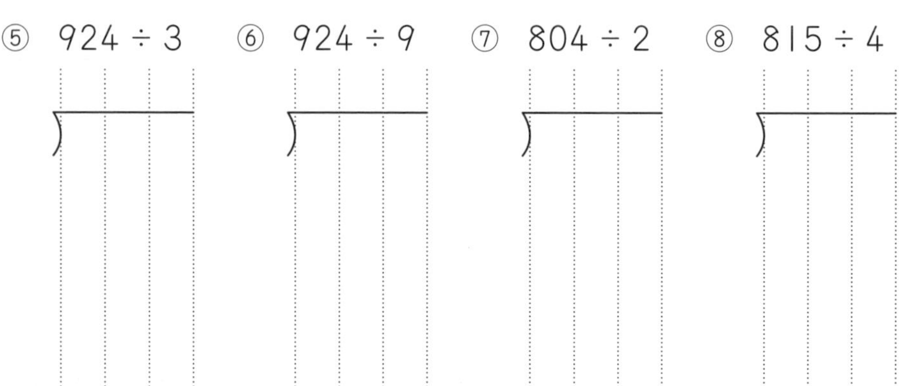

トライ

2 ある数を6でわるところを，まちがえて7でわったので，商が108，あまりが6になりました。
正しい答えを求めましょう。

□÷7＝108あまり6
まず，ある数を求めよう。

式

答え

月　　日

3 わり算の筆算①ーわる数が１けた

わり算の筆算②（1）

名前

3けた÷1けた＝2けた

● □にあてはまる数を書きましょう。

225このあめを，3人で同じ数ずつ分けます。
1人分は何こになりますか。

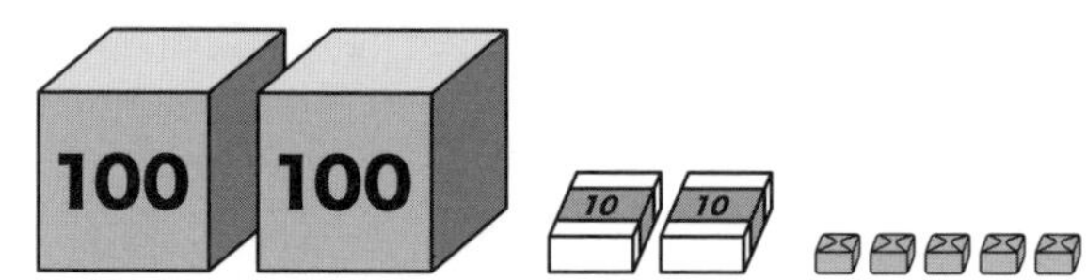

① 百の位の計算　…100この箱のままでは，3人に分けられないから，百の位に商はたたない。

$3\overline{)225}$

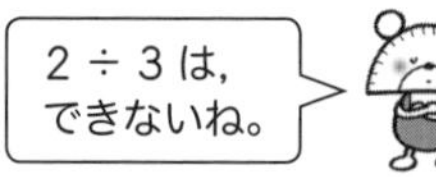

② 十の位の計算　…100この箱を10この箱にばらして，22箱を3人で分ける。

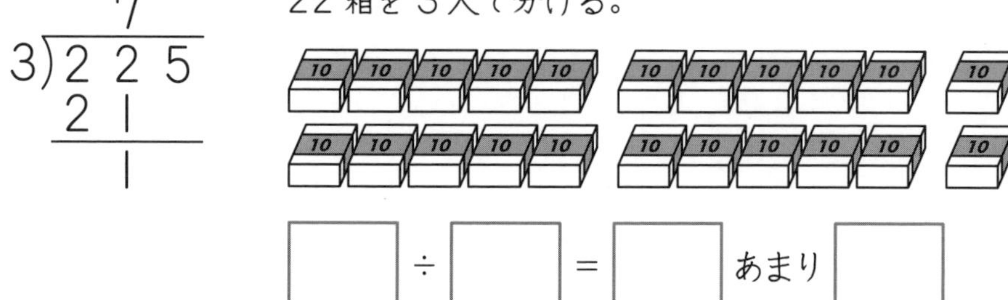

□÷□＝□あまり□

③ 一の位の計算　…あまった1箱をあけてばらにして，15こを3人で分ける。

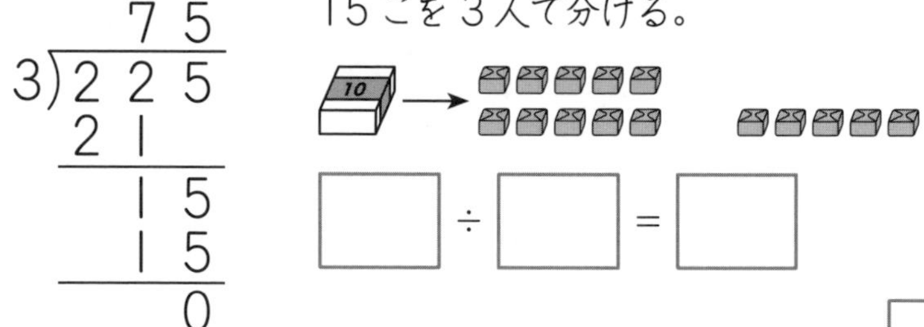

□÷□＝□

答え □こ

3 わり算の筆算①－わる数が１けた

わり算の筆算② (2)

月　日

名前

3けた÷1けた＝2けた

① 279 ÷ 6　② 258 ÷ 3　③ 248 ÷ 4　④ 635 ÷ 7

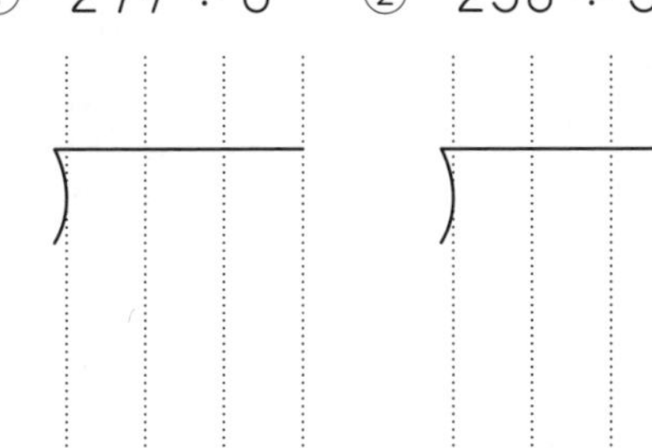

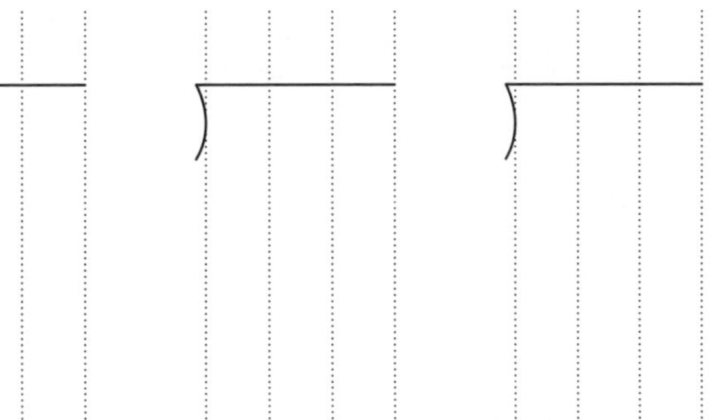

⑤ 289 ÷ 5　⑥ 639 ÷ 7　⑦ 156 ÷ 3　⑧ 386 ÷ 8

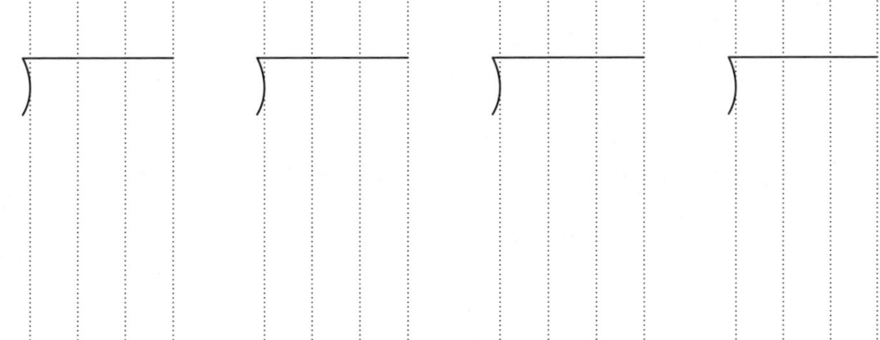

⑨ 818 ÷ 9　⑩ 240 ÷ 4　⑪ 495 ÷ 6　⑫ 776 ÷ 8

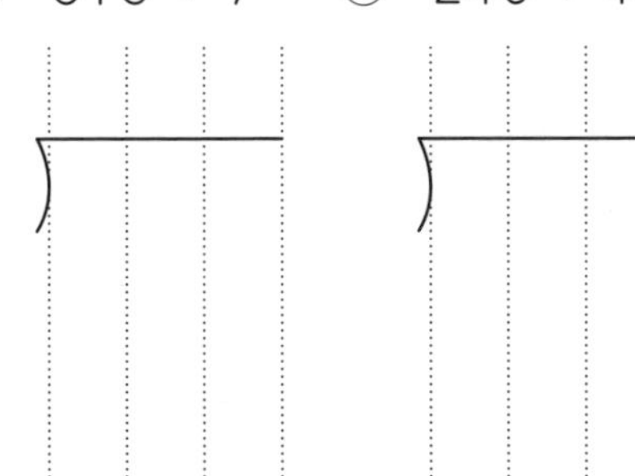

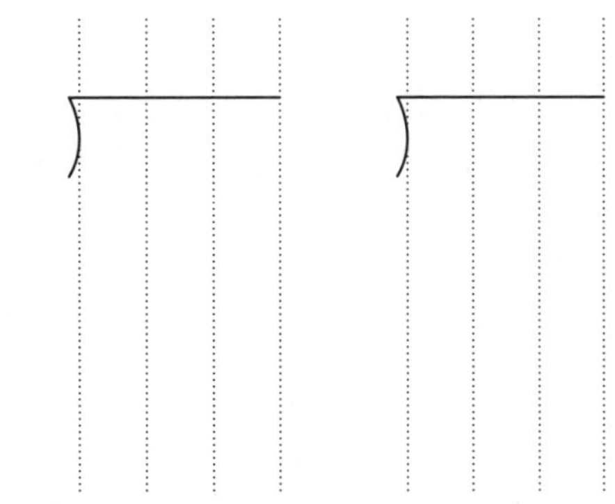

3 わり算の筆算①－わる数が１けた

わり算の筆算② (3)

月　日

名前

3けた÷1けた＝2けた

1 計算をしましょう。

① 121 ÷ 8　② 333 ÷ 7　③ 873 ÷ 9　④ 534 ÷ 6

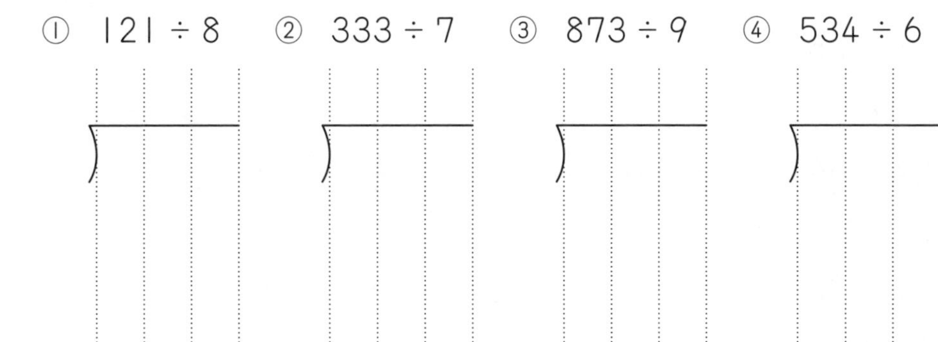

⑤ 366 ÷ 4　⑥ 424 ÷ 7　⑦ 567 ÷ 7　⑧ 560 ÷ 8

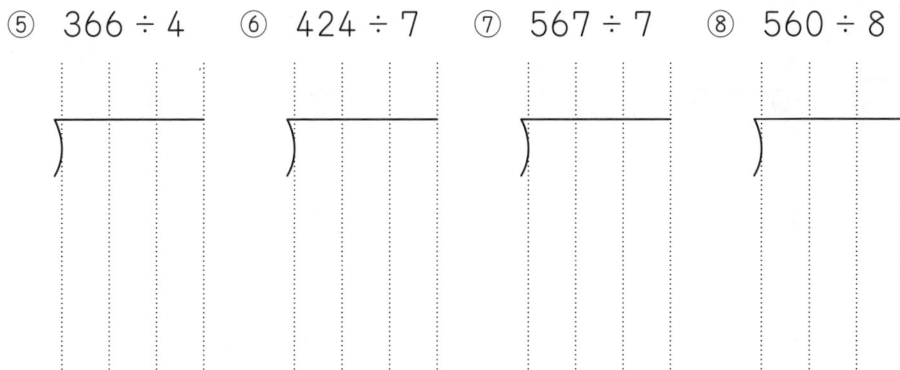

2 下のわり算で，□にあてはまる数字を答えましょう。

4)□32

① 商が２けたになるのは，□にどんな数字が入ったときですか。

□，□，□

トライ ② ①で選んだ数字の中で，商がいちばん大きくなるのは，どの数字のときですか。

□

月　日

3 わり算の筆算①ーわる数が１けた
暗算

名前

● 暗算で計算をしましょう。

① 26 ÷ 2 =
② 39 ÷ 3 =
③ 84 ÷ 4 =
④ 42 ÷ 3 =
⑤ 32 ÷ 2 =
⑥ 65 ÷ 5 =
⑦ 60 ÷ 4 =
⑧ 80 ÷ 5 =
⑨ 70 ÷ 5 =
⑩ 90 ÷ 6 =
⑪ 480 ÷ 2 =
⑫ 620 ÷ 2 =
⑬ 360 ÷ 3 =
⑭ 840 ÷ 4 =
⑮ 520 ÷ 2 =
⑯ 450 ÷ 3 =
⑰ 560 ÷ 4 =
⑱ 720 ÷ 6 =
⑲ 600 ÷ 5 =
⑳ 1000 ÷ 5 =

月　日

3 ふりかえり・たしかめ (1)
わり算の筆算①ーわる数が１けた

名前

1 203 ページの本があります。

① １週間（７日）で読むためには，１日に何ページずつ読めばいいですか。

式

答え

② １日に９ページずつ読むと，何日で読み終わることができますか。

式

答え

2 784 まいの色紙を，８人で同じまい数ずつ分けます。１人分は何まいになりますか。

式

答え

3 1m56cm のリボンを，8cm ずつに切ります。8cm のリボンは何本できて，何 cm あまりますか。

式

答え

月　日

3 ふりかえり・たしかめ (2)

わり算の筆算①－わる数が１けた

名前

① 906 ÷ 3　② 726 ÷ 4　③ 903 ÷ 9　④ 927 ÷ 7

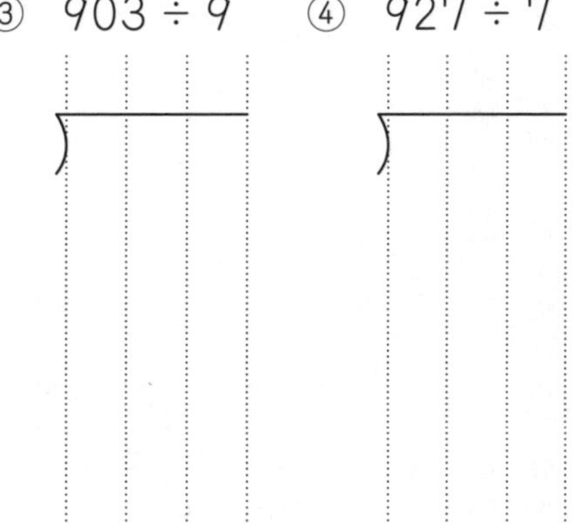

⑤ 987 ÷ 9　⑥ 560 ÷ 7　⑦ 921 ÷ 3　⑧ 864 ÷ 6

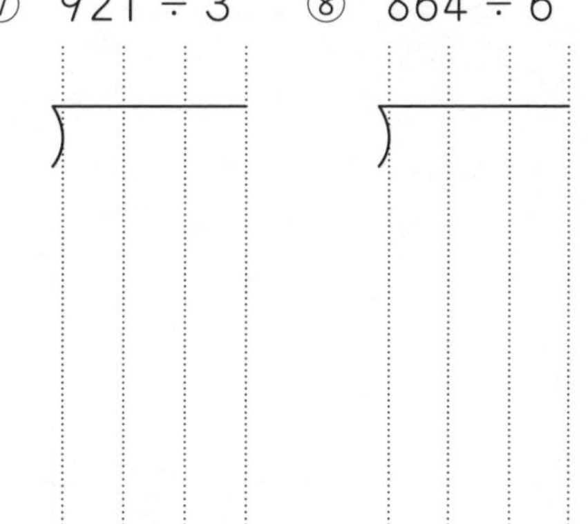

⑨ 566 ÷ 4　⑩ 83 ÷ 4　⑪ 540 ÷ 8　⑫ 870 ÷ 3

月　日

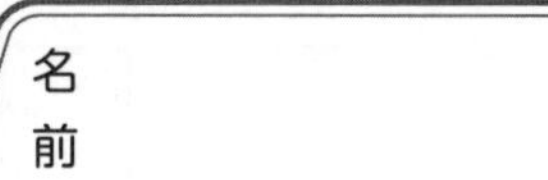

3 ふりかえり・たしかめ (3)

わり算の筆算①－わる数が１けた

名前

① 96 ÷ 8　② 520 ÷ 8　③ 630 ÷ 6　④ 882 ÷ 7

⑤ 731 ÷ 7　⑥ 935 ÷ 5　⑦ 726 ÷ 8　⑧ 804 ÷ 3

⑨ 690 ÷ 3　⑩ 654 ÷ 7　⑪ 966 ÷ 5　⑫ 288 ÷ 4

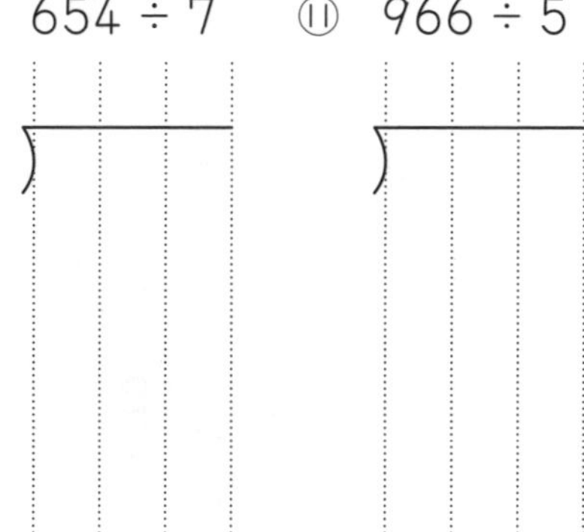

3 まとめのテスト
わり算の筆算①ーわる数が１けた

月　　日

名前

【知識・技能】

1　次の筆算をして，けん算もしましょう。(5 × 4)

①　86 ÷ 3

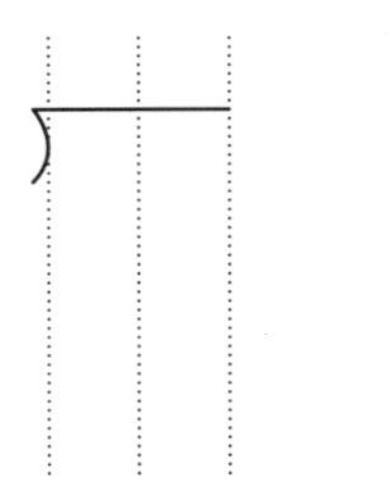

けん算（　　　　　　　　）

②　639 ÷ 4

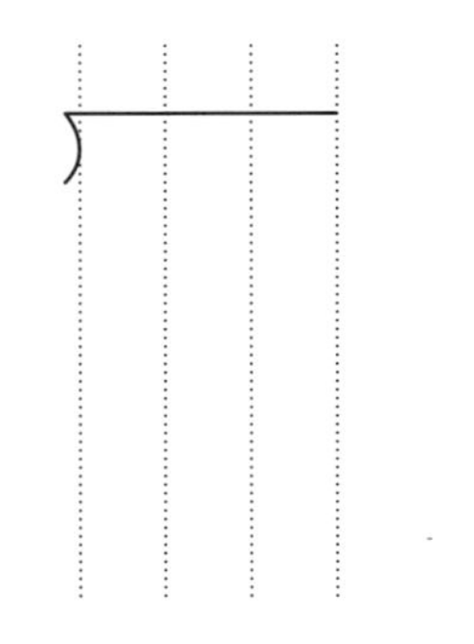

けん算（　　　　　　　　）

2　計算をしましょう。(5 × 6)

①　641 ÷ 4　　②　978 ÷ 6

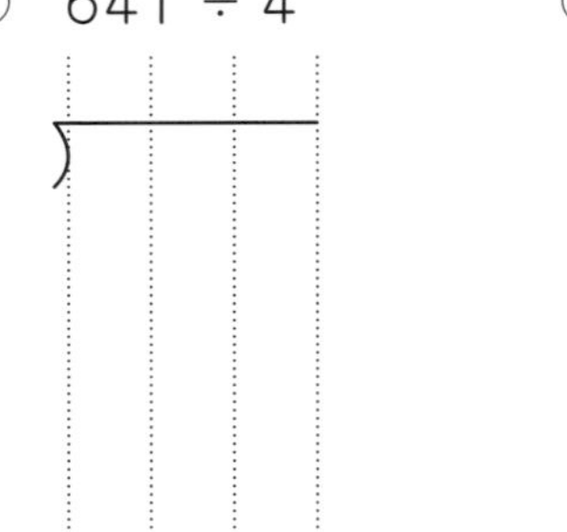

③　703 ÷ 3　　④　905 ÷ 3

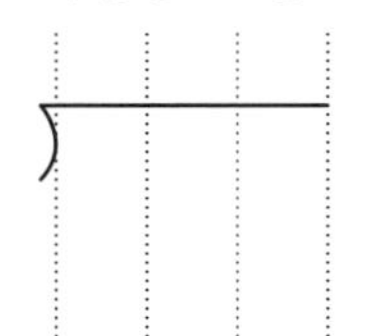

⑤　495 ÷ 7　　⑥　592 ÷ 8

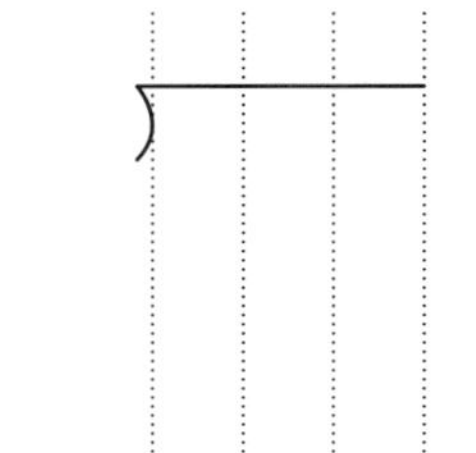

【思考・判断・表現】

3　下の計算で，商が２けたになるのは，□にどんな数字が入ったときですか。(5 × 2)

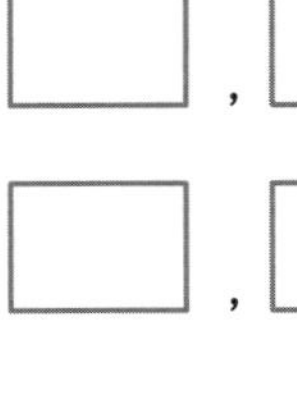

①　3)□83　　□，□

②　□)749　　□，□

4　色紙が 283 まいあります。(5 × 4)

①　７人に同じまい数ずつ配ると，１人分は何まいになって，何まいあまりますか。

式

答え

②　８まいずつ配ると，何人に配れますか。

式

答え

5　次の筆算はまちがっています。その理由を下から選んで，□に記号を書き，正しい筆算をしましょう。(5 × 4)

①

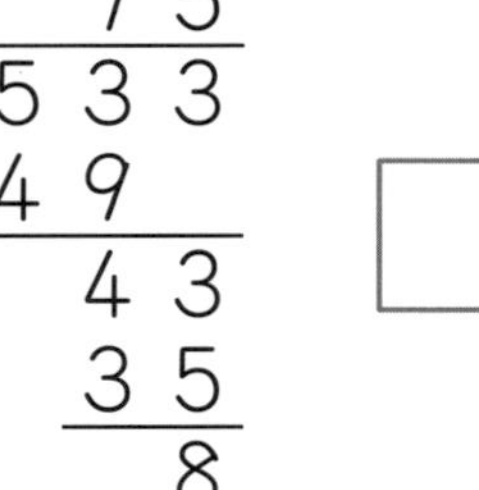

②

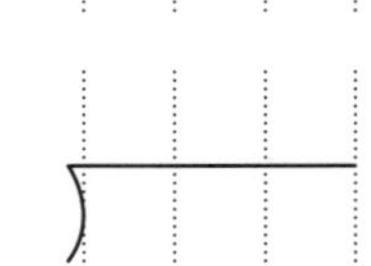

㋐　一の位に商をたてていない。
㋑　十の位に商をたてていない。
㋒　あまりが，わる数より大きい。

月　日

4 角の大きさ
角の大きさ (1)

名前

● 直線を回転させて，いろいろな大きさの角をつくります。
□にあてはまることばや数字，記号を，[ ]から選(えら)んで書きましょう。

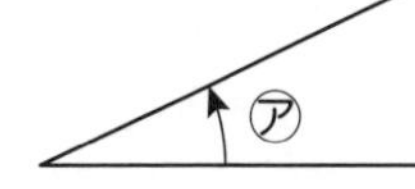

① 直角になっている角は，

㋐～㋔の中の □ です。

角の大きさを表す単位(たんい)（度）でいうと，

°です。

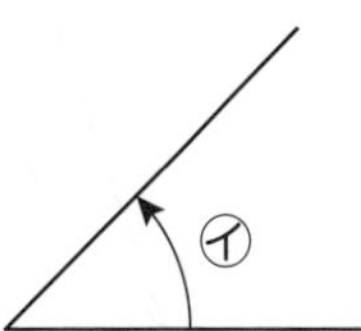

② 半回転している角は，㋐～㋔の中の □ で，

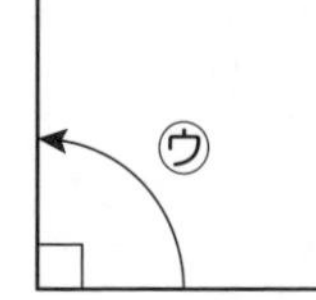

角の大きさは □ です。

角度は，□°です。

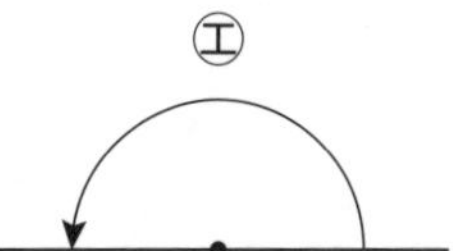

③ 一回転している角は，㋐～㋔の中の □ で，

角の大きさは □ です。

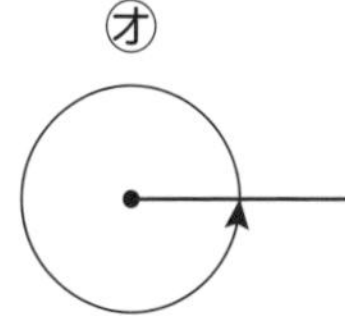

角度は，°です。

㋐	㋑	㋒	㋓	㋔
直角	2直角	3直角	4直角	
90	100	180	300	360

月　日

4 角の大きさ
角の大きさ (2)

名前

1 （　）にあてはまる数を書きましょう。

① 直角を90等分した1こ分の角の大きさが，（　　）°です。

② 2直角は，（　　）°です。

③ 4直角は，（　　）°です。

2 角度をはかります。分度器(ぶんどき)の角度をよみましょう。

①

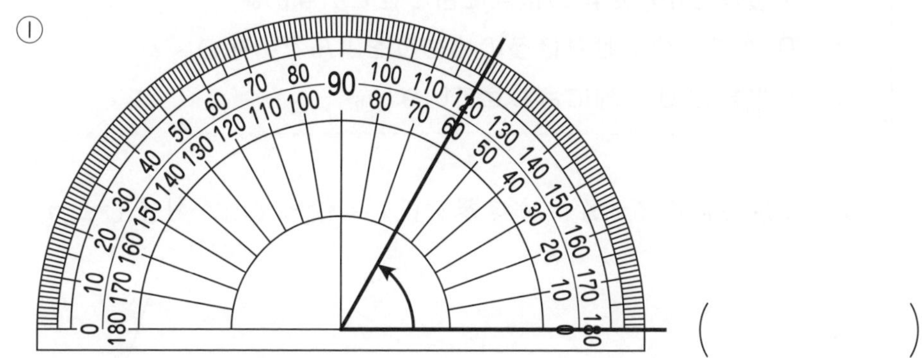

（　　）

②

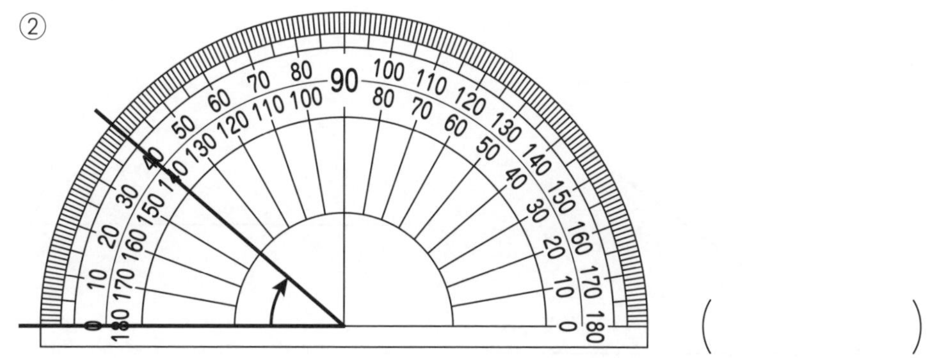

（　　）

月　日

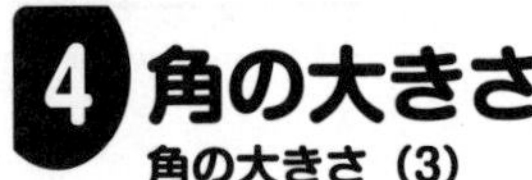

角の大きさ
角の大きさ (3)

名前

1 下の①，②，③は，正しく角度がはかれていません。
その理由を⬚から選んで，□に記号を書きましょう。

① 50°です。　② 45°です。　③ 120°です。

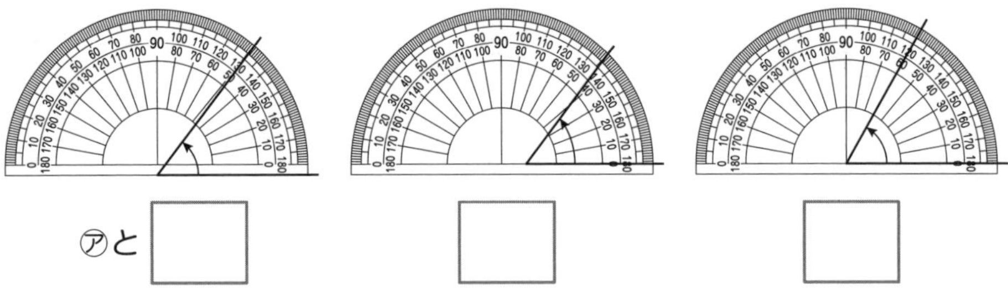

㋐と□　□　□

- ㋐ 分度器の中心を角の頂点に合わせていない。
- ㋑ 0°の線を合わせたほうのめもりをよんでいない。
- ㋒ 分度器の 0 の線に合わせていない。

2 次の角度は何度ですか。分度器を正しく使ってはかりましょう。

① ( )

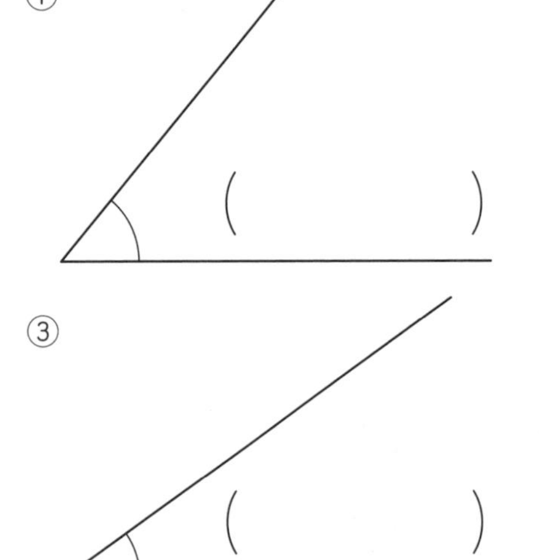

② ( )

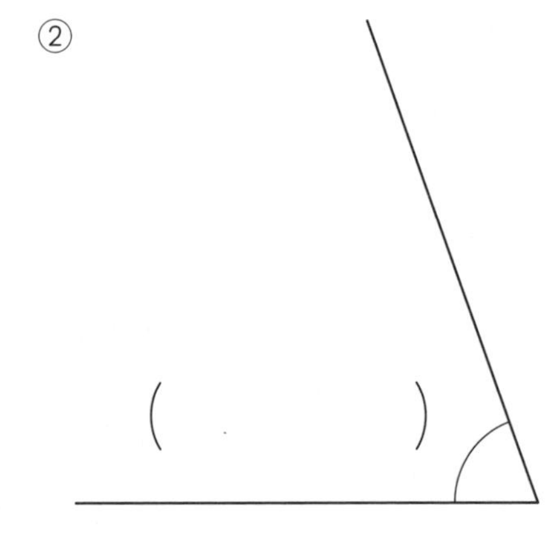

③ ( )

月　日

角の大きさ
角の大きさ (4)

名前

● 角度をはかりましょう。

① ( )

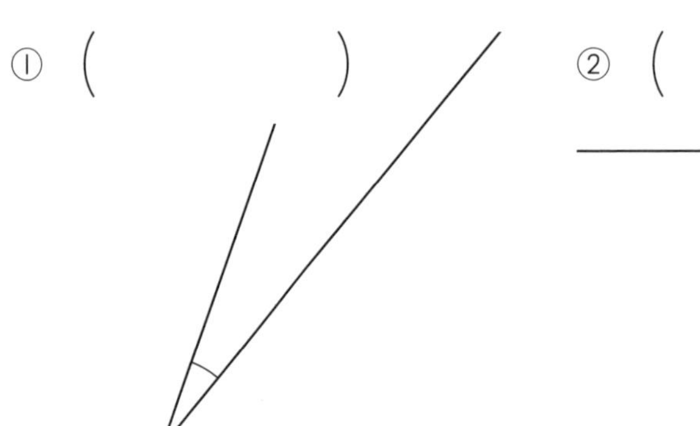

② ( )

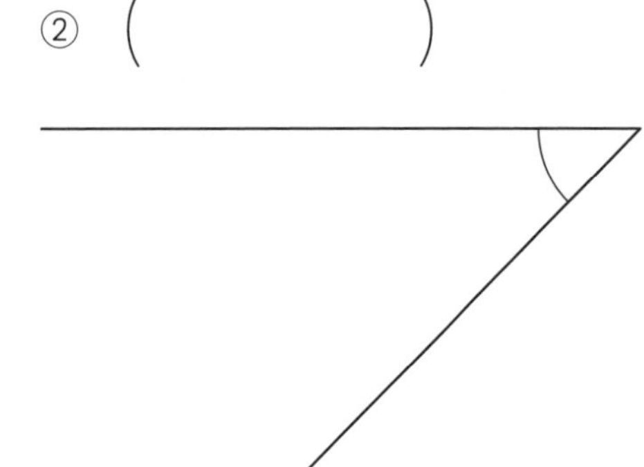

③ ( )

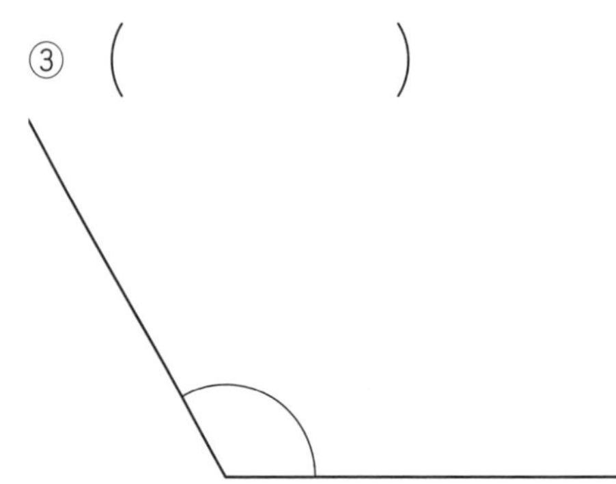

④ ( )

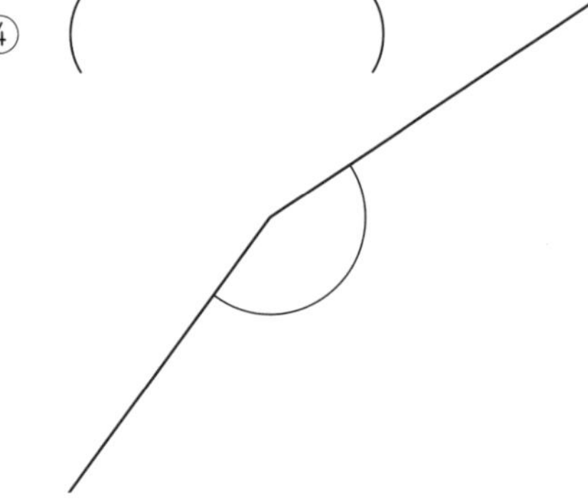

⑤ ( )　⑥ ( )

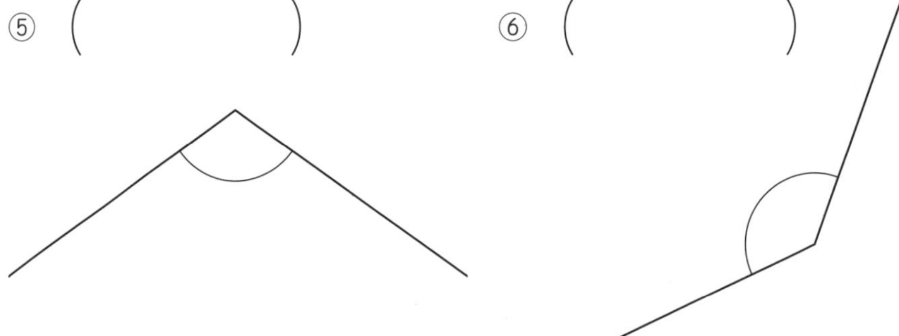

4 角の大きさ

角の大きさ（5）

名前

● 次の角度をくふうしてはかりましょう。

① （　　　　　）

② （　　　　　）

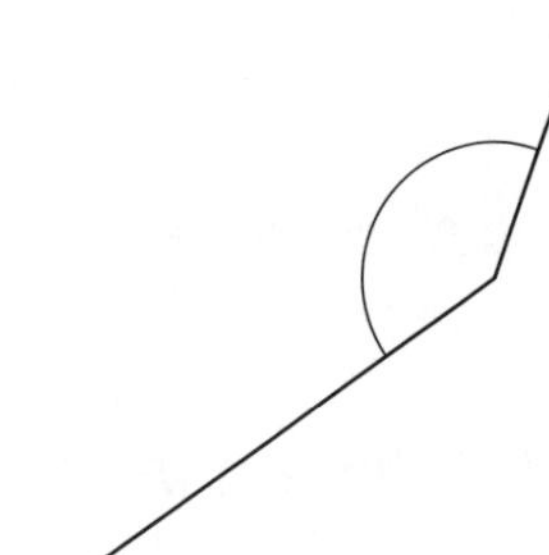

③ （　　　　　）

④ （　　　　　）

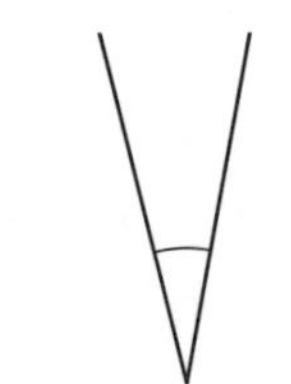

⑤ （　　　　　）

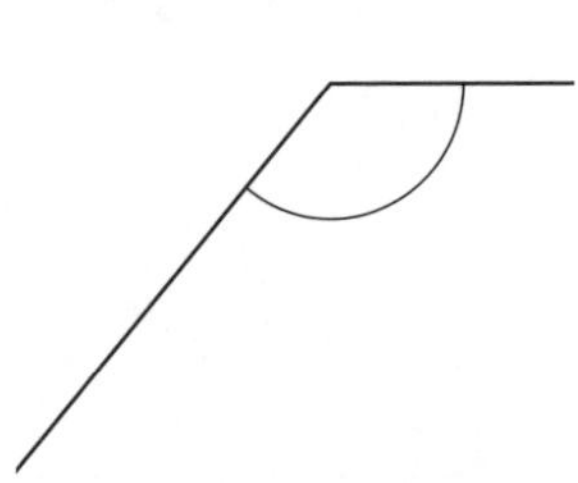

⑥ （　　　　　）

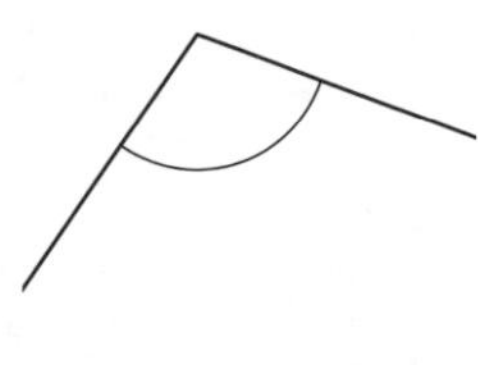

4 角の大きさ

角の大きさ（6）

名前

1 三角じょうぎの角度をはかりましょう。

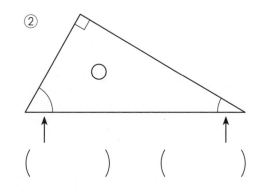

①

（　　　）（　　　）

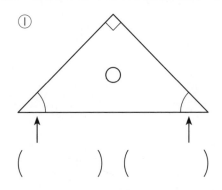

②

（　　　）（　　　）

2 次の㋐～㋓の角度を計算で求(もと)めましょう。

①

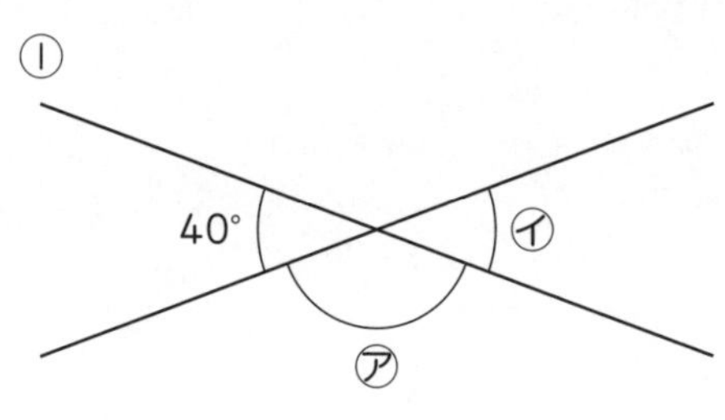

②

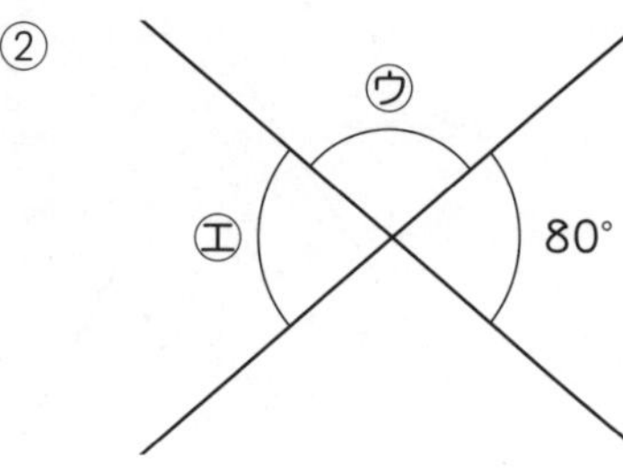

㋐
式

答え＿＿＿＿＿

㋑
式

答え＿＿＿＿＿

㋒
式

答え＿＿＿＿＿

㋓
式

答え＿＿＿＿＿

月　　日

4 角の大きさ
角の大きさ (7)

名前

1 次の角度をくふうしてはかりましょう。

① (　　　　) ② (　　　　)

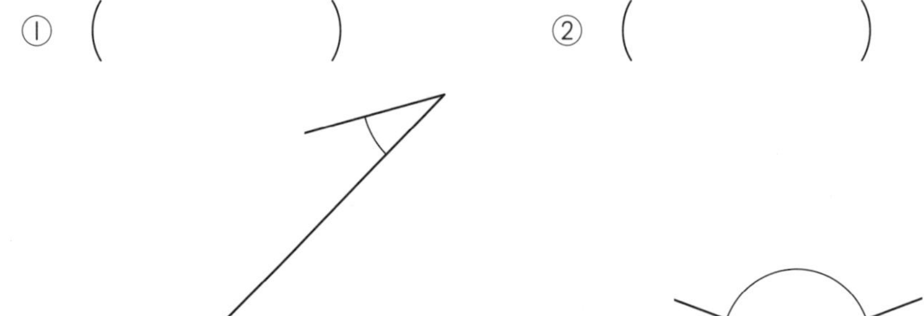

2 三角形の角度をはかりましょう。

①

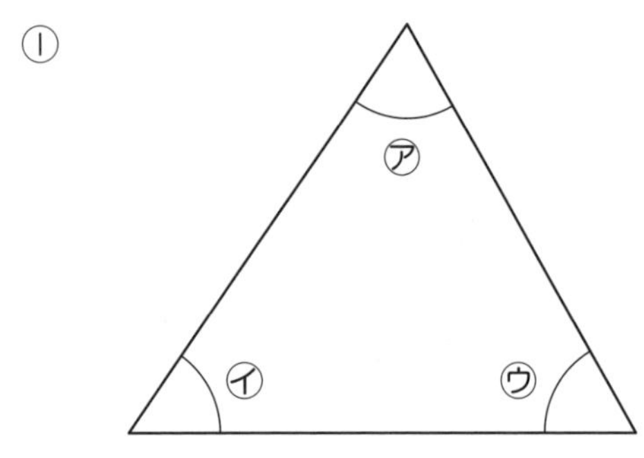

ア (　　　　)

イ (　　　　)

ウ (　　　　)

②

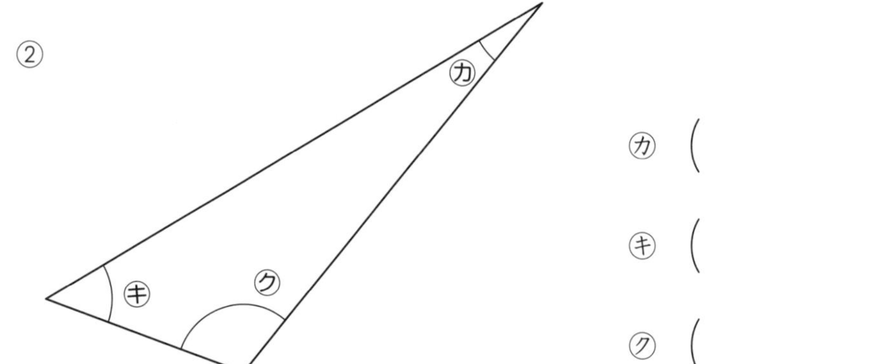

カ (　　　　)

キ (　　　　)

ク (　　　　)

月　　日

4 角の大きさ
角の大きさ (8)

名前

● 下の180°より大きい角度を，2つの方法(ほうほう)で求(もと)めましょう。

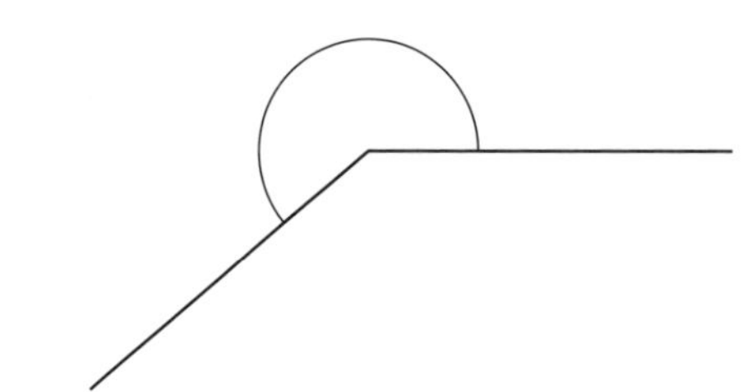

① 180°に加(くわ)える方法

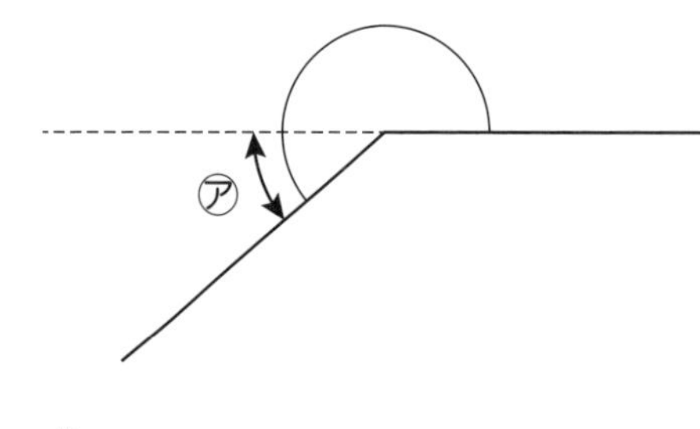

アの角度をはかると，40°でした。それを使って求めましょう。

式

答え

② 360°からひく方法

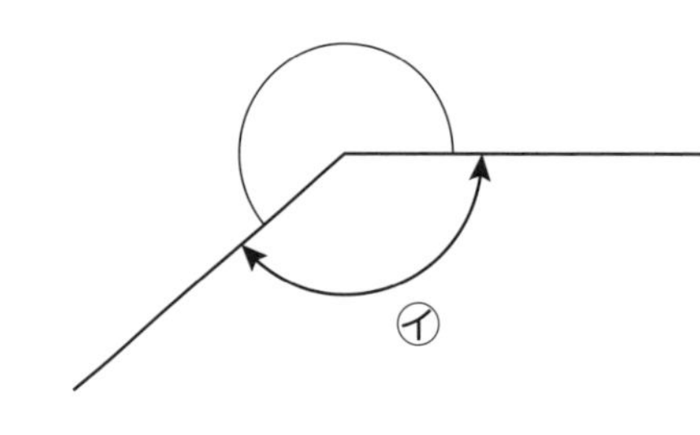

イの角度をはかると，140°でした。それを使って求めましょう。

式

答え

4 角の大きさ
角の大きさ（9）

名前

● 次の角度を求めましょう。また，求めるために使った式も書きましょう。

分度器ではかってから，
計算で求めるね。

①

式

答え

②

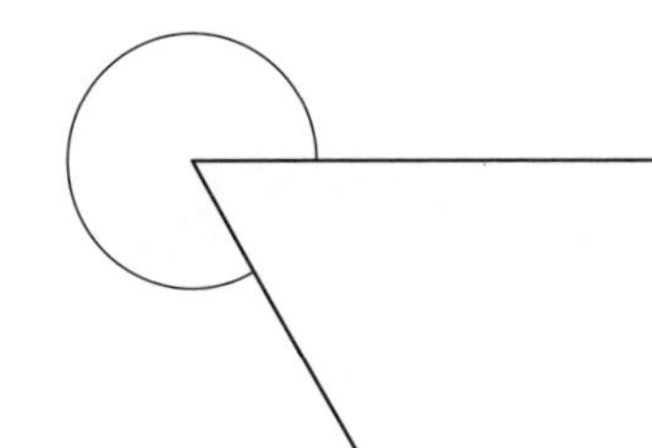

式

答え

③

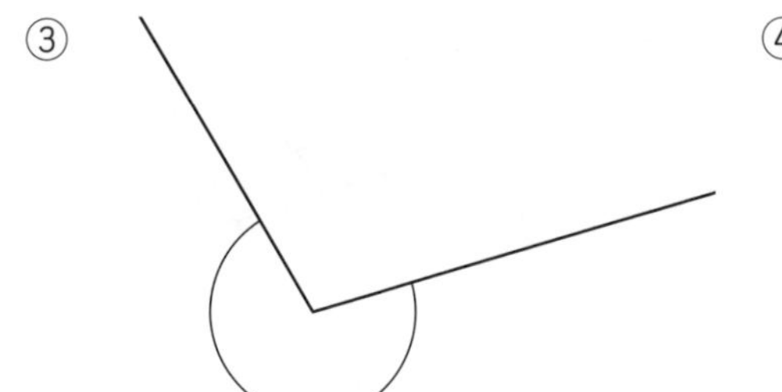

式

答え

④

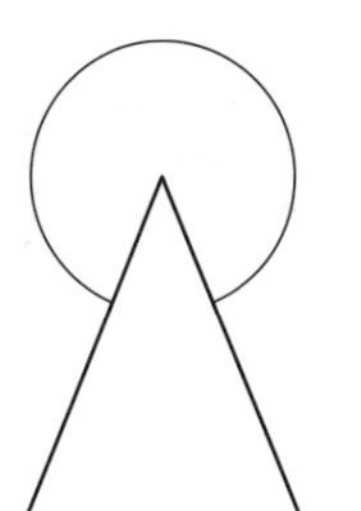

式

答え

4 角の大きさ
角の大きさ（10）

名前

● 次の三角じょうぎを使ってできる角度を，式を書いて求めましょう。

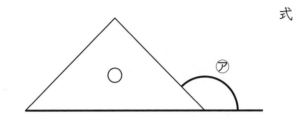

①

㋐

式

答え

②

㋑

式

答え

③

㋒

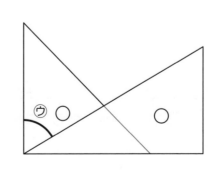

式

答え

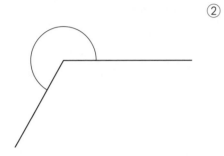

月　　日

4 角の大きさ

角の大きさ（11）

名前

● 下の㋐と㋑の三角形を書きます。それぞれの角度の線をひいて，仕上げましょう。

㋐

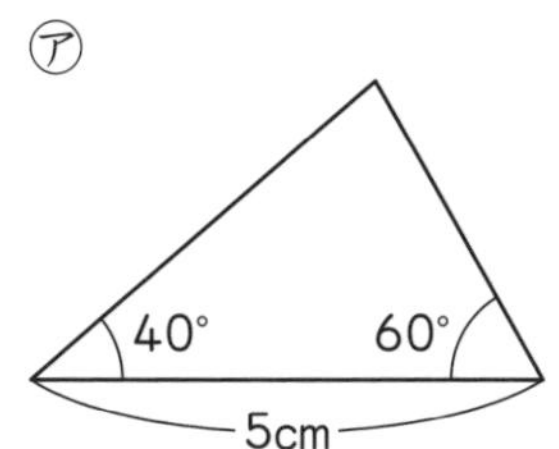

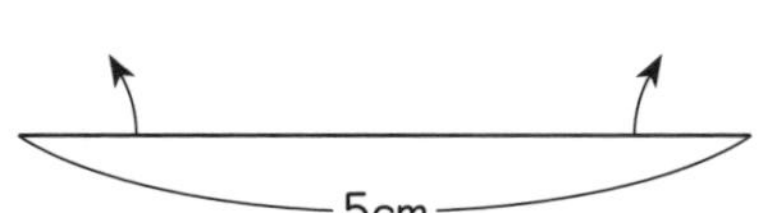

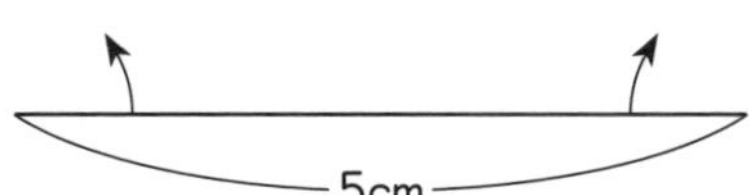

㋑

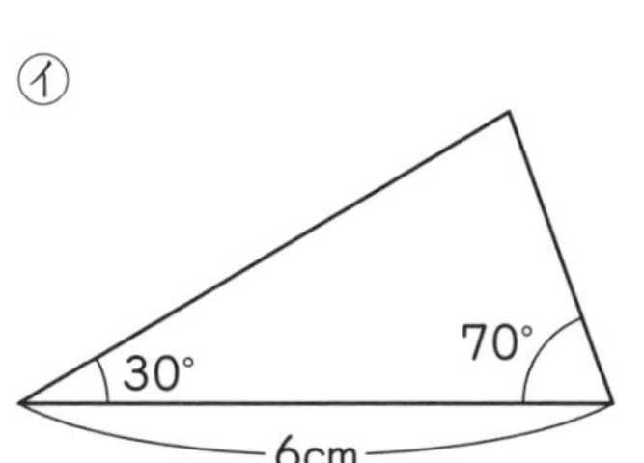

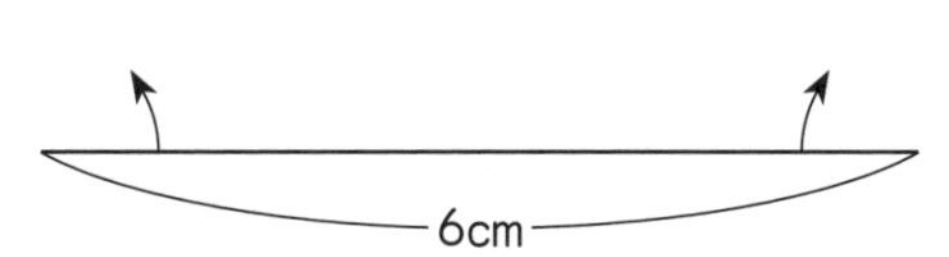

月　　日

4 角の大きさ

角の大きさ（12）

名前

● 次の角を書きましょう。
（・を中心にして，矢印の方向に書きましょう。）

① 60°

② 45°

③ 30°

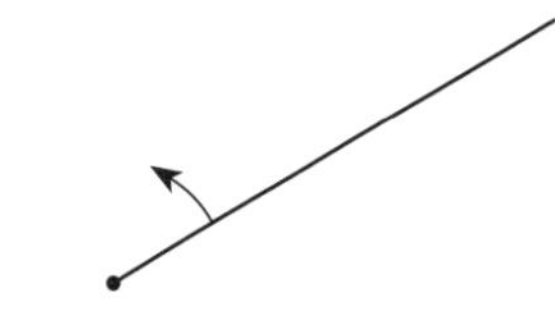

④ 100°

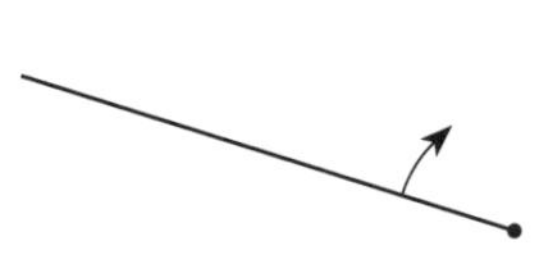

⑤ 150°

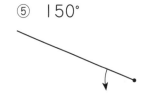

⑥ 75°

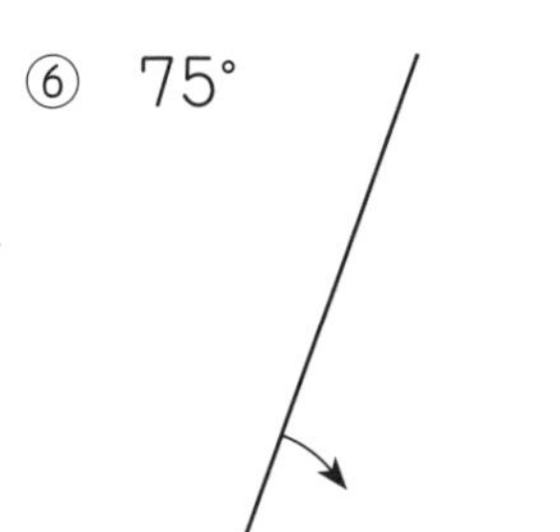

4 角の大きさ

角の大きさ（13）

月　日

名前

● 180°より大きい角を書きましょう。
（•を中心にして，矢印(やじるし)の方向に書きましょう。）

① 200°

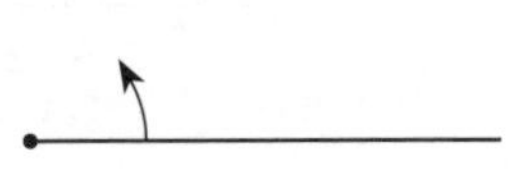

② 300°

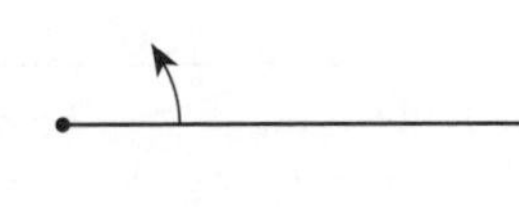

③ 240°

④ 330°

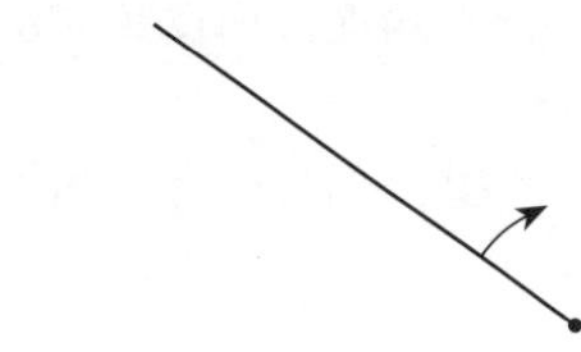

⑤ 220°

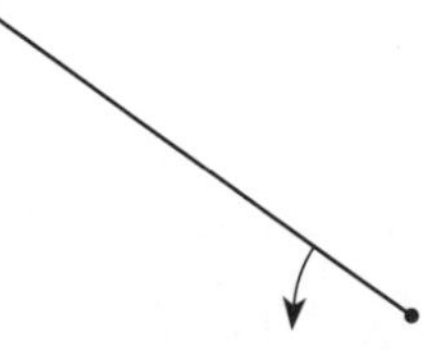

⑥ 290°

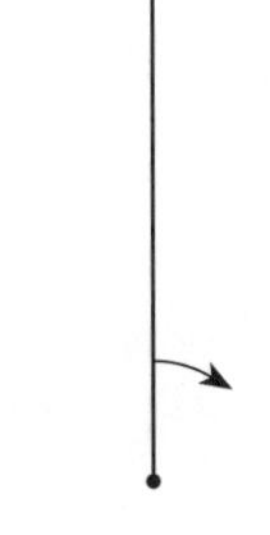

4 角の大きさ

角の大きさ（14）

月　日

名前

● 次の角を書きましょう。
（•を中心にして，矢印(やじるし)の方向に書きましょう。）

① 100°

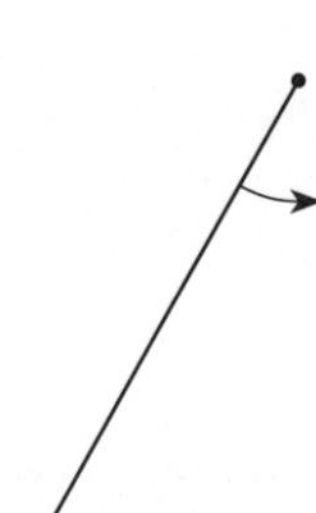

② 165°

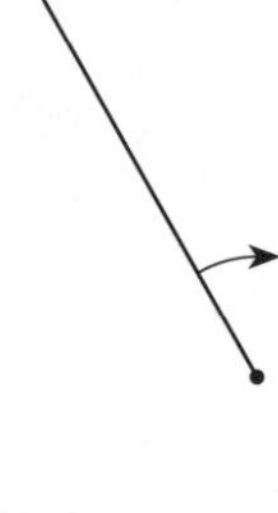

③ 250°

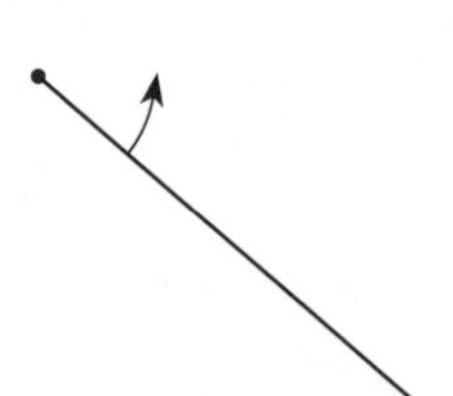

④ 340°

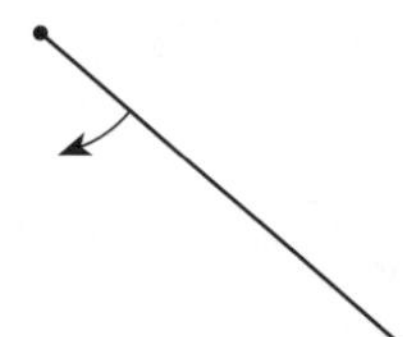

⑤ 35°

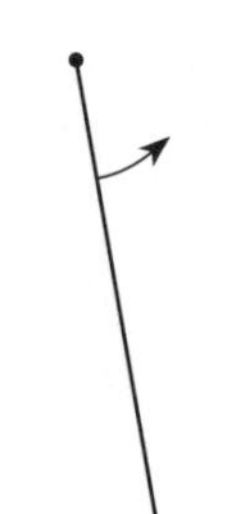

⑥ 270°

4 角の大きさ
角の大きさ（15）

名前

● 下の図のような三角形を書きましょう。

①

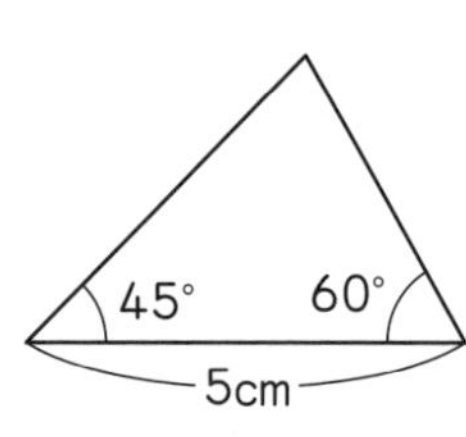

②

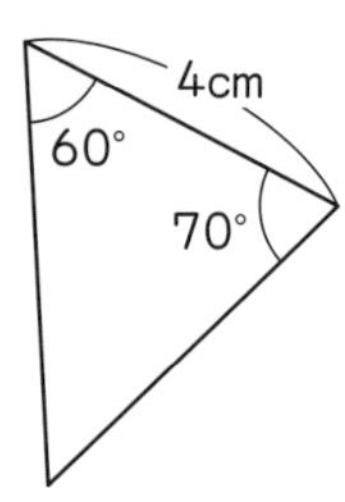

③

110°
25°
6cm

4 角の大きさ
角の大きさ（16）

名前

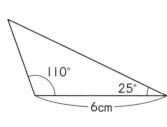

● 下の図のような三角形を書いて，問いに答えましょう。

(1)

㋐

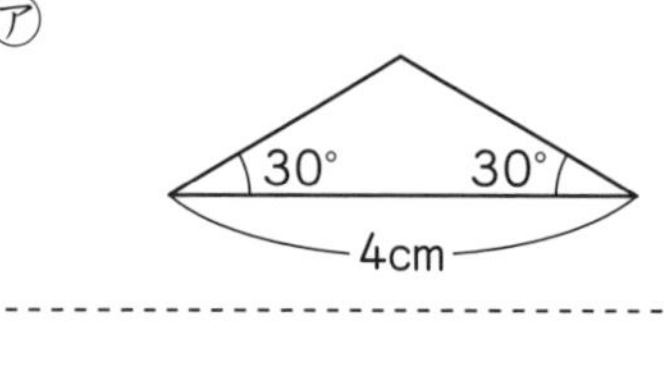

㋑

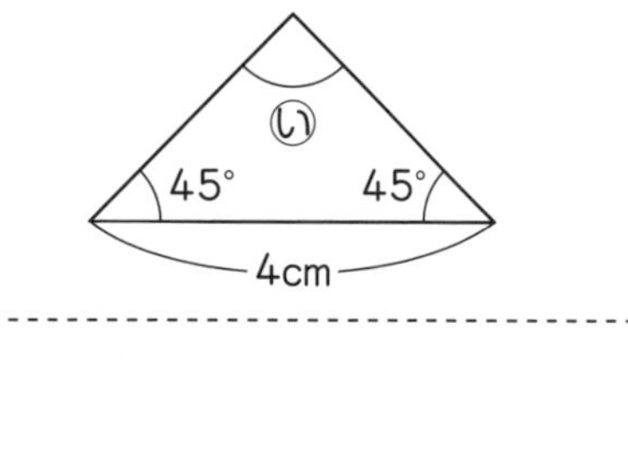

① ㋐は，何という三角形ですか。（　　　　）

② ㋑の角度は何度ですか。分度器（ぶんどき）ではかりましょう。（　　　　）

③ ㋑は，何という三角形ですか。（　　　　）

(2)

㋒

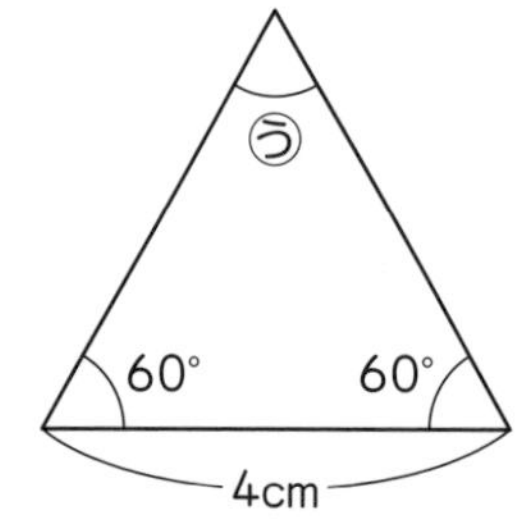

① ㋒の角度は何度ですか。分度器ではかりましょう。（　　　　）

② ㋒は，何という三角形ですか。（　　　　）

4 角の大きさ
角の大きさ（17）

月　日

名前

● 下の図のような三角形を書きましょう。

①

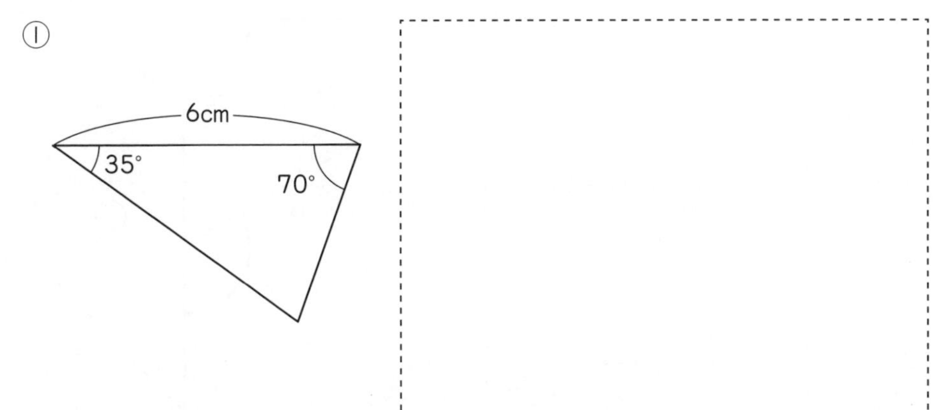

②

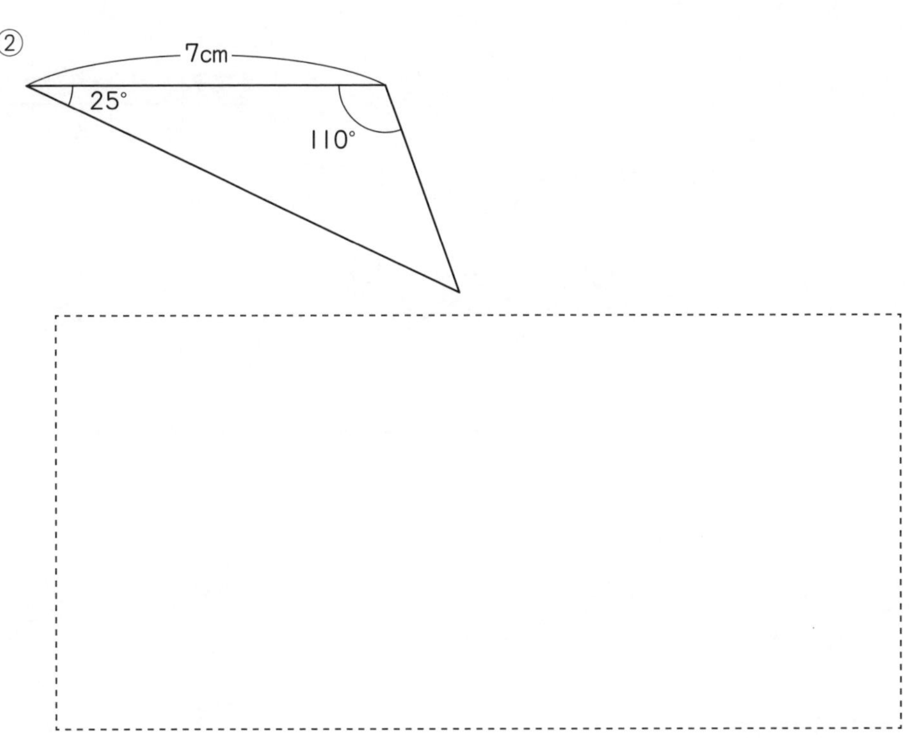

4 角の大きさ
角の大きさ（18）

月　日

名前

● 次の三角形を書きましょう。

① １つの辺（へん）の長さが 6cm で，その両はしの角の大きさが 45°と 80°の三角形

② １つの辺の長さが 8cm で，その両はしの角の大きさが 105°と 30°の三角形

月　　日

4 角の大きさ

角の大きさ（19）

名前

● 次の三角じょうぎを使ってできる角度を，式を書いて求めましょう。

①

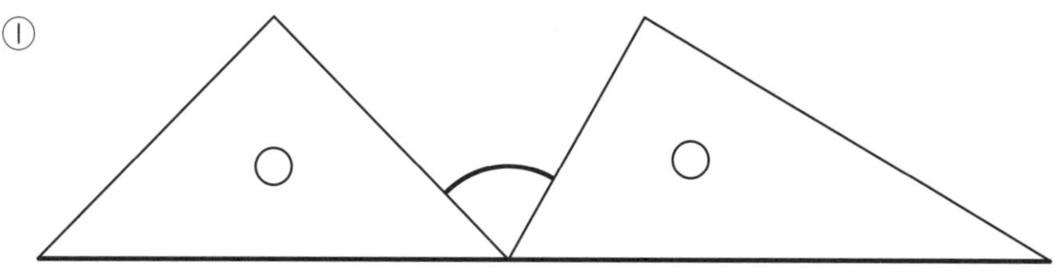

式

答え

②

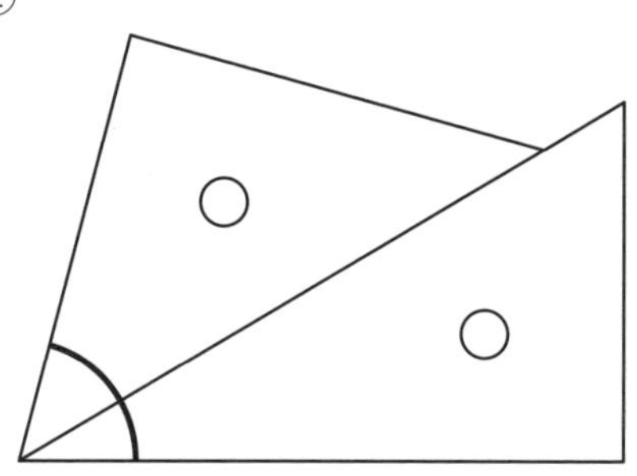

式

答え

③

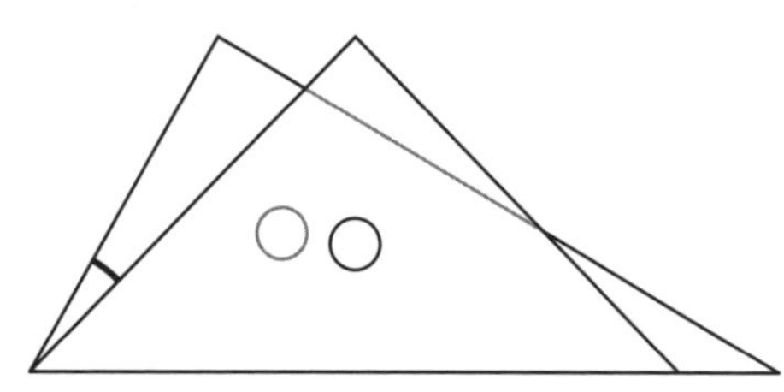

式

答え

月　　日

4 角の大きさ

角の大きさ（20）

名前

● 次の三角じょうぎを使ってできる角度を，式を書いて求めましょう。

①

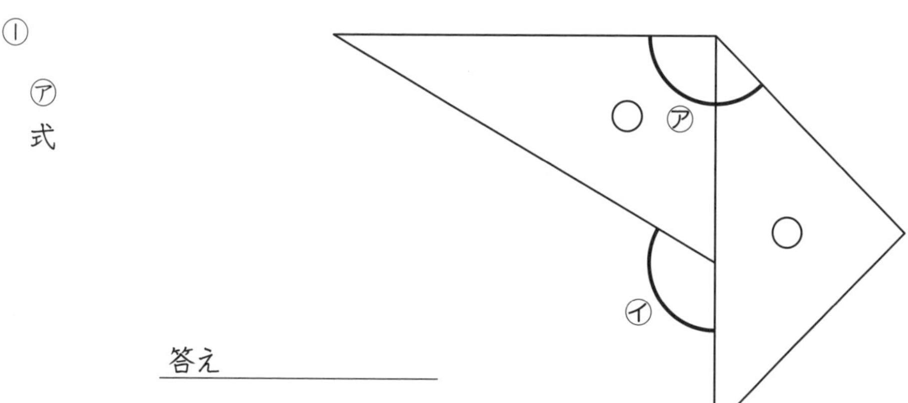

㋐ 式

答え

㋑ 式

答え

②

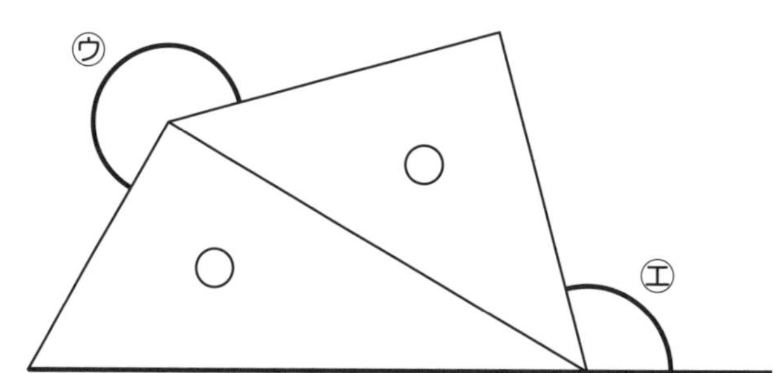

㋒ 式

答え

㋓ 式

答え

月　　日

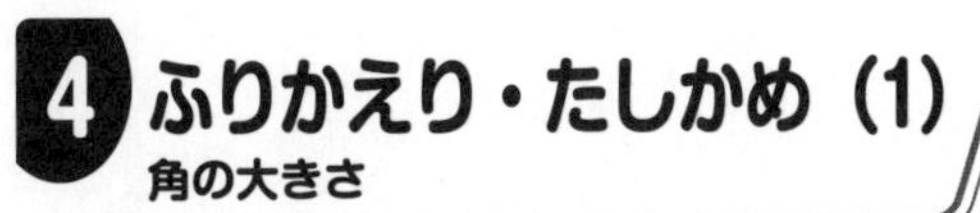

4 ふりかえり・たしかめ (1)
角の大きさ

名前

1 ㋐～㋓の角度は何度ですか。

㋐　㋑　㋒　㋓

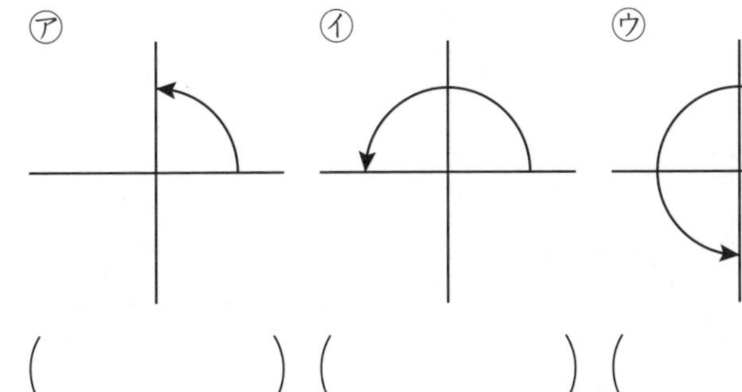

(　　　　) (　　　　) (　　　　) (　　　　)

2 次の角度をはかりましょう。

① (　　　　)

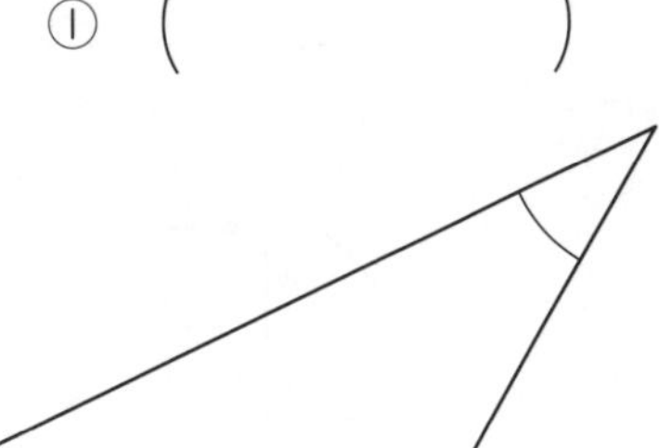

② (　　　　)

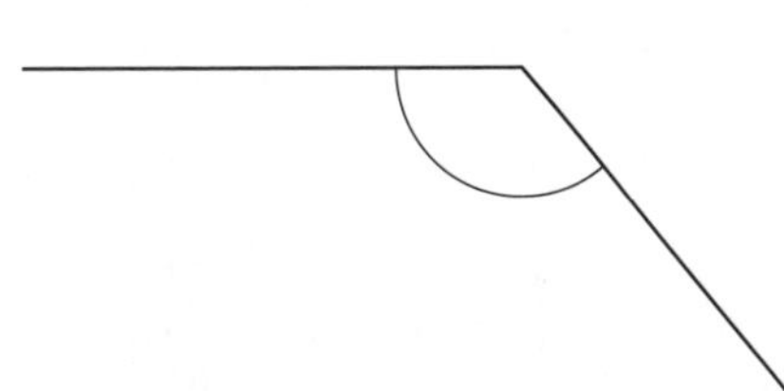

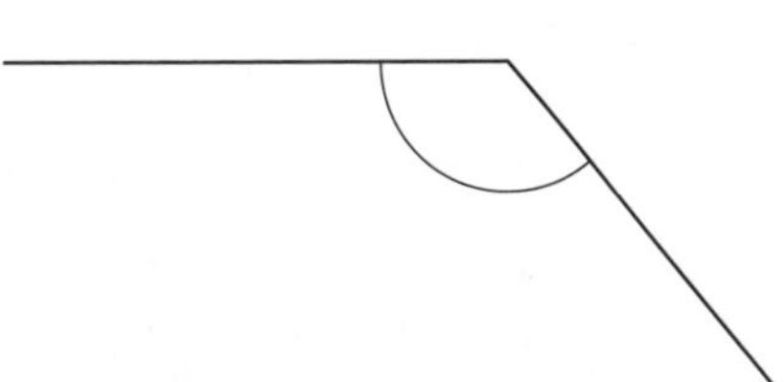

③ (　　　　)　　④ (　　　　)

月　　日

4 ふりかえり・たしかめ (2)
角の大きさ

名前

1 次の角を書きましょう。
（•を中心にして，矢印の方向にかきましょう。）

① 70°　　② 300°

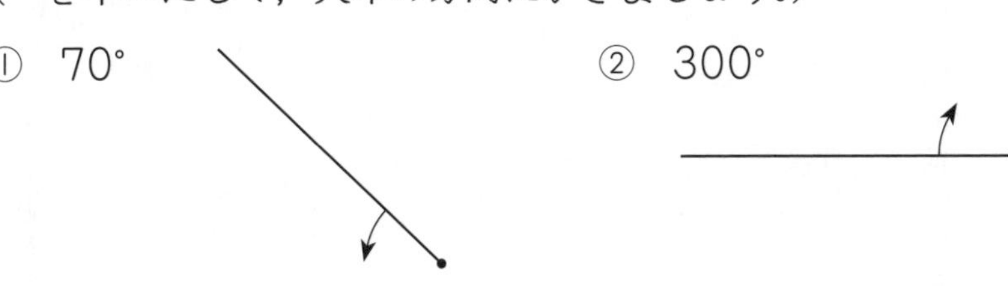

2 下の図のような三角形を書きましょう。

①

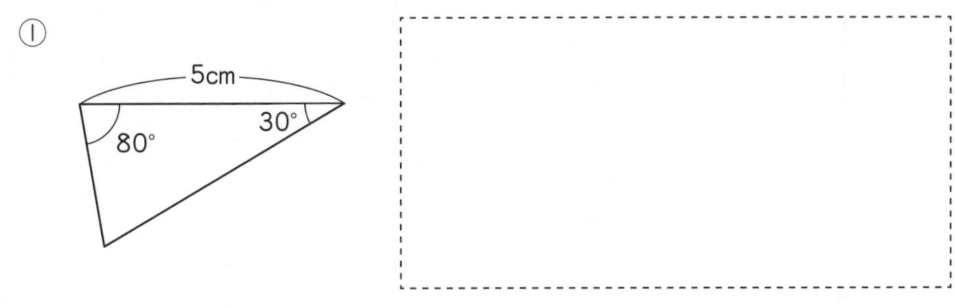

②

3cm
45°
110°

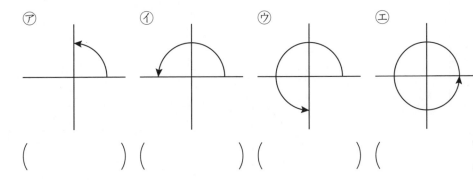

4 まとめのテスト
角の大きさ

名前

【知識・技能】

1　㋐，㋑，㋒の角度は何度ですか。(5×3)

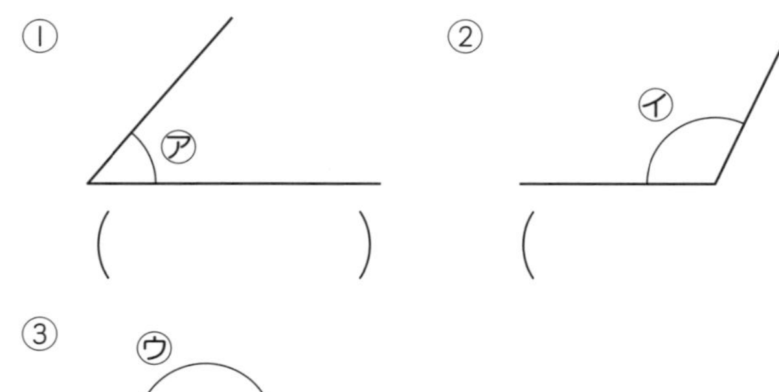

2　次の角を書きましょう。(5×3)
(•を中心にして，矢印の方向にかきましょう。)

① 65°

② 100°

③ 300°

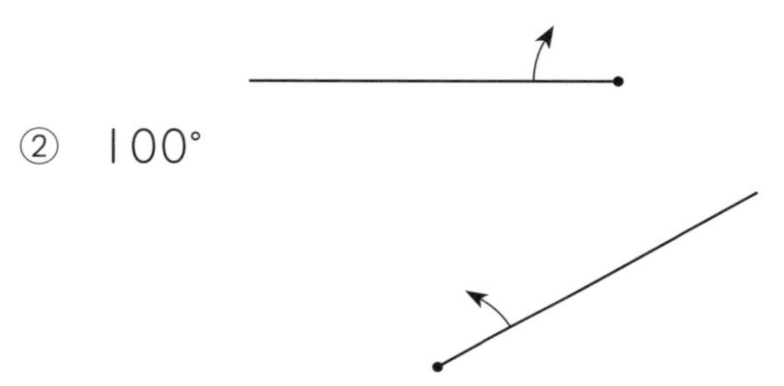

3　下の図のような三角形を書きましょう。(4)

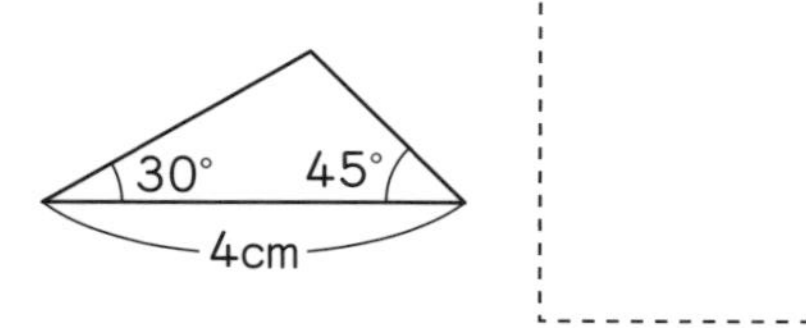

4　三角じょうぎの角度を書きましょう。(4×4)

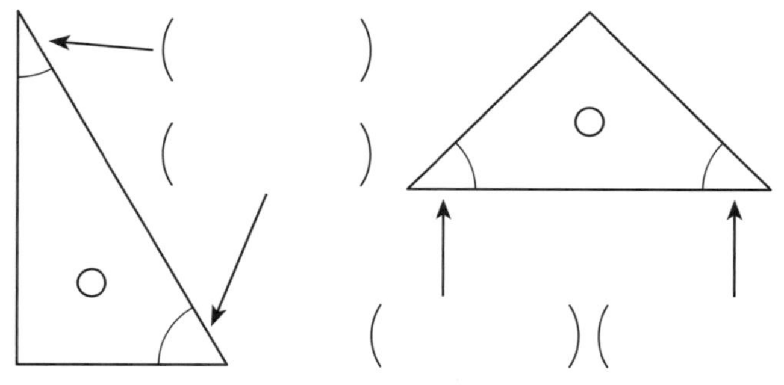

【思考・判断・表現】

5　㋐，㋑の角度を，式を書いて求めましょう。(5×4)

①

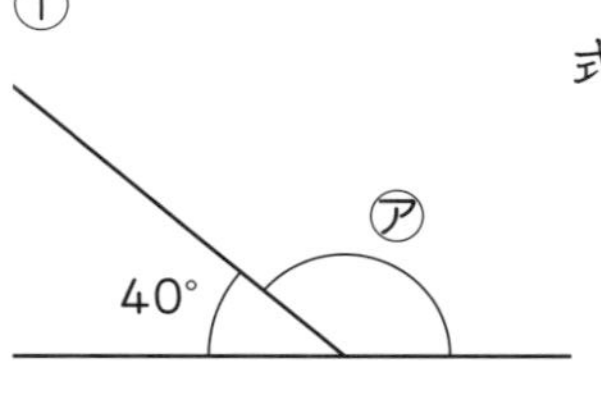

式

答え

②

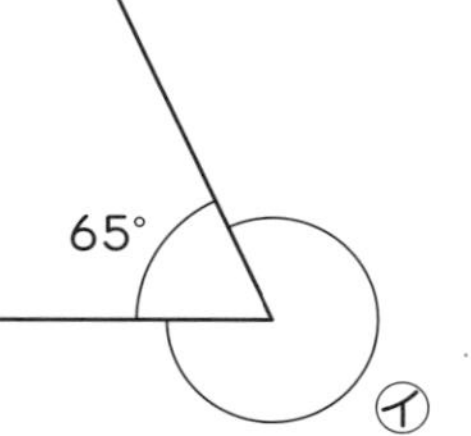

式

答え

6　三角じょうぎを組み合わせてできる，㋕，㋖，㋗の角度を，式を書いて求めましょう。(5×6)

①

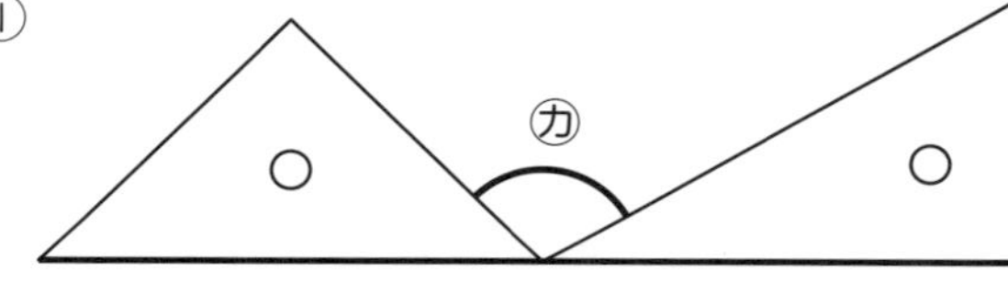

式

答え

②

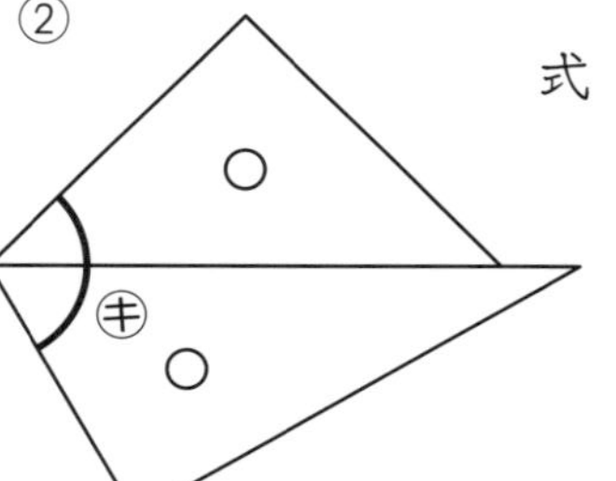

式

答え

③

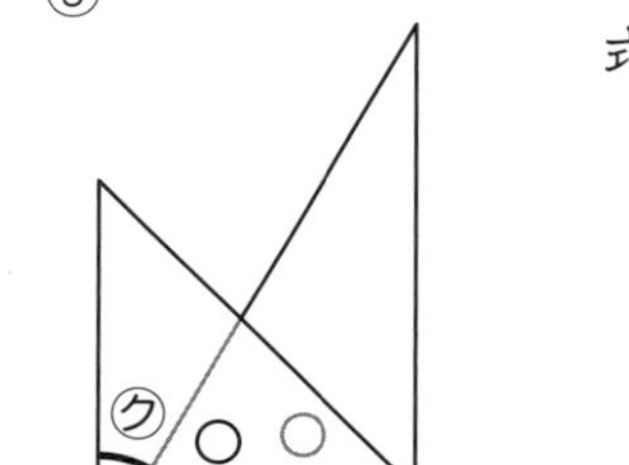

式

答え

月　日
名前

小数のしくみ
小数の表し方（1）

1 水のかさをL単位(たんい)で表しましょう。

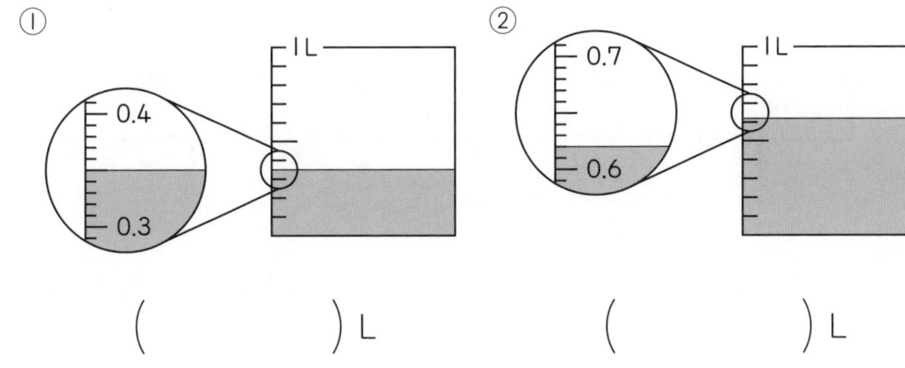

①（　　　　）L　②（　　　　）L

③

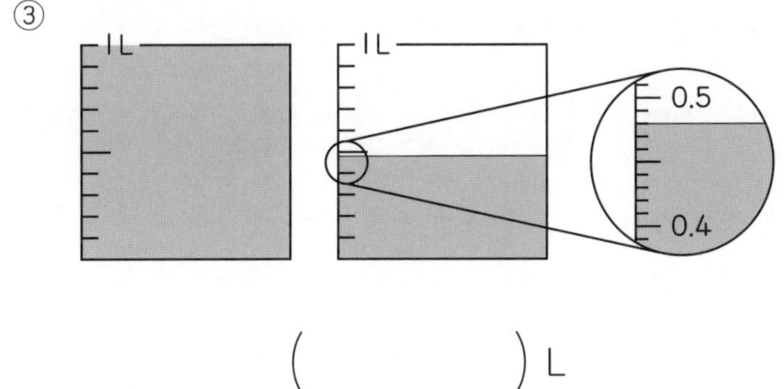

（　　　　）L

2 （　）にあてはまる数を書きましょう。

① 1.4Lと0.06Lをあわせたかさは，（　　　　）Lです。

② 0.07Lは，0.01Lを（　　　）こ集めた数です。

③ 0.1Lは，0.01Lを（　　　）こ集めた数です。

月　日
名前

小数のしくみ
小数の表し方（2）

● 下の数直線を見て答えましょう。

(1)

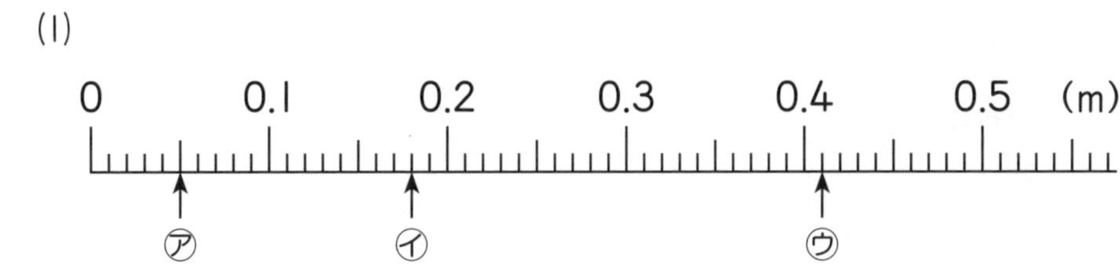

① いちばん小さい1めもりは，どんな大きさを表していますか。

（　　　　）m

② ㋐，㋑，㋒のめもりが表す長さは何mですか。

㋐（　　　　）m　㋑（　　　　）m　㋒（　　　　）m

③ 0.24mを表すめもりに，↑をかきましょう。

(2)

0.8　0.9　1　1.1　1.2　1.3 (m)

㋕　㋖　㋗

① ㋕，㋖，㋗のめもりが表す長さは何mですか。

㋕（　　　　）m　㋖（　　　　）m　㋗（　　　　）m

② 1.02mを表すめもりに，↑をかきましょう。

月　　日

5 小数のしくみ
小数の表し方 (3)

名前

1 下の数について，(　　) にあてはまる数を書きましょう。

① 5.637

㋐ 6は，(　　　　　　　)が6こあることを表しています。

㋑ 3は，(　　　　　　　)が3こあることを表しています。

㋒ 7は，(　　　　　　　)が7こあることを表しています。

② 0.745

0.745は，0.1を(　　　)こと，0.01を(　　　)こと，

0.001を(　　　)こあわせた数です。

2 次の数を書きましょう。

① 0.001の2こ分の数　(　　　　　　　)

② 0.001の7こ分の数　(　　　　　　　)

③ 0.001の10こ分の数　(　　　　　　　)

月　　日

5 小数のしくみ
小数の表し方 (4)

名前

● 下の数直線を見て答えましょう。

(1)

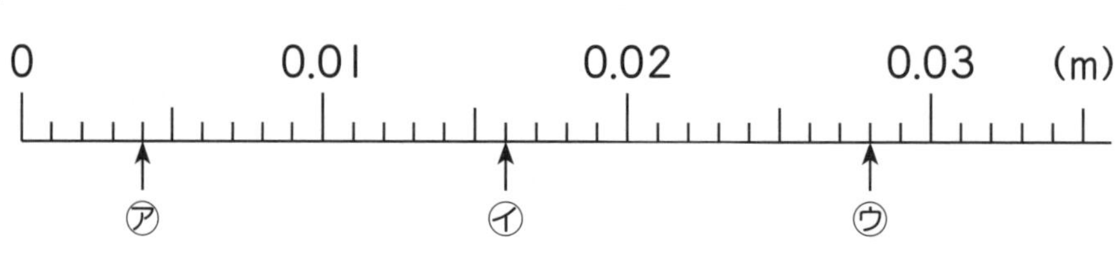

① いちばん小さい1めもりは，どんな大きさを表していますか。

(　　　　　)m

② ㋐，㋑，㋒のめもりが表す長さは何mですか。

㋐(　　　　　)m　㋑(　　　　　)m　㋒(　　　　　)m

③ 0.014mを表すめもりに，↑をかきましょう。

(2)

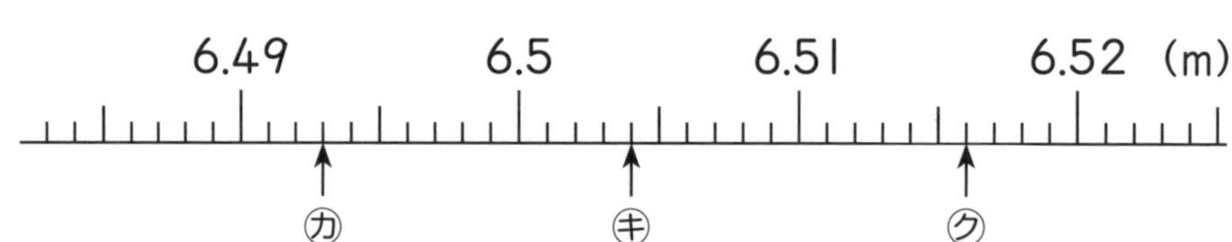

① ㋕，㋖，㋗のめもりが表す長さは何mですか。

㋕(　　　　　)m　㋖(　　　　　)m　㋗(　　　　　)m

② 6.487mを表すめもりに，↑をかきましょう。

5 小数のしくみ
小数の表し方（5）

名前

1 3km 729m を，km 単位(たんい)で表します。□にあてはまる数を書きましょう。

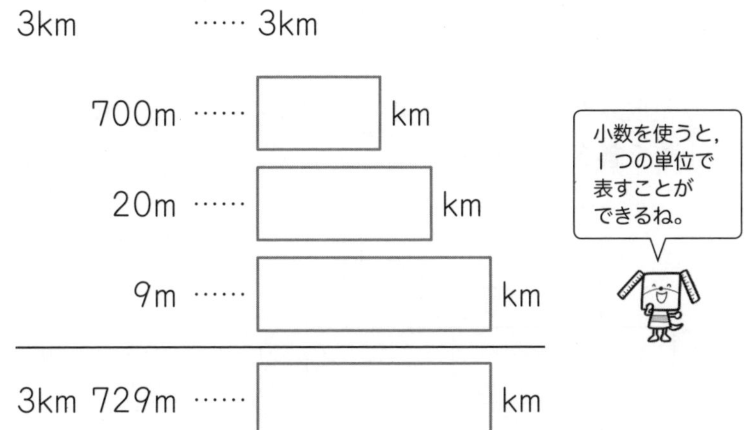

小数を使うと，1つの単位で表すことができるね。

2 次の長さを，km 単位で表しましょう。

① 1km 374m =（　　　　）km

② 1km 50m =（　　　　）km

③ 863m =（　　　　）km

④ 94m =（　　　　）km

3 次の長さを，m 単位で表しましょう。

① 5m 82cm =（　　　　）m　② 37cm =（　　　　）m

月　　日

5 小数のしくみ
小数の表し方（6）

名前

1 次の重さを，kg 単位(たんい)で表しましょう。

① 1kg 638g =（　　　　）kg　② 3kg 497g =（　　　　）kg

③ 8kg 75g =（　　　　）kg　④ 3kg 40g =（　　　　）kg

⑤ 673g =（　　　　）kg　⑥ 41g =（　　　　）kg

⑦ 1kg 3g =（　　　　）kg　⑧ 5g =（　　　　）kg

トライ

2 次の重さを，g 単位で表しましょう。

① 4.267kg =（　　　　）g

② 8.05kg =（　　　　）g

③ 0.982kg =（　　　　）g

④ 0.036kg =（　　　　）g

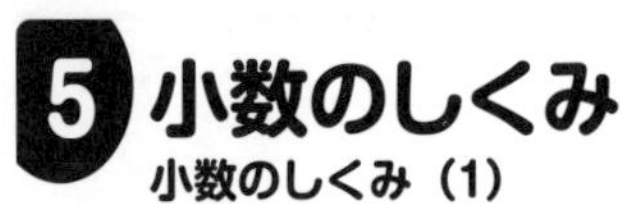

5 小数のしくみ
小数のしくみ (1)

月　日

名前

1　1と0.1，0.01，0.001の関係について，□にあてはまる数を書きましょう。

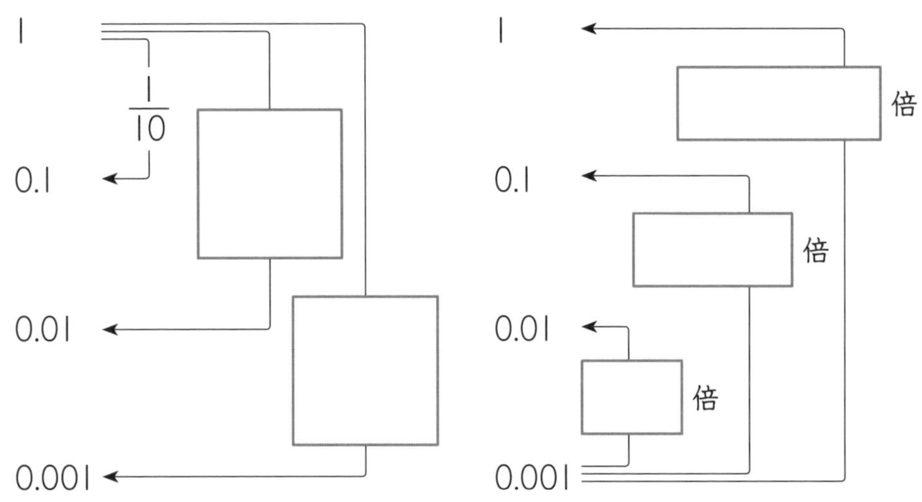

2　3.278という数について，(　)にあてはまる数を書きましょう。

① 3.278の$\frac{1}{100}$の位(くらい)の数字は(　　)，$\frac{1}{1000}$の位の数字は(　　)です。

② 3.278の7は，(　　　)が7こあることを表しています。

③ 3.278の8は，(　　　)が8こあることを表しています。

④ 3.278は，1を(　　)こ，0.1を(　　)こ，0.01を(　　)こ，0.001を(　　)こあわせた数です。

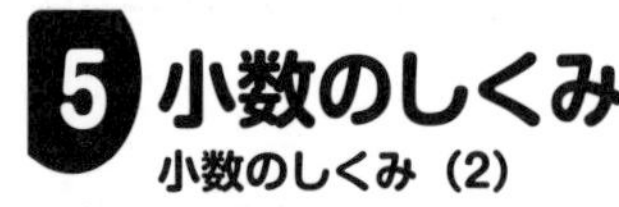

5 小数のしくみ
小数のしくみ (2)

月　日

名前

1　㋐，㋑，㋒，㋓の小数について調べましょう。

㋐ 3.27　㋑ 3.248　㋒ 3.201　㋓ 3.25

① 位取り(くらいど)りの表に，㋐，㋑，㋒，㋓の小数を書きましょう。

	一の位	$\frac{1}{10}$の位	$\frac{1}{100}$の位	$\frac{1}{1000}$の位
㋐				
㋑				
㋒				
㋓				

② 数の大きさをくらべるには，何の位を見ればいいですか。

(　　　)の位

③ ㋐，㋑，㋒，㋓の小数を，大きい順(じゅん)に記号で書きましょう。

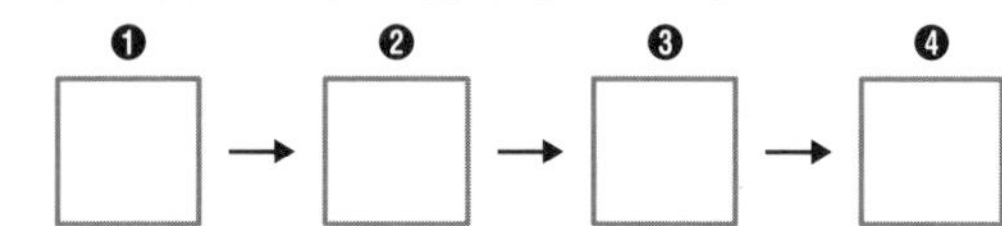

2　□にあてはまる不等号(ふとうごう)を書きましょう。

① 2.714 □ 2.72　② 5.382 □ 5.38

③ 14.098 □ 14.124　④ 24.325 □ 24.308

5 小数のしくみ

小数のしくみ (3)

名前

● 次の小数を，数直線上に例(れい)のように↑で表して，大きい順(じゅん)に□に記号を書きましょう。

① ㋐ 0.04　㋑ 0.045　㋒ 0.005　㋓ 0.028

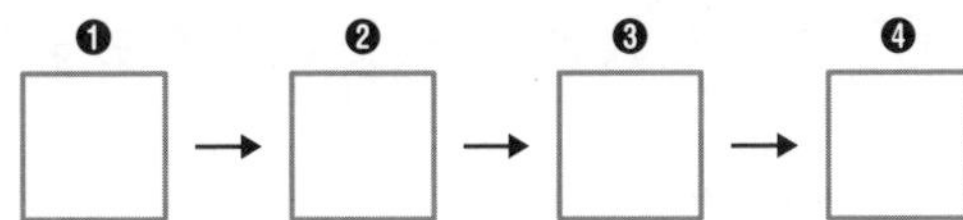

② ㋕ 1.291　㋖ 1.287　㋗ 1.258　㋘ 1.265

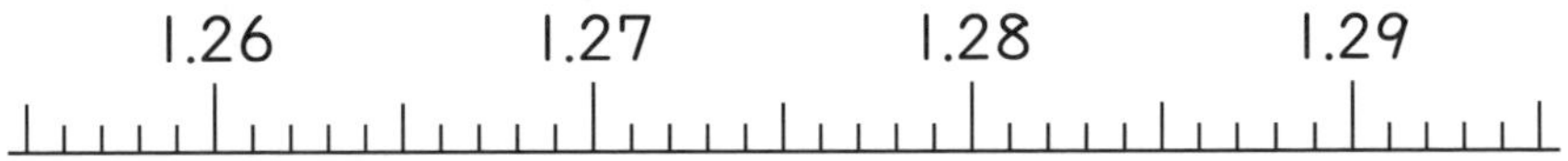

1.26　1.27　1.28　1.29

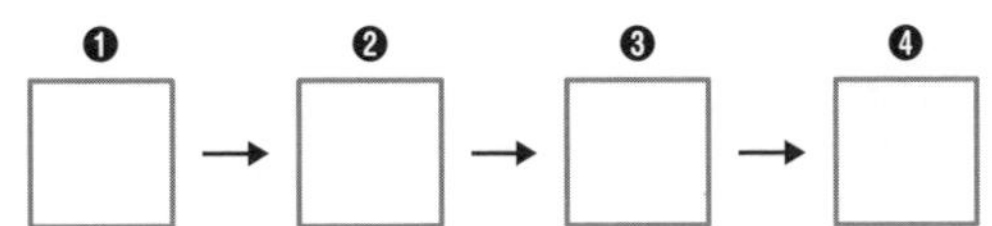

5 小数のしくみ

小数のしくみ (4)

名前

1 □にあてはまる不等号(ふとうごう)を書きましょう。

① 7.36 □ 7.308　② 5.405 □ 5.41

③ 16.214 □ 16.207　④ 0.103 □ 0.072

⑤ 9.305 □ 9.055　⑥ 10.018 □ 10.024

⑦ 0.613 □ 0.631　⑧ 3.012 □ 3.008

トライ

2 □にあてはまる数字をすべて書きましょう。

① $3.24 > 3.\square 2$　□，□，□

② $15.\square 04 > 15.71$　□，□

月　日

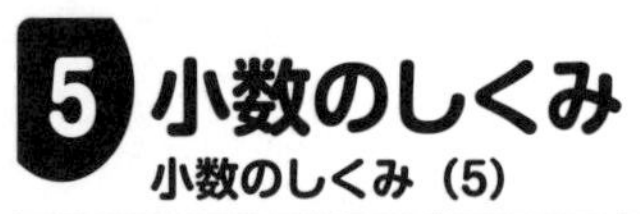

5 小数のしくみ
小数のしくみ (5)

名前

1 0.83を10倍した数と，$\frac{1}{10}$にした数を，位取りの表に書きましょう。

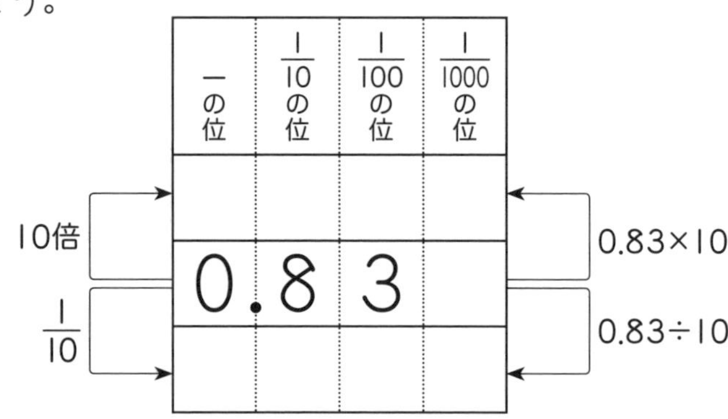

2 次の数を10倍した数と，$\frac{1}{10}$にした数を書きましょう。

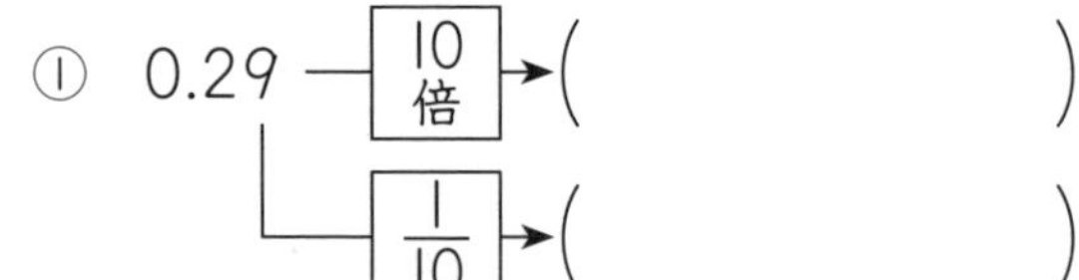
① 0.29 → 10倍 → (　　　)　→ $\frac{1}{10}$ → (　　　)

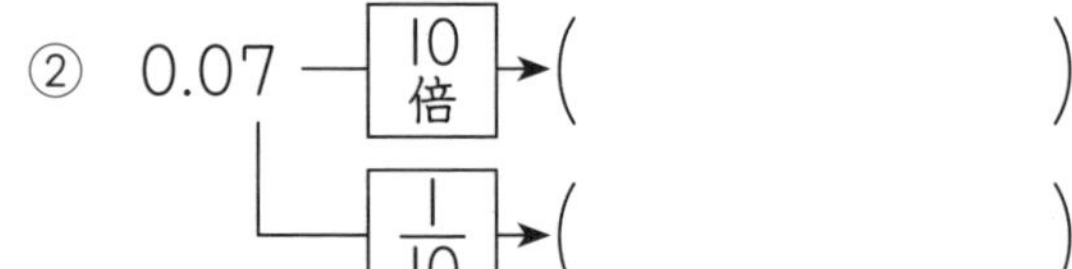
② 0.07 → 10倍 → (　　　)　→ $\frac{1}{10}$ → (　　　)

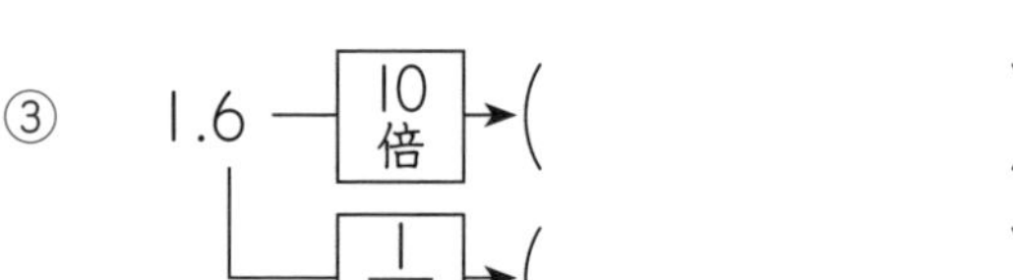
③ 1.6 → 10倍 → (　　　)　→ $\frac{1}{10}$ → (　　　)

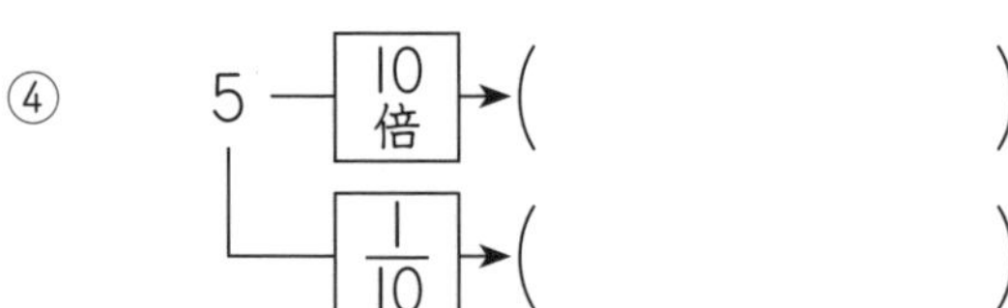
④ 5 → 10倍 → (　　　)　→ $\frac{1}{10}$ → (　　　)

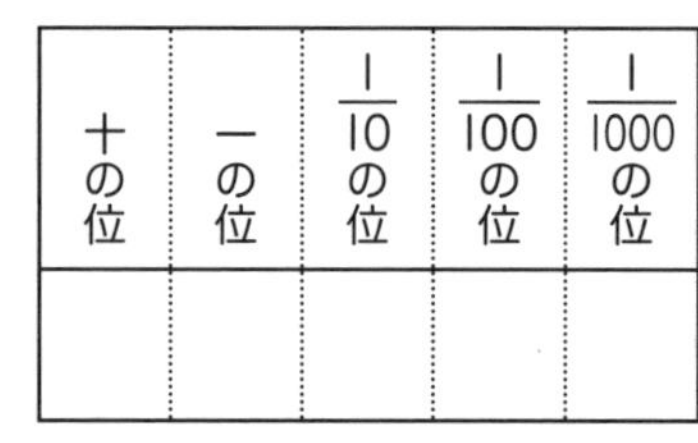

十の位	一の位	$\frac{1}{10}$の位	$\frac{1}{100}$の位	$\frac{1}{1000}$の位

表を使って考えてもいいよ。

月　日

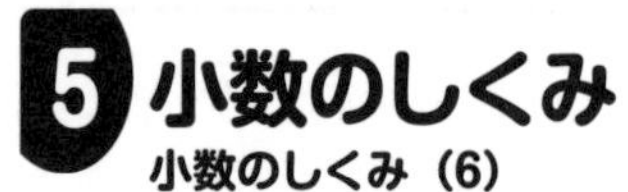

5 小数のしくみ
小数のしくみ (6)

名前

1 0.37を10倍，100倍した数と，$\frac{1}{10}$，$\frac{1}{100}$にした数を，位取りの表に書きましょう。

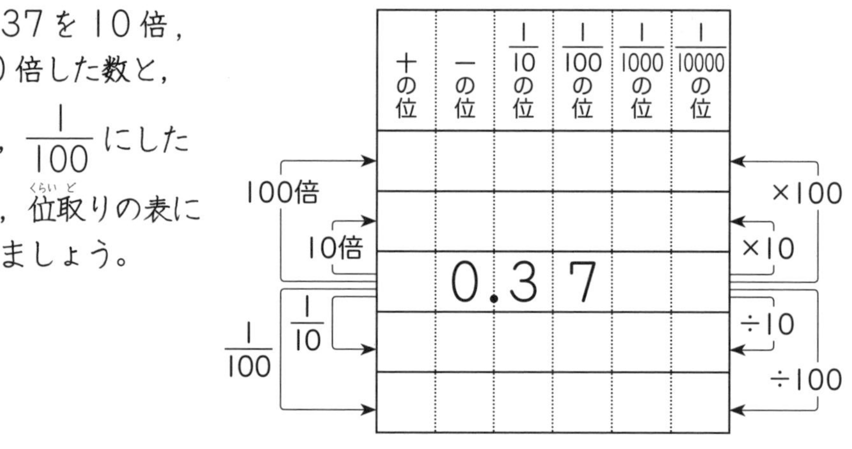

2 次の数を100倍した数と，$\frac{1}{100}$にした数を書きましょう。

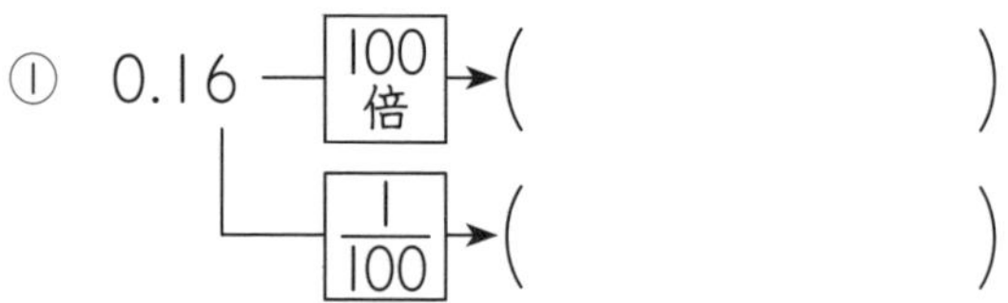
① 0.16 → 100倍 → (　　　)　→ $\frac{1}{100}$ → (　　　)

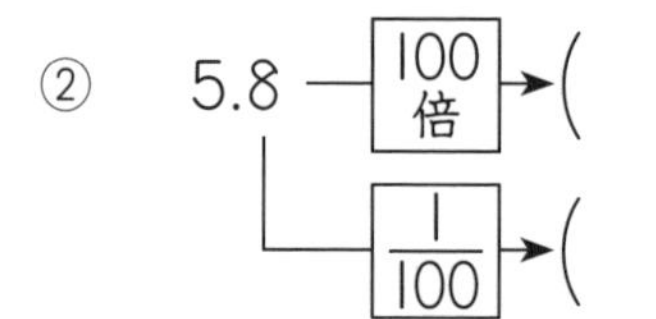
② 5.8 → 100倍 → (　　　)　→ $\frac{1}{100}$ → (　　　)

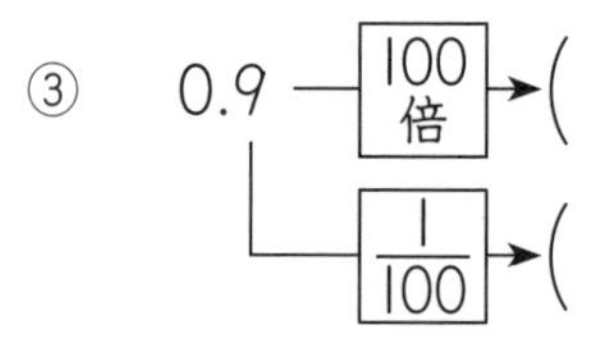
③ 0.9 → 100倍 → (　　　)　→ $\frac{1}{100}$ → (　　　)

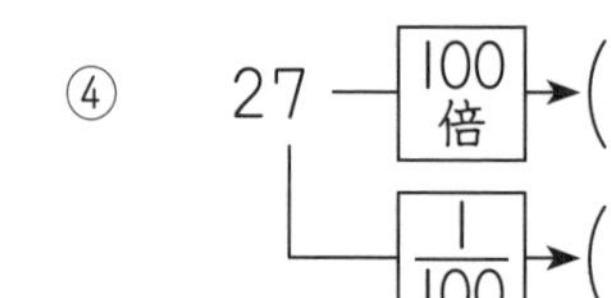
④ 27 → 100倍 → (　　　)　→ $\frac{1}{100}$ → (　　　)

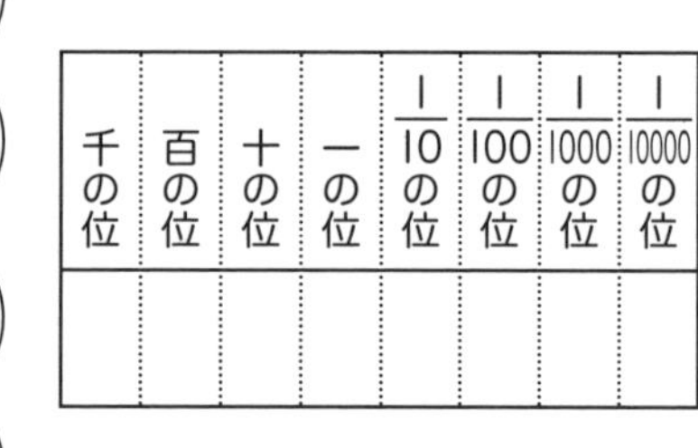

千の位	百の位	十の位	一の位	$\frac{1}{10}$の位	$\frac{1}{100}$の位	$\frac{1}{1000}$の位	$\frac{1}{10000}$の位

表を使って考えてもいいよ。

月　　日

5 小数のしくみ

小数のしくみ（7）

名前

1 0.01 をもとにして，2.57 の大きさをとらえます。
図を見て，（　　）にあてはまる数を書きましょう。

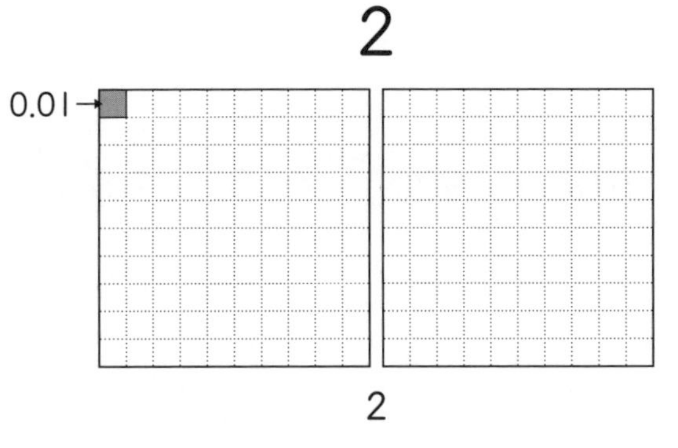

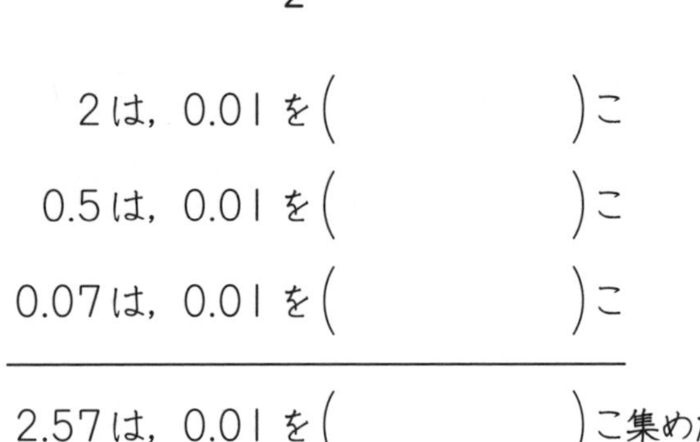

2は，0.01を（　　　　）こ

0.5は，0.01を（　　　　）こ

0.07は，0.01を（　　　　）こ

2.57は，0.01を（　　　　）こ集めた数です。

2 次の数は，0.01 を何こ集めた数ですか。

① 0.06（　　　　）こ　② 0.24（　　　　）こ

③ 6.05（　　　　）こ　④ 3.9（　　　　）こ

⑤ 8（　　　　）こ　⑥ 5.71（　　　　）こ

月　　日

5 小数のしくみ

小数のしくみ（8）

名前

1 次の数は，0.01 を何こ集めた数ですか。

① 0.03（　　　　）こ　② 0.61（　　　　）こ

③ 1.47（　　　　）こ　④ 5.09（　　　　）こ

⑤ 0.7（　　　　）こ　⑥ 0.1（　　　　）こ

⑦ 9.2（　　　　）こ　⑧ 5.4（　　　　）こ

⑨ 4（　　　　）こ　⑩ 10（　　　　）こ

トライ

2 （　　）にあてはまる数を書きましょう。

① 0.01 を 8 こ集めた数は（　　　　）です。

② 0.01 を 40 こ集めた数は（　　　　）です。

③ 0.01 を 219 こ集めた数は（　　　　）です。

④ 0.01 を 103 こ集めた数は（　　　　）です。

⑤ 0.01 を 700 こ集めた数は（　　　　）です。

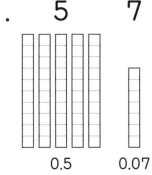

月　日

5 小数のしくみ
小数のたし算とひき算（1）

名前

1 リボンが，2.34m と 1.58m あります。
あわせると，何 m になりますか。

式

筆算

答え

2 計算をしましょう。

① $\begin{array}{r} 5.72 \\ +\,2.63 \\ \hline \end{array}$

② $\begin{array}{r} 3.28 \\ +\,4.57 \\ \hline \end{array}$

③ $\begin{array}{r} 0.98 \\ +\,0.45 \\ \hline \end{array}$

④ $\begin{array}{r} 0.77 \\ +\,0.28 \\ \hline \end{array}$

⑤ $\begin{array}{r} 8.67 \\ +\,4.98 \\ \hline \end{array}$

⑥ $\begin{array}{r} 3.08 \\ +\,0.94 \\ \hline \end{array}$

⑦ $\begin{array}{r} 24.76 \\ +\,2.56 \\ \hline \end{array}$

⑧ 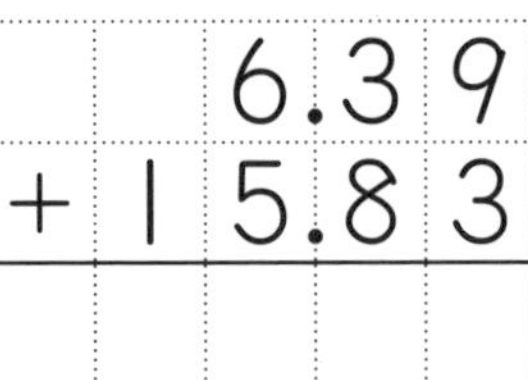
$\begin{array}{r} 6.39 \\ +\,15.83 \\ \hline \end{array}$

⑨ 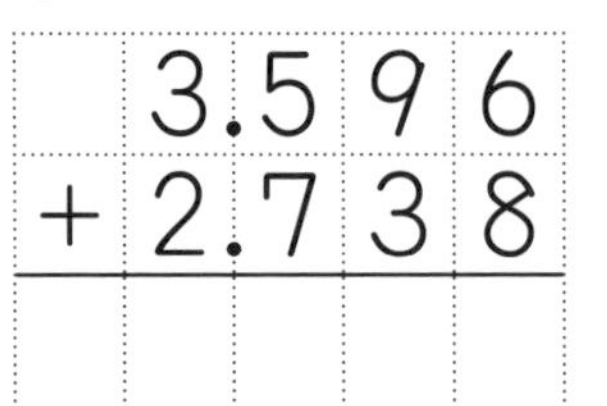
$\begin{array}{r} 3.596 \\ +\,2.738 \\ \hline \end{array}$

⑩ $\begin{array}{r} 4.783 \\ +\,1.249 \\ \hline \end{array}$

月　日

5 小数のしくみ
小数のたし算とひき算（2）

名前

① 2.73 + 4.31

② 5.97 + 0.68

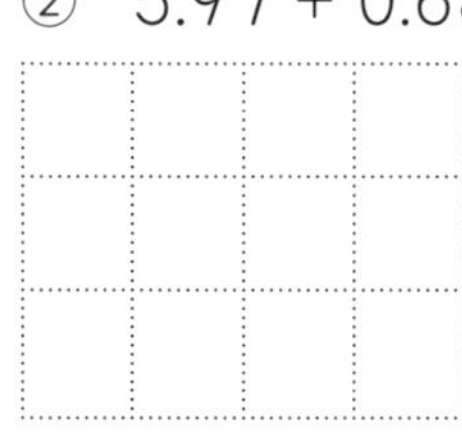

③ 0.56 + 8.52

④ 4.67 + 3.09

⑤ 6.08 + 4.93

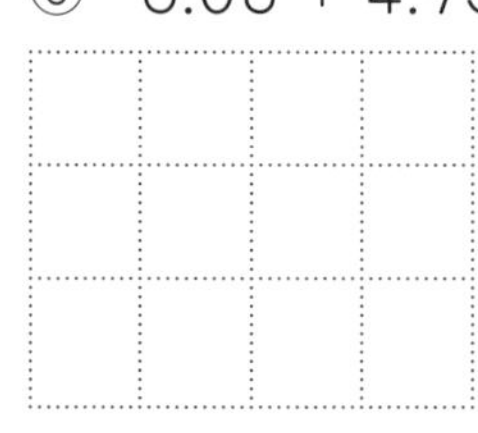

⑥ 0.37 + 5.09

⑦ 0.27 + 0.74

⑧ 9.85 + 0.16

⑨ 18.56 + 4.55

⑩ 9.83 + 47.56

⑪ 19.87 + 4.38

⑫ 16.38 + 3.65

⑬ 2.385 + 1.474

⑭ 0.846 + 0.595

⑮ 8.564 + 2.139

月　日

5 小数のしくみ

小数のたし算とひき算（3）

名前

トライ

1 6.35 + 2.41 の筆算をしました。（　）にあてはまる数を書きましょう。

```
   6.35
 + 2.41
 ------
   8.76
```

左の筆算で，和の 8.76 の，

6は，（　　　　）が 5 + 1 で 6 こ，

7は，（　　　　）が 3 + 4 で 7 こ，

8は，（　　　　）が 6 + 2 で 8 こ，

あることを表しています。

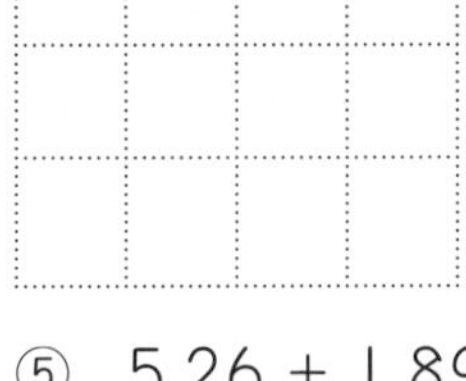

2 計算をしましょう。

① 7.42 + 2.45　② 2.06 + 7.57　③ 8.05 + 4.98

④ 0.92 + 0.14　⑤ 5.26 + 1.89　⑥ 0.36 + 5.27

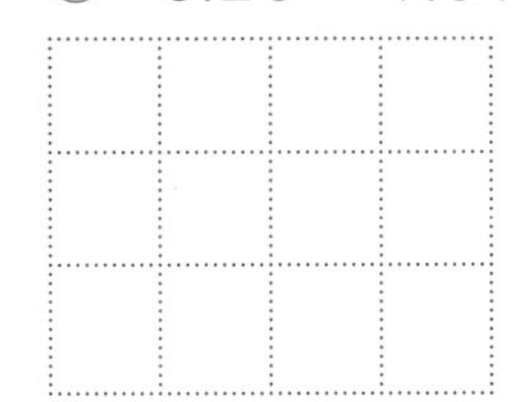

⑦ 0.396 + 0.785　⑧ 0.583 + 2.749　⑨ 3.264 + 7.792

月　日

5 小数のしくみ

小数のたし算とひき算（4）

名前

トライ

1 次の筆算はまちがっています。その理由を右から選んで，□に記号を書きましょう。また，正しい筆算をしましょう。

① 0.842 + 0.238

```
   0.842
 + 0.238
 -------
   1.080
```

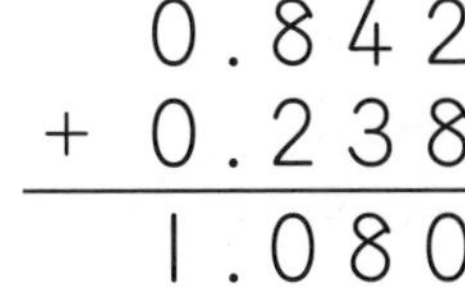

② 7.2 + 2.349

```
     7.2
 + 2.349
 -------
   2.421
```

正しい筆算

正しい筆算

理由

㋐ 位をそろえて計算していない。

㋑ 和の小数点以下にある不要な0を消していない。

㋒ くり上がりの計算をまちがえている。

2 計算をしましょう。

① 3.46 + 1.34　② 0.029 + 0.351　③ 7.97 + 1.03

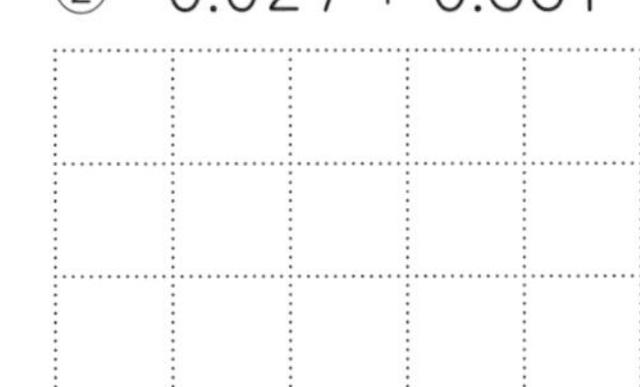

④ 4.37 + 2.3　⑤ 15.4 + 5.08　⑥ 4.9 + 0.186

月　　日

5 小数のしくみ

小数のたし算とひき算（5）

名前

① 2.85 + 4.25

② 5.87 + 0.6

③ 6.08 + 2.92

④ 1.7 + 0.83

⑤ 13.6 + 5.28

⑥ 6.52 + 6.8

⑦ 0.85 + 1.95

⑧ 4.23 + 15

⑨ 9.52 + 4.5

⑩ 8.02 + 15

⑪ 7 + 3.63

⑫ 0.27 + 2.73

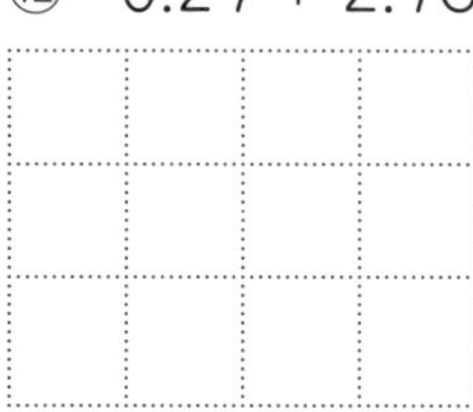

⑬ 3.894 + 0.72

⑭ 5.75 + 16.3

⑮ 1.38 + 5.7

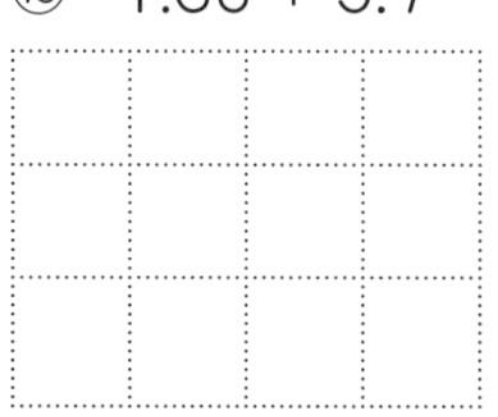

月　　日

5 小数のしくみ

小数のたし算とひき算（6）

名前

トライ

1 次の筆算はまちがっています。その理由を下から選(えら)んで，□に記号を書きましょう。また，正しい筆算をしましょう。

① 14.2 + 85.8

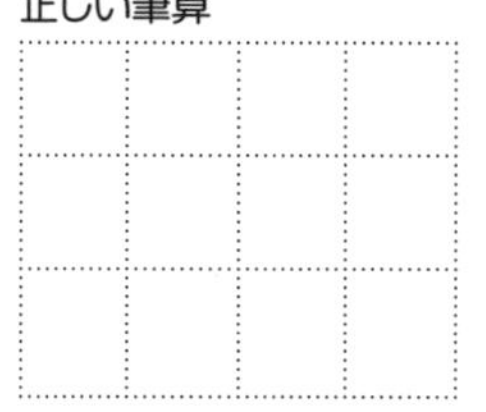

$$\begin{array}{r} 14.2 \\ +\ 85.8 \\ \hline 100.0 \end{array}$$

□

② 25.62 + 1.389

$$\begin{array}{r} 25.62 \\ +\ 1.389 \\ \hline 3.951 \end{array}$$

□

③ 3.92 + 2.08

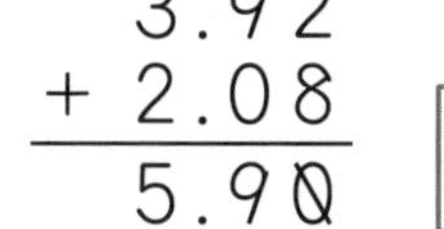

$$\begin{array}{r} 3.92 \\ +\ 2.08 \\ \hline 5.90 \end{array}$$

□

正しい筆算　　正しい筆算　　正しい筆算

理由
- ㋐ 和の消してはいけない0を消している。
- ㋑ くり上がりの計算をまちがえている。
- ㋒ 位(くらい)をそろえて計算していない。

2 計算をしましょう。

① 0.26 + 0.44

② 3.272 + 7.828

③ 14.29 + 5.71

④ 3.2 + 3.808

⑤ 1.805 + 3.2

⑥ 1.25 + 1.75

月　　日

5 小数のしくみ
小数のたし算とひき算（7）

名前

1 7.39mのテープがありました。2.86m使いました。テープは，何m残（のこ）っていますか。

式

筆算

答え

2 計算をしましょう。

①
	7	.7	2
−	1	.8	4

②

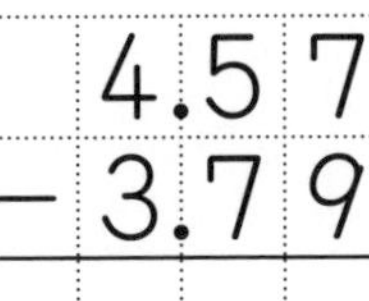

	4	.5	7
−	3	.7	9

③

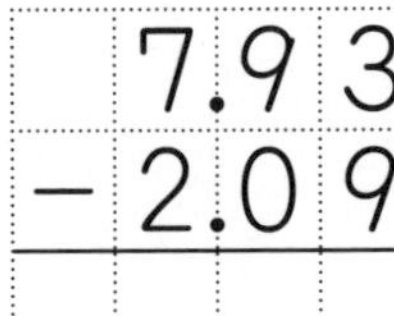

	7	.9	3
−	2	.0	9

④
	8	.0	3
−	3	.2	6

⑤
	5	.3	1
−	0	.9	4

⑥
	1	.5	6
−	0	.8	6

⑦
	1	2	.5	6
−		7	.4	8

⑧

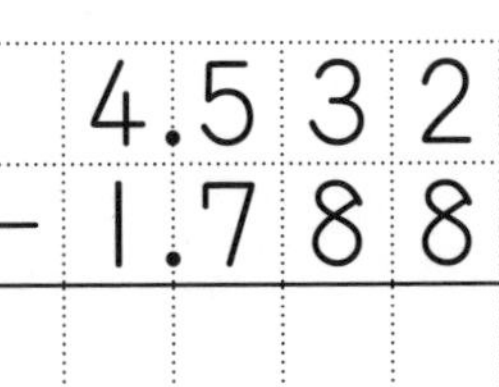

	4	.5	3	2
−	1	.7	8	8

⑨
	1	.0	3	4
−	0	.9	6	9

⑩

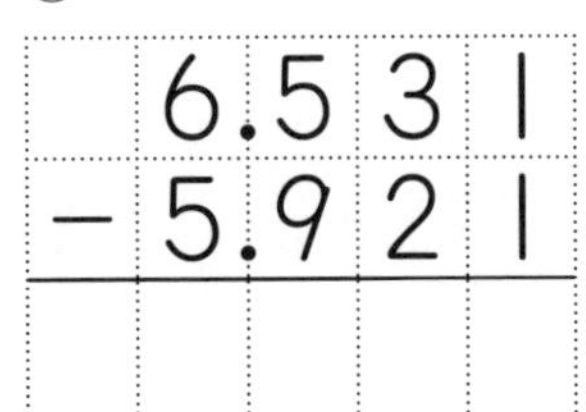

	6	.5	3	1
−	5	.9	2	1

月　　日

5 小数のしくみ
小数のたし算とひき算（8）

名前

① 1.72 − 0.82

② 4.61 − 2.85

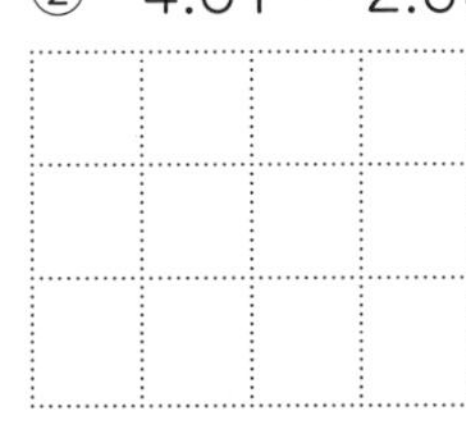

③ 7.13 − 5.56

④ 9.01 − 0.53

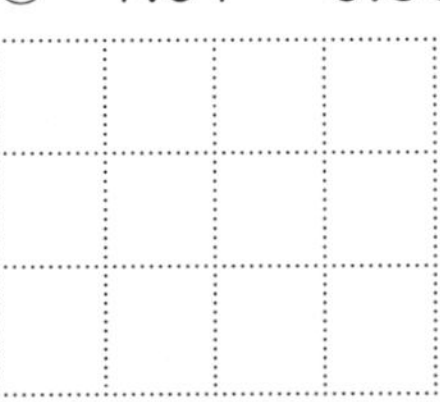

⑤ 4.03 − 3.67

⑥ 7.54 − 0.89

⑦ 6.23 − 0.75

⑧ 5.76 − 0.97

⑨ 6.63 − 5.93

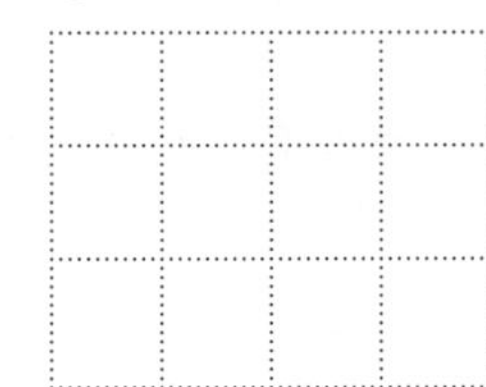

⑩ 7.026 − 3.743

⑪ 1.041 − 0.258

⑫ 10.34 − 4.67

⑬ 3.214 − 2.485

⑭ 30.48 − 16.68

⑮ 2.003 − 1.347

月　日

5 小数のしくみ
小数のたし算とひき算 (9)

名前

1 計算をしましょう。

① 9.26 − 7.37　② 6.03 − 0.73　③ 6.51 − 5.81

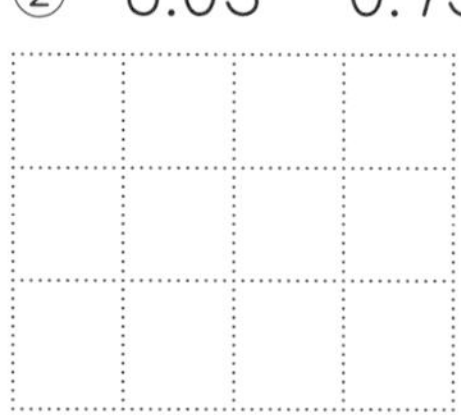

④ 10.14 − 8.75　⑤ 10.65 − 3.97　⑥ 7.246 − 6.392

トライ

2 次の筆算はまちがっています。その理由を右から選(えら)んで，□に記号を書きましょう。また，正しい筆算をしましょう。

① 7.26 − 6.46

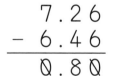

```
   7.26
 − 6.46
 ──────
   0.80
```

□

正しい筆算

② 43.68 − 2.73

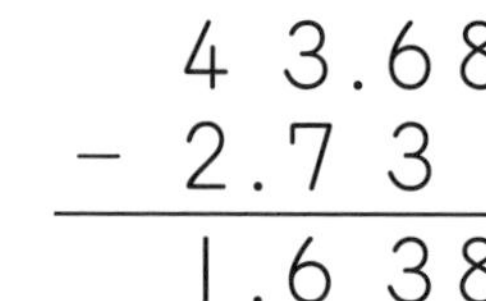

```
  43.68
 − 2.73
 ──────
  1.638
```

□

正しい筆算

理由

㋐ 位(くらい)をそろえて計算していない。

㋑ くり下がりの計算をまちがえている。

㋒ 差(さ)にある必要(ひつよう)な0まで消している。

月　日

5 小数のしくみ
小数のたし算とひき算 (10)

名前

トライ

1 次の筆算はまちがっています。その理由を右から選(えら)んで，□に記号を書きましょう。また，正しい筆算をしましょう。

① 7.52 − 4.2

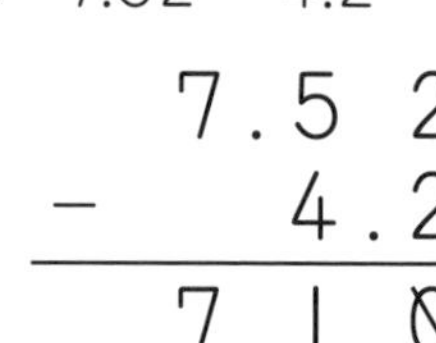

```
   7.52
 −   4.2
 ──────
   7.10
```

□

正しい筆算

② 3 − 1.45

```
     3
 − 1.45
 ──────
   2.45
```

□

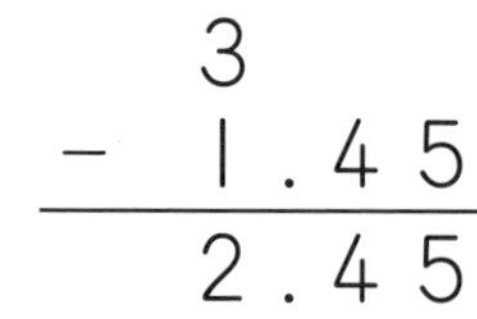

正しい筆算

理由

㋐ くり下がりの計算をまちがえている。

㋑ 差(さ)の小数点以下(いか)にある不要(ふよう)な0を消していない。

㋒ 位(くらい)をそろえて計算していない。

2 計算をしましょう。

① 3.52 − 1.4　② 6.2 − 3.68　③ 2.91 − 2.1

④ 6.2 − 4.17　⑤ 4 − 2.38　⑥ 6 − 5.53

月　　日

5 小数のしくみ

小数のたし算とひき算（11）

名前

① 8.15 − 2.3

② 4.8 − 2.07

③ 7.453 − 0.78

④ 6.384 − 0.77

⑤ 11.2 − 8.54

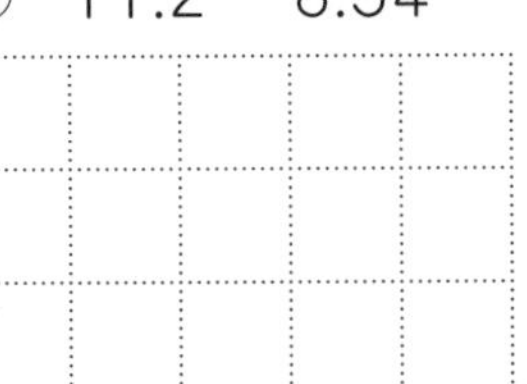

⑥ 10.2 − 9.44

⑦ 14.7 − 0.92

⑧ 2.46 − 1.925

⑨ 1.02 − 0.962

⑩ 4 − 1.76

⑪ 8 − 7.12

⑫ 15 − 0.89

⑬ 36 − 0.53

⑭ 4 − 0.092

⑮ 1 − 0.012

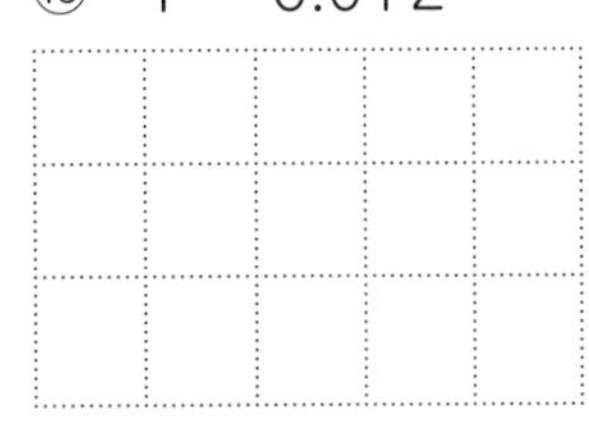

月　　日

5 小数のしくみ

小数のたし算とひき算（12）

名前

① 5.34 − 0.9

② 5.2 − 0.07

③ 5.44 − 2.4

④ 3.649 − 0.59

⑤ 15 − 0.92

⑥ 10 − 1.14

⑦ 6.5 − 4.91

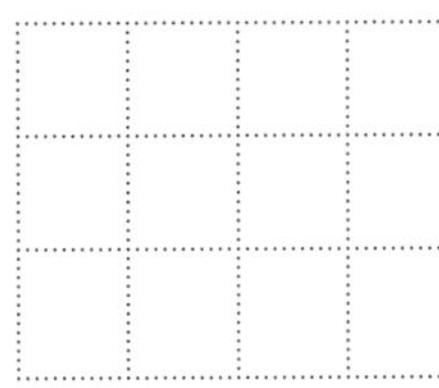

⑧ 1 − 0.345

⑨ 2.28 − 1.864

⑩ 3.4 − 0.45

⑪ 8.43 − 3.7

⑫ 47 − 0.94

⑬ 18.3 − 3.75

⑭ 0.9 − 0.854

⑮ 6 − 5.899

月　　日

5 小数のしくみ
あわせた数，集めた数，小さい数（1）

名前

● 次の数は，どんな数といえますか。（　　）にあてはまる数を書きましょう。

① 7.25

㋐ 7.25は，7と（　　　　）をあわせた数です。

㋑ 7.25は，7.3より（　　　　）小さい数です。

㋒ 7.25は，1を（　　）こ，0.1を（　　）こ，0.01を（　　）こあわせた数です。

㋓ 7.25は，0.01を（　　　　）こ集めた数です。

② 4.07

㋐ 4.07は，4と（　　　　）をあわせた数です。

㋑ 4.07は，（　　　　）より0.03小さい数です。

㋒ 4.07は，1を4こ，（　　　　）を0こ，（　　　　）を7こあわせた数です。

㋓ 4.07は，（　　　　）を407こ集めた数です。

月　　日

5 小数のしくみ
あわせた数，集めた数，小さい数（2）

名前

1 ㋐～㋕の数を（　　）に書きましょう。

㋐ 8と0.43をあわせた数（　　　　）

㋑ 9より0.06小さい数（　　　　）

㋒ 8.2より0.07大きい数（　　　　）

㋓ 1を8こ，0.1を6こ，0.01を9こあわせた数（　　　　）

㋔ 0.01を888こ集めた数（　　　　）

㋕ 0.01を810こ集めた数（　　　　）

2 1の㋐～㋕の数を，下の数直線に ↑㋐ のように書きましょう。

8　　　　　　　　　　　　　　　　　　　　9

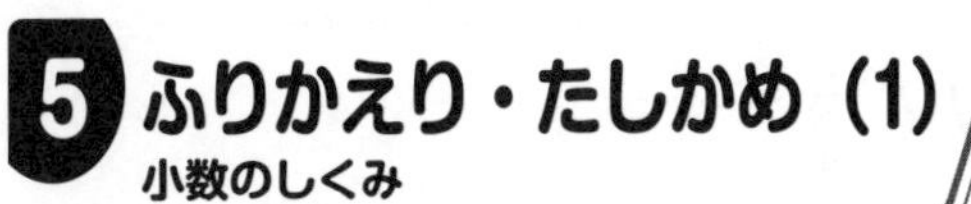

5 ふりかえり・たしかめ (1)
小数のしくみ

月　日

名前

1 水のかさは，何Lですか。

① ②

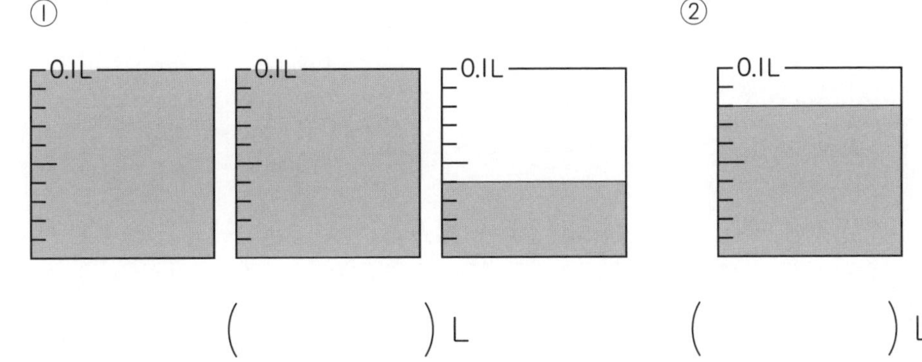

①（　　　）L　②（　　　）L

2 下の量を，（　）の中の単位だけを使って表しましょう。

① 2km 726m（km）　□ km

② 1900m（km）　□ km

③ 830m（km）　□ km

④ 5740g（kg）　□ kg

⑤ 950g（kg）　□ kg

⑥ 1050g（kg）　□ kg

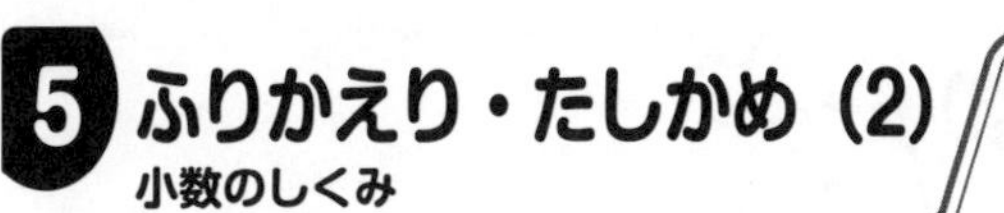

5 ふりかえり・たしかめ (2)
小数のしくみ

月　日

名前

1 □にあてはまる不等号を書きましょう。

① 0.07 □ 0.1　② 3.701 □ 3.7

③ 4.03 □ 4.1　④ 10.003 □ 9.8999

2 次の数はいくつですか。

① 0.1を6こ，0.01を7こ，0.001を4こあわせた数　（　　　）

② 0.01を3こ，0.001を9こあわせた数　（　　　）

③ 0.076を10倍，100倍した数
10倍（　　　）　100倍（　　　）

④ 0.49を10倍，100倍した数
10倍（　　　）　100倍（　　　）

⑤ 12.51を$\frac{1}{10}$，$\frac{1}{100}$にした数
$\frac{1}{10}$（　　　）　$\frac{1}{100}$（　　　）

⑥ 3.18を$\frac{1}{10}$，$\frac{1}{100}$にした数
$\frac{1}{10}$（　　　）　$\frac{1}{100}$（　　　）

⑦ 0.01を548こ集めた数　（　　　）

⑧ 0.01を70こ集めた数　（　　　）

5 ふりかえり・たしかめ (3)

小数のしくみ

月　　日

名前

1 数直線の㋐～㋔が表す数を，□に書きましょう。

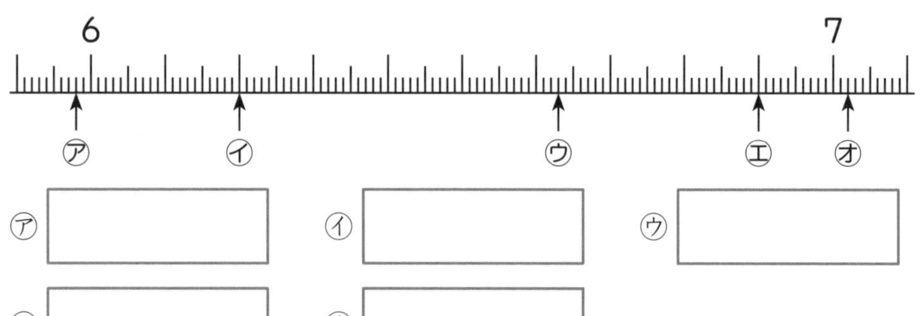

2 計算をしましょう。

① 3.67 + 2.46

② 0.75 + 0.26

③ 0.392 + 3.708

④ 4.3 + 0.77

⑤ 3.94 + 5.2

⑥ 0.824 + 7.2

⑦ 28.29 + 6.75

⑧ 61.08 + 9.2

⑨ 15.27 + 4

5 ふりかえり・たしかめ (4)

小数のしくみ

月　　日

名前

1 計算をしましょう。

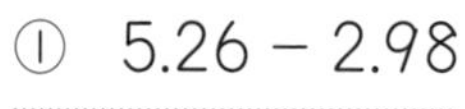

① 5.26 − 2.98

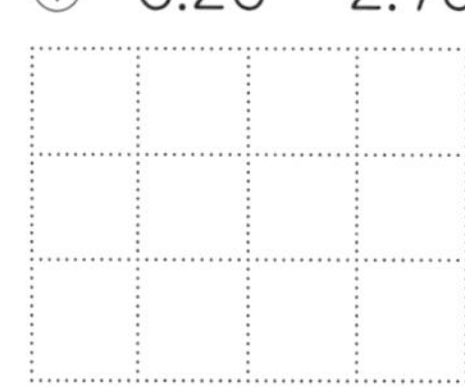

② 10.24 − 6.17

③ 4.52 − 1.6

④ 5.68 − 4.9

⑤ 31.4 − 0.94

⑥ 1.12 − 1.095

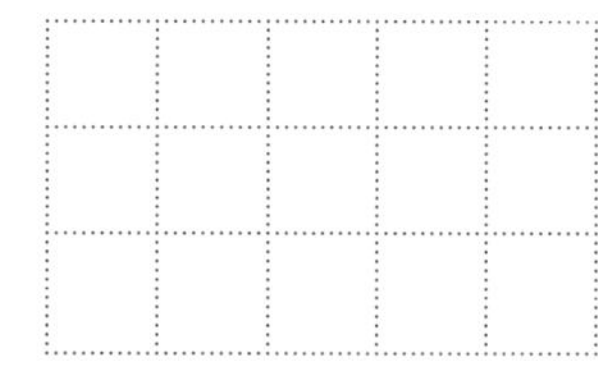

⑦ 6 − 2.56

⑧ 10 − 0.36

⑨ 12.51 − 7.8

2 計算をしましょう。

① 8.25 + 4.1 + 11.9

② 3.64 − 1.72 + 0.98

③ 6 − 0.75 − 2.25

5 まとめのテスト
小数のしくみ

名前

【知識・技能】

1　(　　)にあてはまる数を書きましょう。(5×2)

①　7.26は，1を7こ，(　　　　)を2こ，(　　　　)を6こあわせた数です。

②　7.26は，0.01を(　　　　)こ集めた数です。

2　下の量を，(　　)の単位で表しましょう。(5×2)

①　1km 245m（km）　□ km

②　980g（kg）　□ kg

3　□にあてはまる不等号を書きましょう。(5×2)

①　2.09　□　2.1

②　7.108　□　7.12

4　次の数を書きましょう。(5×4)

①　0.027を10倍，100倍した数

10倍(　　　　)

100倍(　　　　)

②　3.81を$\frac{1}{10}$，$\frac{1}{100}$にした数

$\frac{1}{10}$(　　　　)

$\frac{1}{100}$(　　　　)

【思考・判断・表現】

5　遠足の目的地まで4.5kmあります。2.74km歩きました。あと何km歩けば，着きますか。(5×2)

式

筆算

答え

6　お茶がポットに1.56L，やかんに2.4L入っています。(5×4)

①　かさのちがいは何Lですか。

式

答え

②　お茶は，あわせて何Lありますか。

式

答え

7　テープが5mありました。128cm使いました。残りは何mですか。(5×2)

式

答え

8　900gのカバンに荷物を入れて重さをはかると，6.15kgありました。
荷物の重さは何kgですか。(5×2)

式

答え

考えるカをのばそう
ちがいに注目して（1）

名前

1　30 このいちごをＡさんとＢさんの２人で分けます。
Ｂさんのほうが４こ多くなるようにします。
それぞれのいちごの数は何こになりますか。

①　□にあてはまる数を書きましょう。

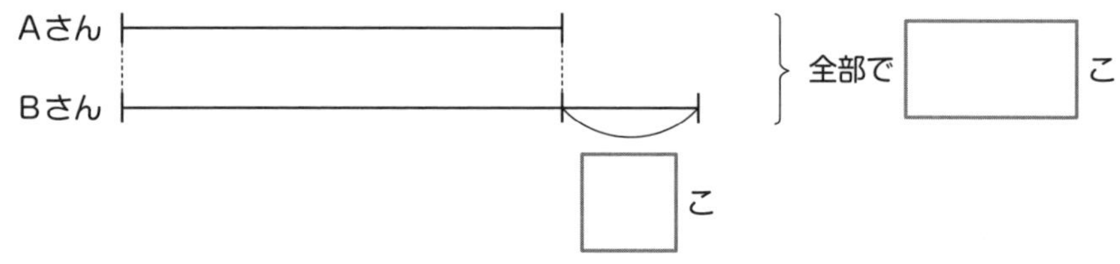

②　Ａさん，Ｂさんそれぞれのいちごのこ数を求めましょう。

式

答え Ａさん　　　　Ｂさん

2　40 このあめをＣさんとＤさんの２人で分けます。
Ｄさんのほうが６こ多くなるようにします。
それぞれのあめの数は何こになりますか。

式

答え Ｃさん　　　　Ｄさん

考えるカをのばそう
ちがいに注目して（2）

名前

●　900mL のジュースを３人で分けます。
３人のジュースは，50mL ずつ量がちがうようにします。
３人のジュースの量は，それぞれ何 mL ですか。

①　□にあてはまる数を書きましょう。

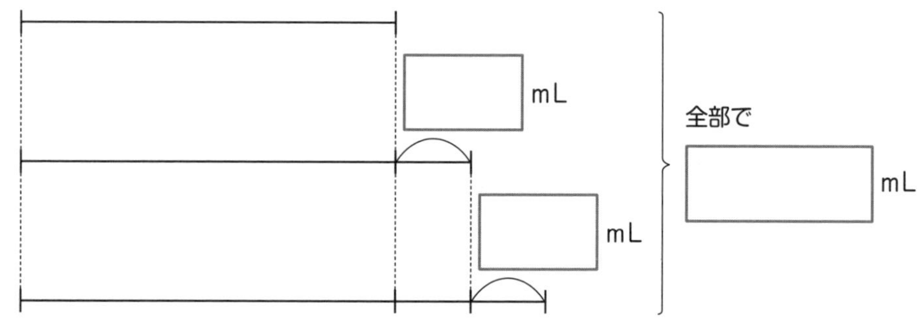

②　それぞれのジュースの量は，何 mL ですか。

式

答え　　　mL，　　　mL，　　　mL

月　　日

6 わり算の筆算②ーわる数が２けた
何十でわる計算（1）

名前

1 あめが 80 こあります。1 人に 20 こずつ分けると，何人に分けることができますか。

□にあてはまる数を書きましょう。

式 

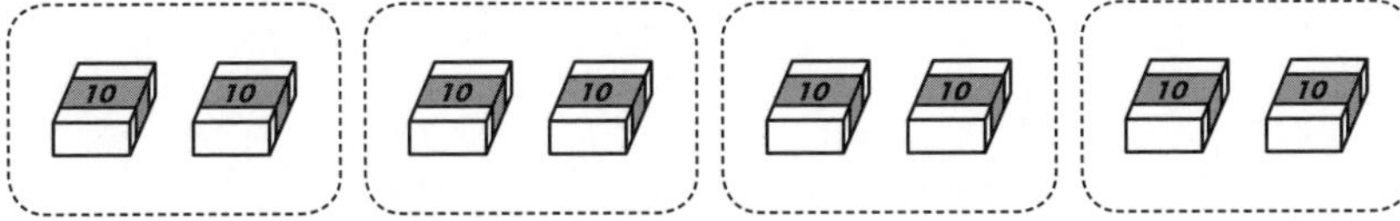

80は，10が □ こ

20は，10が □ こ

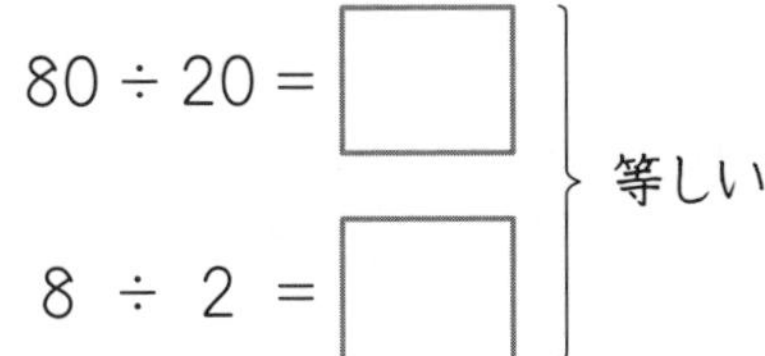

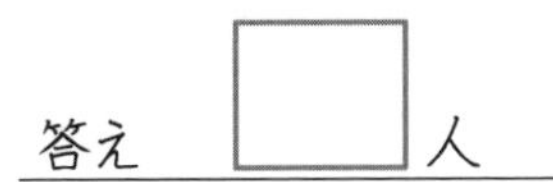

2 計算をしましょう。

① 60 ÷ 30 =　　② 120 ÷ 20 =

③ 180 ÷ 60 =　　④ 300 ÷ 50 =

月　　日

6 わり算の筆算②ーわる数が２けた
何十でわる計算（2）

名前

1 計算をしましょう。

① 90 ÷ 30 =　　② 150 ÷ 30 =

③ 280 ÷ 40 =　　④ 350 ÷ 50 =

⑤ 400 ÷ 80 =　　⑥ 420 ÷ 60 =

⑦ 540 ÷ 90 =　　⑧ 720 ÷ 80 =

トライ

2 □にあてはまる数を書きましょう。

① □ ÷ 20 = 4　　② □ ÷ 40 = 3

③ □ ÷ 80 = 4　　④ □ ÷ 90 = 5

⑤ □ ÷ 50 = 8　　⑥ □ ÷ 70 = 6

月　日

6 わり算の筆算②－わる数が２けた

何十でわる計算（3）

名前

[1] あめが 70 こあります。1 人に 30 こずつ分けると，何人に分けることができますか。また，何こあまりますか。

□にあてはまる数を書きましょう。

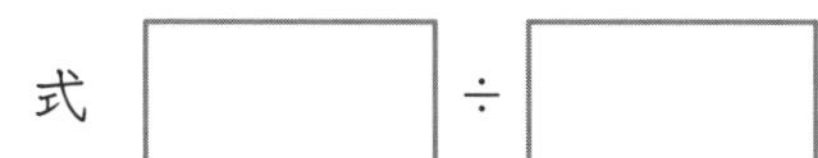

式 □ ÷ □

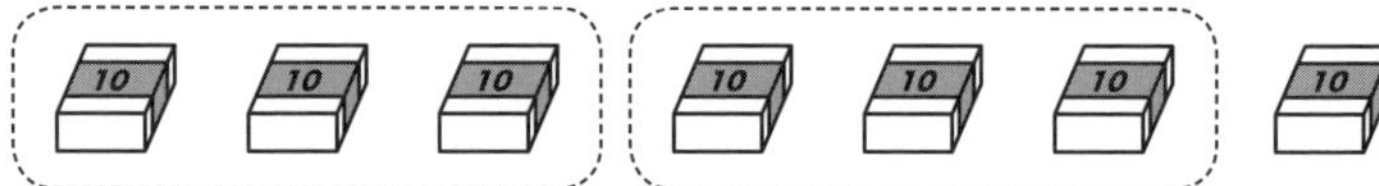

70 は，10 が □ こ

30 は，10 が □ こ

70 ÷ 30 = □ あまり □

7 ÷ 3 = □ あまり □

（あまりに注意）

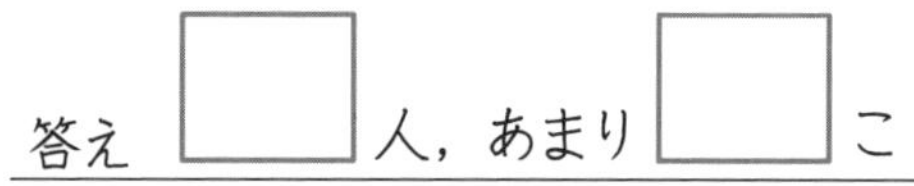

答え □ 人，あまり □ こ

[2] 計算をしましょう。

① 150 ÷ 40 =　　② 200 ÷ 30 =

③ 350 ÷ 80 =　　④ 400 ÷ 90 =

月　日

6 わり算の筆算②－わる数が２けた

何十でわる計算（4）

名前

[1] 計算をしましょう。

① 110 ÷ 30 =　　② 170 ÷ 30 =

③ 240 ÷ 50 =　　④ 300 ÷ 70 =

⑤ 420 ÷ 80 =　　⑥ 510 ÷ 60 =

⑦ 550 ÷ 80 =　　⑧ 680 ÷ 90 =

⑨ 600 ÷ 70 =　　⑩ 700 ÷ 90 =

トライ

[2] □にあてはまる数を書きましょう。

① □ ÷ 20 = 7 あまり 10

② □ ÷ 30 = 6 あまり 20

③ □ ÷ 40 = 6 あまり 30

④ □ ÷ 60 = 7 あまり 20

月　日

6 わり算の筆算②ーわる数が2けた
2けたの数でわる筆算①（1）

名前

2けた÷2けた＝1けた（修正なし）

1　あめが69こあります。1人に23こずつ分けると，何人に分けることができますか。

□にあてはまる数を，（　）にはことばを書きましょう。

式 □ ÷ □

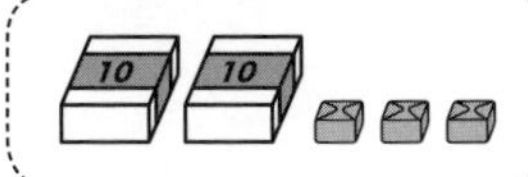
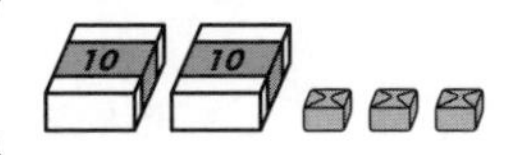

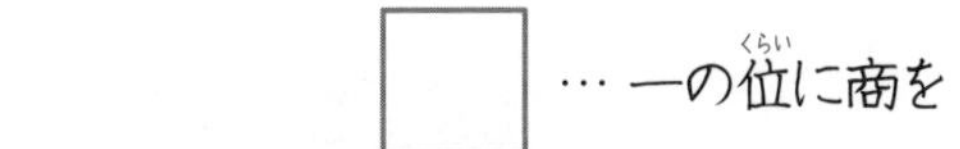

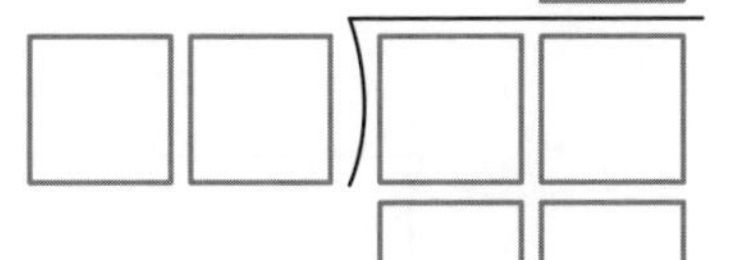

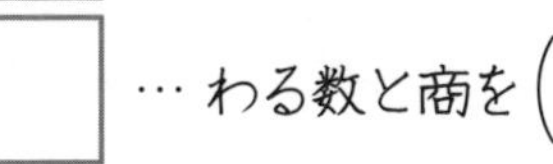

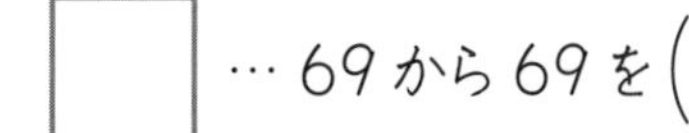

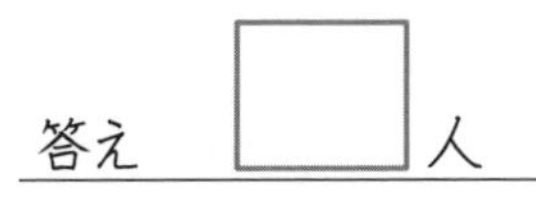

…一の位に商を（　）

…わる数と商を（　）

…69から69を（　）

答え □ 人

2　計算をしましょう。

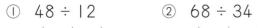

① 48 ÷ 12　② 68 ÷ 34　③ 82 ÷ 41

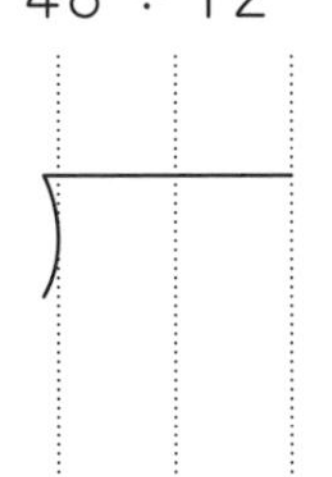
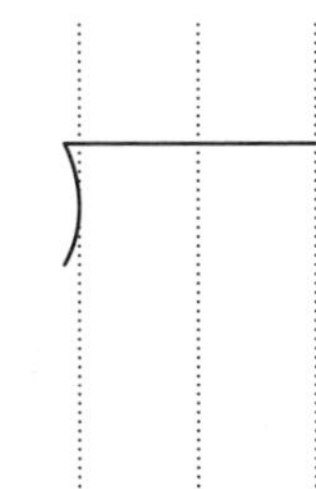
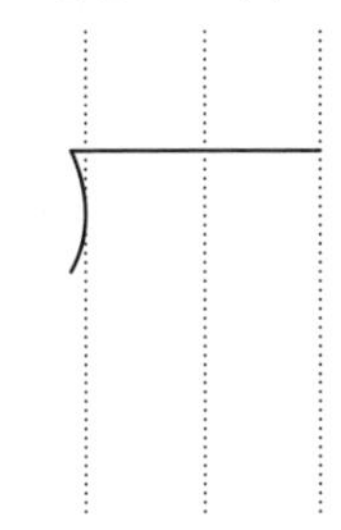

月　日

6 わり算の筆算②ーわる数が2けた
2けたの数でわる筆算①（2）

名前

2けた÷2けた＝1けた（修正なし）

1　計算をしましょう。

① 86 ÷ 43　② 96 ÷ 32　③ 84 ÷ 42　④ 66 ÷ 33

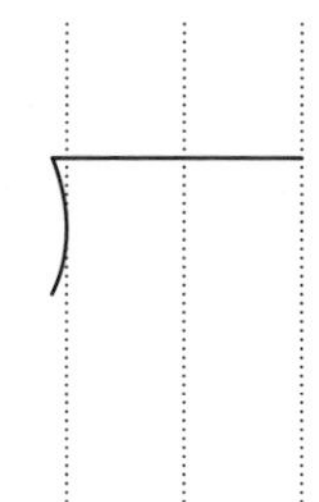
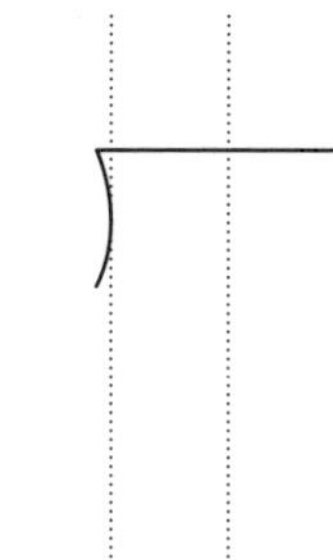

⑤ 44 ÷ 11　⑥ 93 ÷ 31　⑦ 88 ÷ 22　⑧ 42 ÷ 21

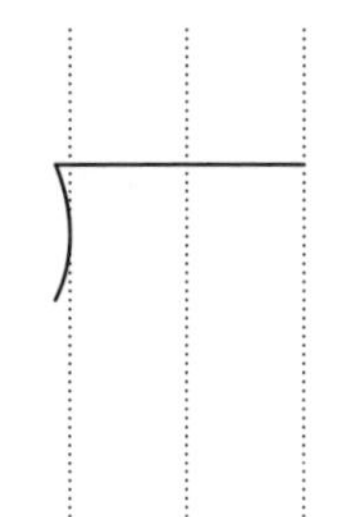
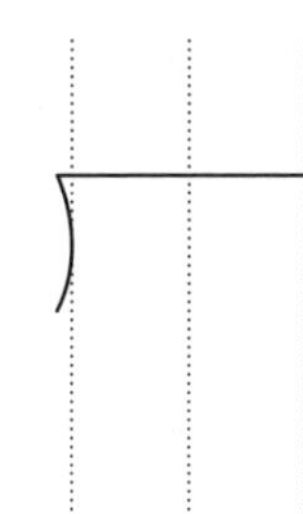
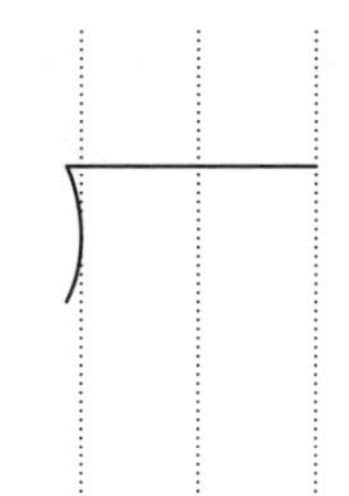
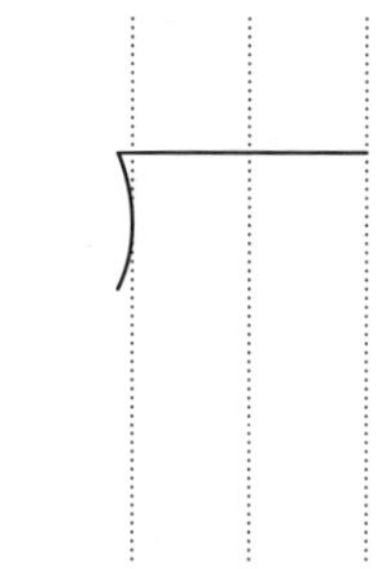

トライ

2　□にあてはまる数を書きましょう。

① □ ÷ 13 = 2　② □ ÷ 24 = 2

③ □ ÷ 33 = 3　④ □ ÷ 21 = 3

月　　日

6 わり算の筆算②－わる数が2けた

2けたの数でわる筆算①（3）

名前

2けた÷2けた＝1けた（修正なし）

1　49 ÷ 23の筆算をしましょう。

①　□にあてはまる数を書いて，筆算をしましょう。

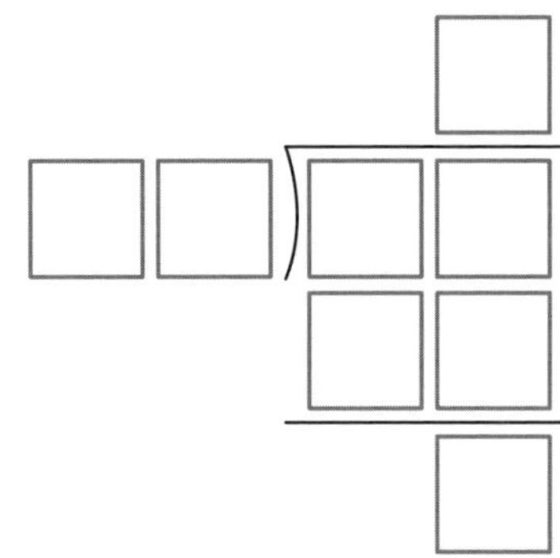

②　けん算をします。□にあてはまる数を書きましょう。

23 × □ ＋ □ ＝ □

2　次の筆算をしましょう。また，けん算もしましょう。

①　46 ÷ 21

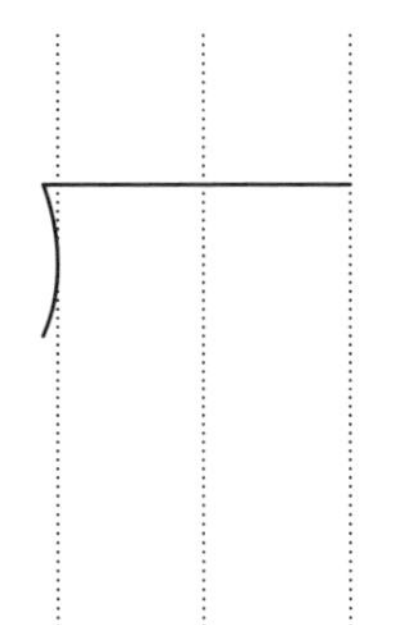

けん算
（　　　　　　　　）

②　55 ÷ 22

けん算
（　　　　　　　　）

月　　日

6 わり算の筆算②－わる数が2けた

2けたの数でわる筆算①（4）

名前

2けた÷2けた＝1けた（修正なし）

●　次の筆算をしましょう。また，けん算もしましょう。

①　85 ÷ 41

けん算
（　　　　　　　　）

②　73 ÷ 32

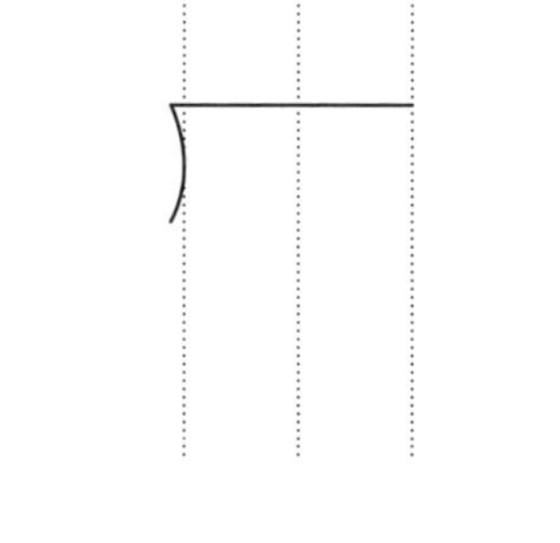

けん算
（　　　　　　　　）

③　76 ÷ 53

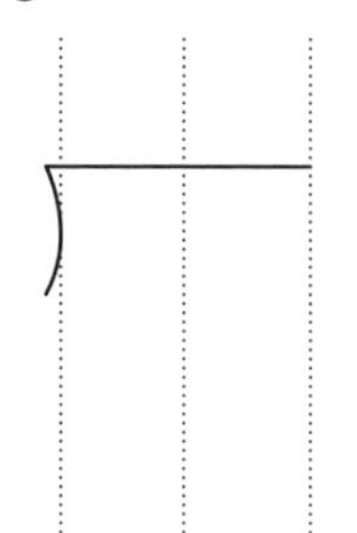

けん算
（　　　　　　　　）

④　88 ÷ 34

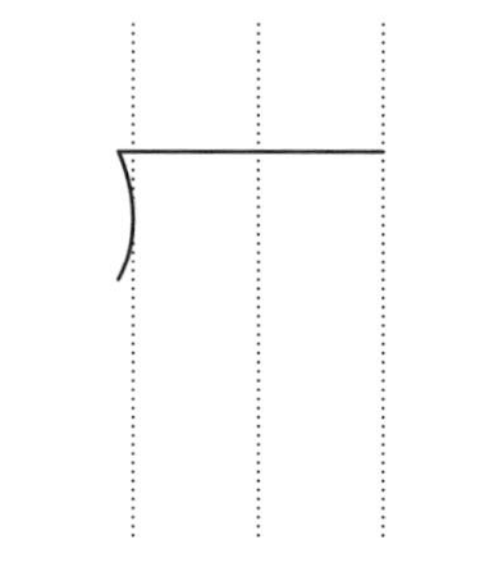

けん算
（　　　　　　　　）

⑤　52 ÷ 24

けん算
（　　　　　　　　）

⑥　92 ÷ 21

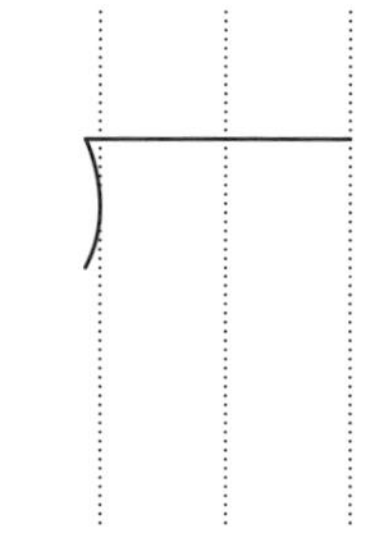

けん算
（　　　　　　　　）

月　　日

6 わり算の筆算②ーわる数が２けた

２けたの数でわる筆算①（5）

名前

２けた÷２けた＝１けた（修正なし）

① 38 ÷ 12　② 50 ÷ 24　③ 90 ÷ 43　④ 96 ÷ 23

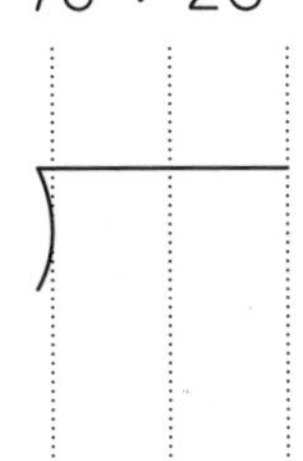
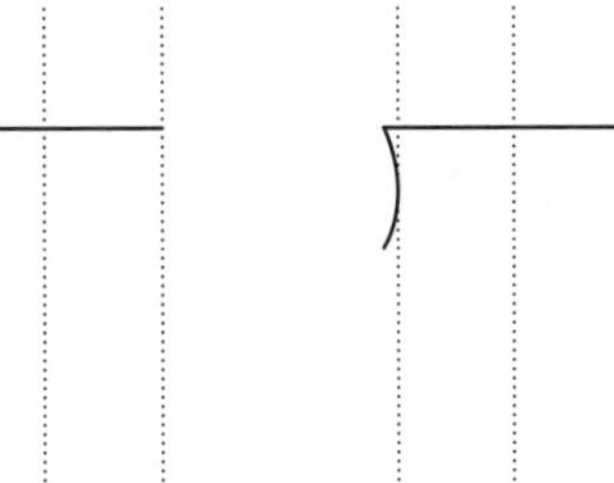

⑤ 66 ÷ 20　⑥ 78 ÷ 23　⑦ 91 ÷ 44　⑧ 73 ÷ 24

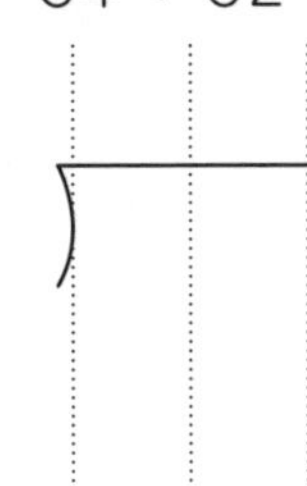
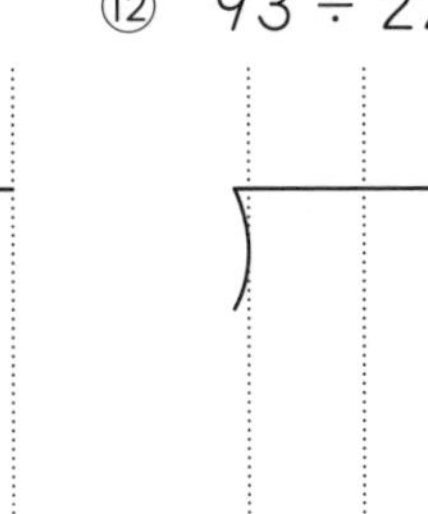

⑨ 98 ÷ 32　⑩ 54 ÷ 52　⑪ 86 ÷ 20　⑫ 93 ÷ 22

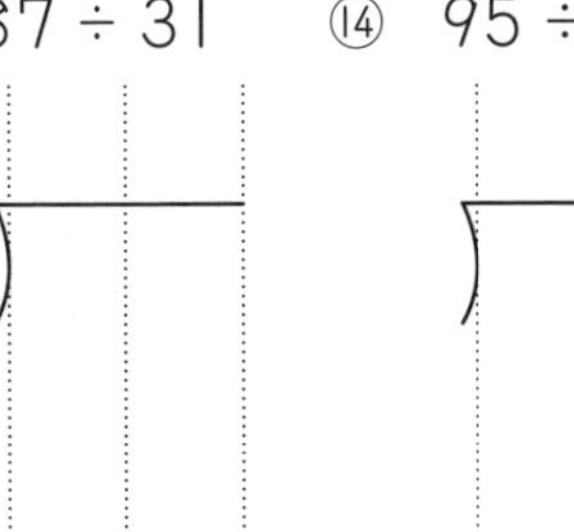
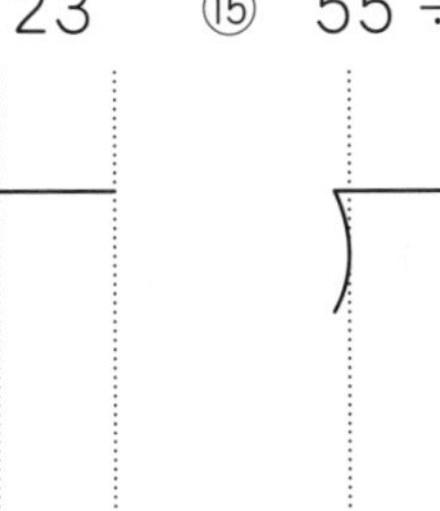
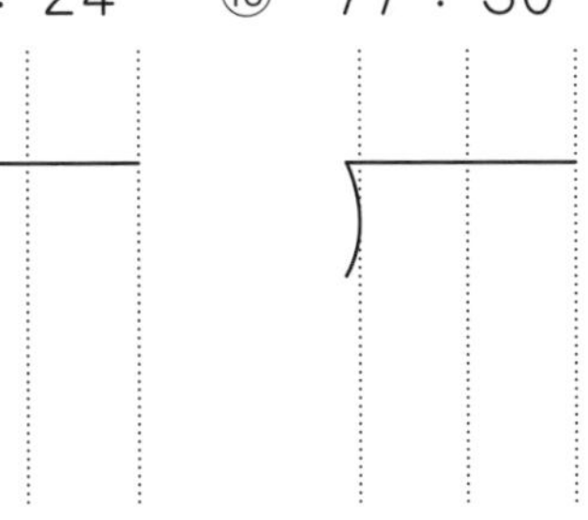

⑬ 87 ÷ 31　⑭ 95 ÷ 23　⑮ 55 ÷ 24　⑯ 99 ÷ 30

月　　日

6 わり算の筆算②ーわる数が２けた

２けたの数でわる筆算①（6）

名前

２けた÷２けた＝１けた（修正なし）

1 計算をしましょう。

① 49 ÷ 22　② 83 ÷ 20　③ 87 ÷ 41　④ 80 ÷ 34

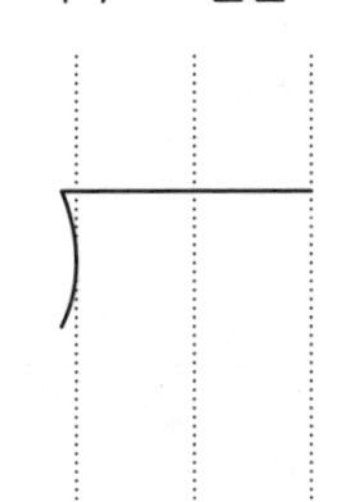
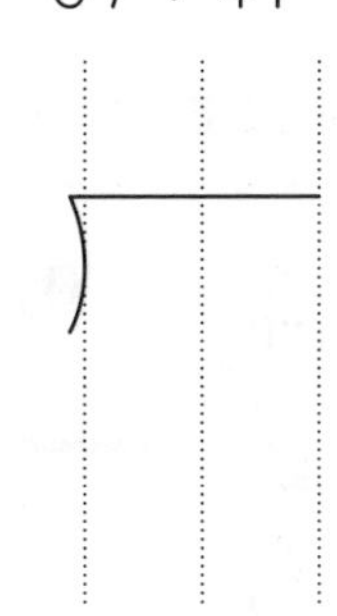
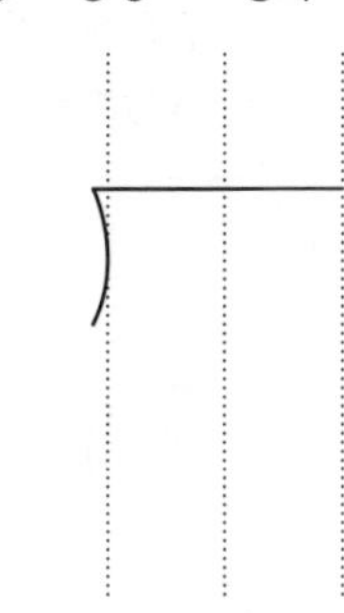
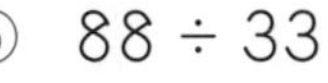

⑤ 72 ÷ 34　⑥ 88 ÷ 33　⑦ 68 ÷ 32　⑧ 49 ÷ 12

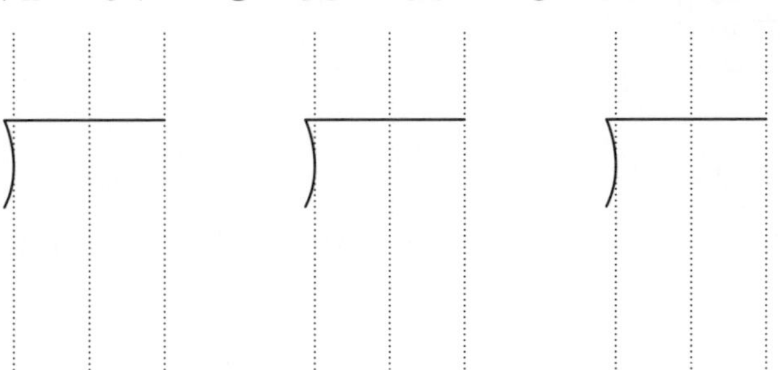

2 ミニトマトが 79 こあります。
１パックに 24 こずつ入れると，
何パックできて，何こあまりますか。

筆算

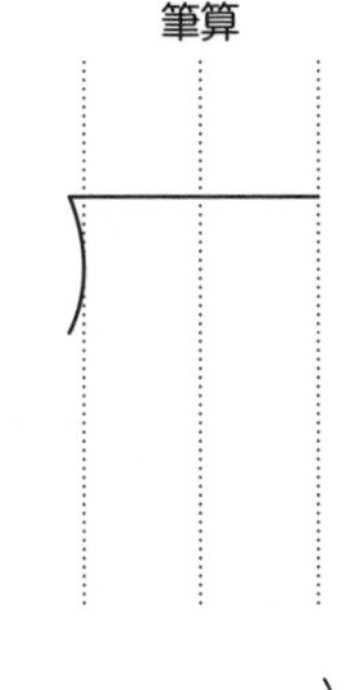

式

答え

けん算をしましょう。（　　　　　　　　）

6 わり算の筆算②ーわる数が２けた

２けたの数でわる筆算①（7）

月　日

名前

２けた÷２けた＝１けた（修正あり）

1　82 ÷ 24 の筆算をしてみましょう。

❶ 24 を 20 とみて，かりの商（4）をたてました。

かりの商が
大きすぎたときは，
商を小さくしていこう。

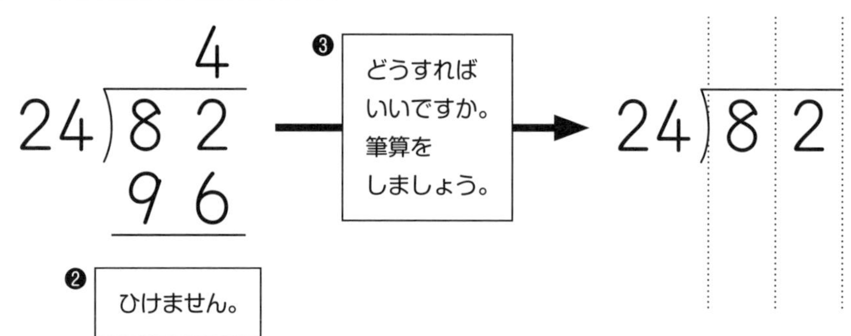

❷ ひけません。

❸ どうすればいいですか。筆算をしましょう。

24)82

2　計算をしましょう。

① 43 ÷ 14　② 42 ÷ 24　③ 89 ÷ 23　④ 90 ÷ 32

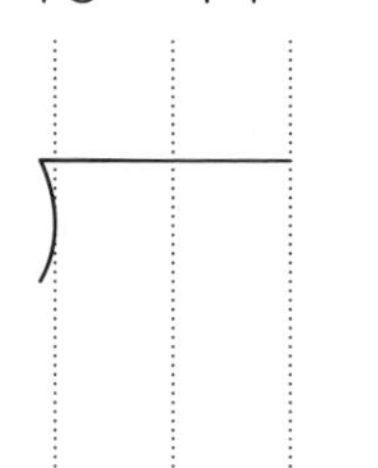
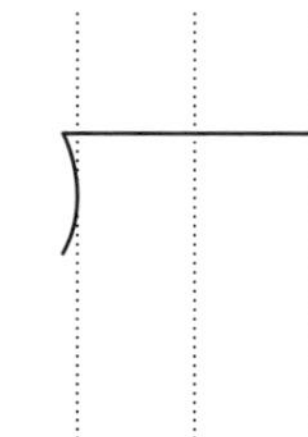
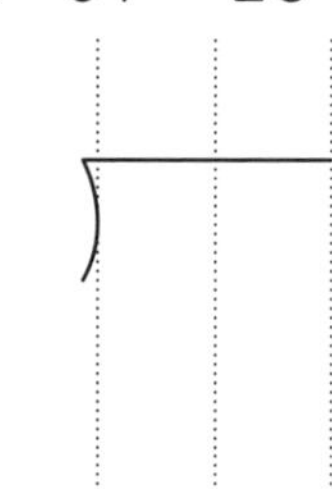
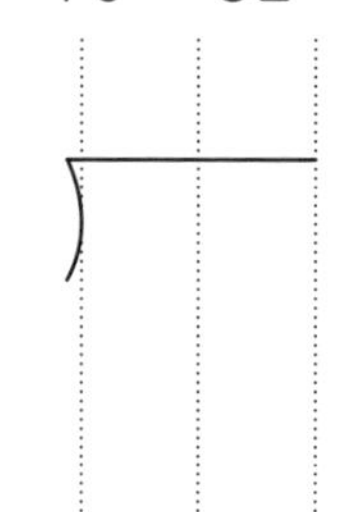

⑤ 64 ÷ 12　⑥ 94 ÷ 13　⑦ 72 ÷ 14　⑧ 83 ÷ 13

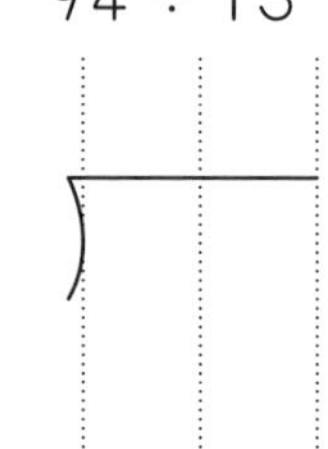
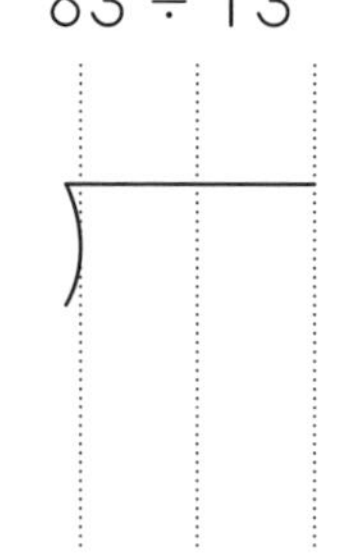

6 わり算の筆算②ーわる数が２けた

２けたの数でわる筆算①（8）

月　日

名前

２けた÷２けた＝１けた（修正あり）

① 87 ÷ 23　② 90 ÷ 12　③ 70 ÷ 24　④ 66 ÷ 24

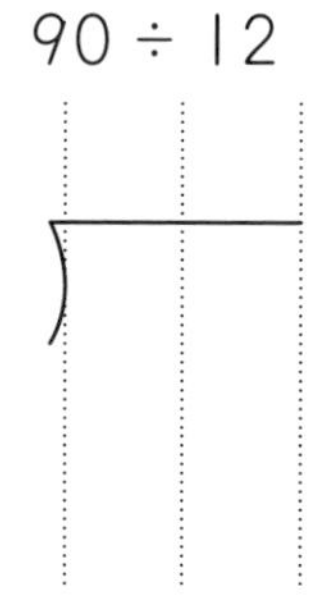
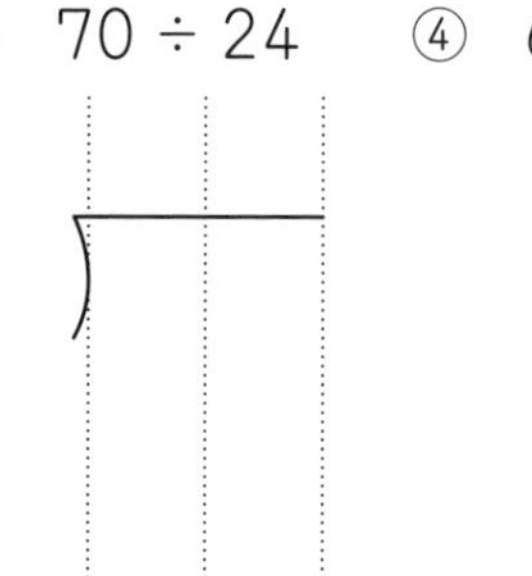

⑤ 61 ÷ 13　⑥ 43 ÷ 11　⑦ 36 ÷ 14　⑧ 93 ÷ 12

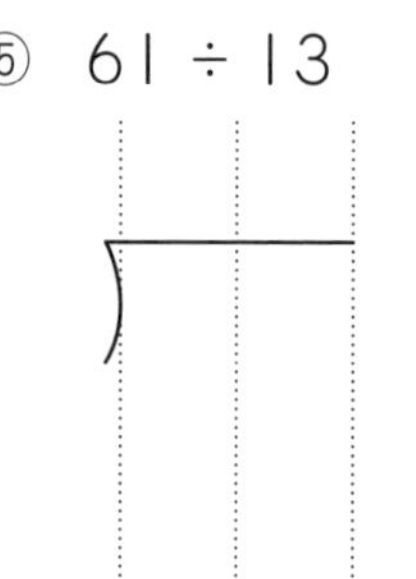
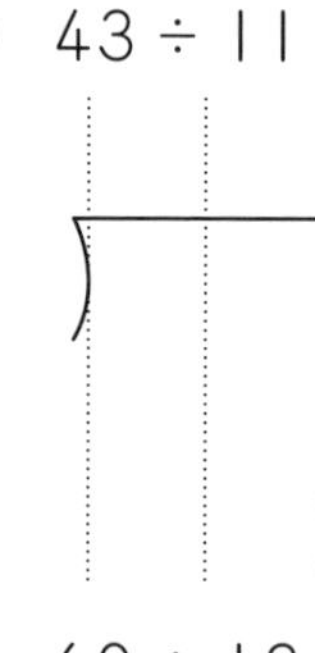
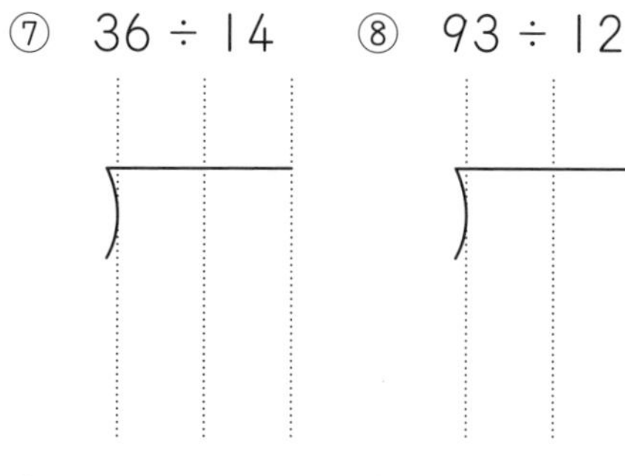

⑨ 98 ÷ 14　⑩ 60 ÷ 13　⑪ 63 ÷ 22　⑫ 93 ÷ 24

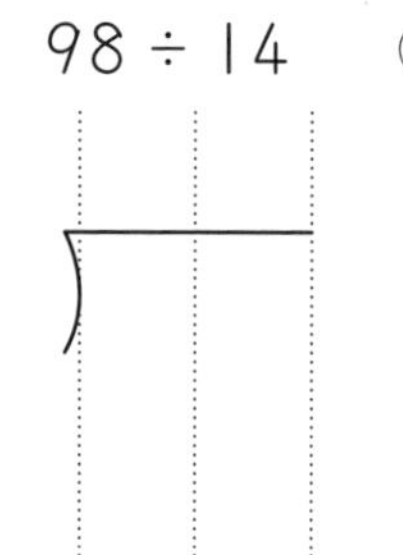
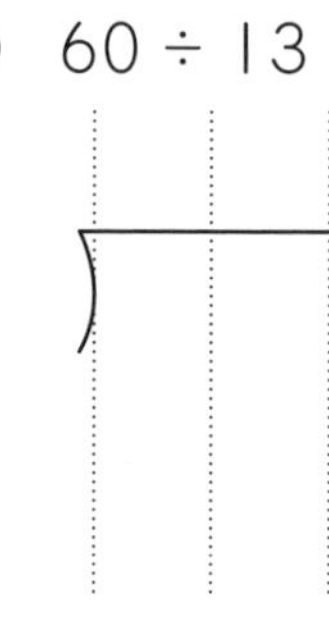
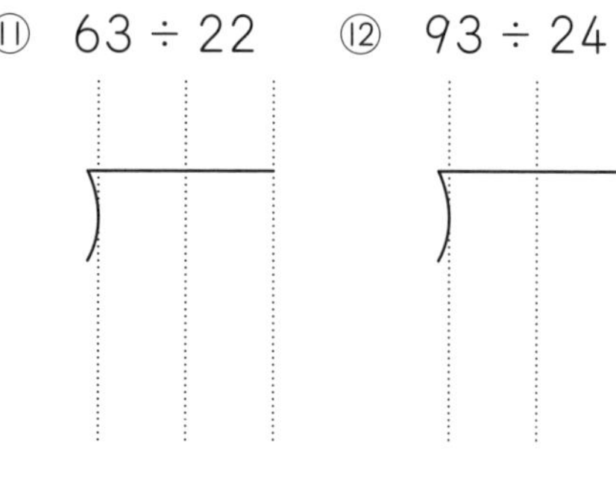

⑬ 35 ÷ 12　⑭ 74 ÷ 14　⑮ 96 ÷ 12　⑯ 65 ÷ 14

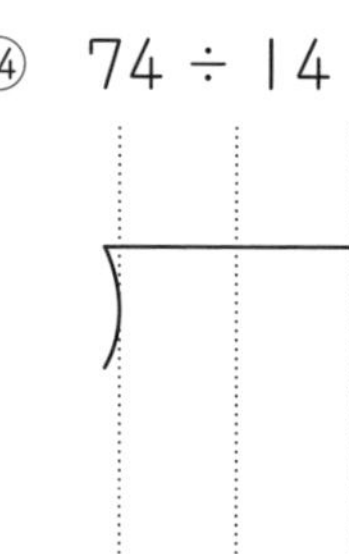
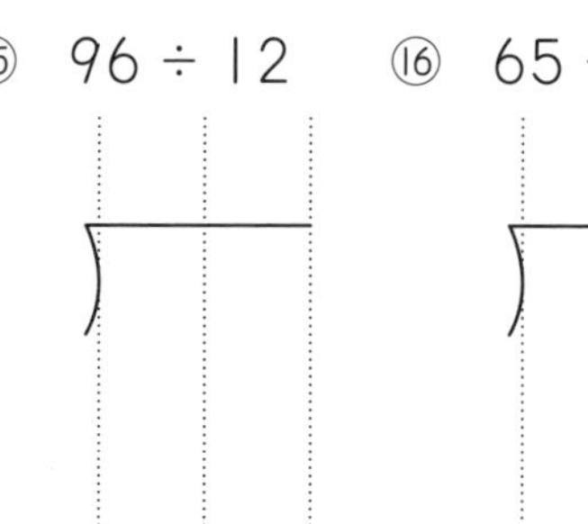

月　　日

6 わり算の筆算②－わる数が２けた

２けたの数でわる筆算①（9）

名前

２けた÷２けた＝１けた（修正あり）

□1 計算をしましょう。

① 54 ÷ 12　② 83 ÷ 24　③ 71 ÷ 24　④ 93 ÷ 32

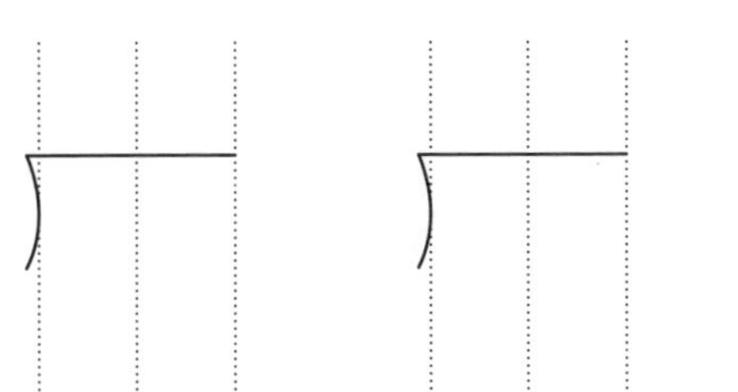

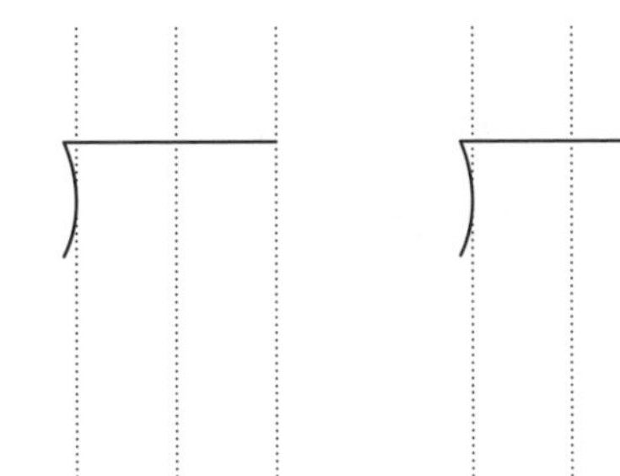

⑤ 73 ÷ 14　⑥ 62 ÷ 13　⑦ 98 ÷ 33　⑧ 54 ÷ 11

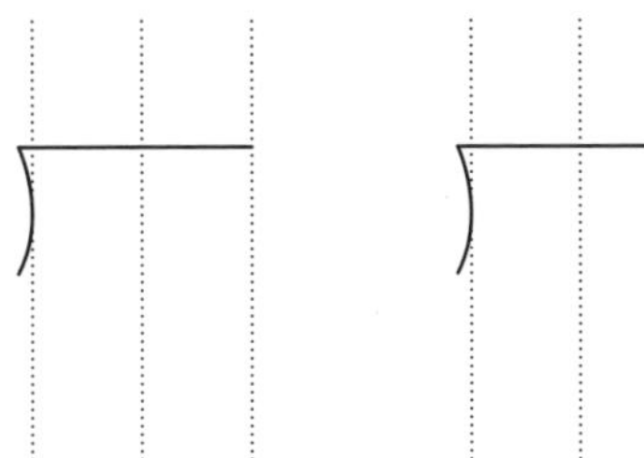

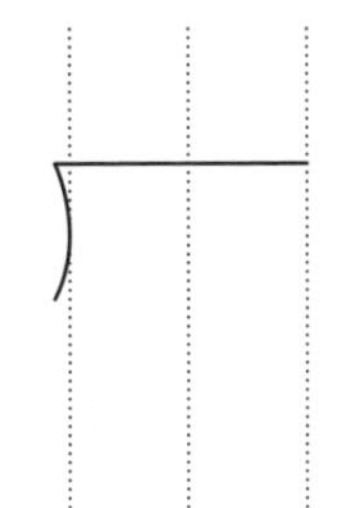

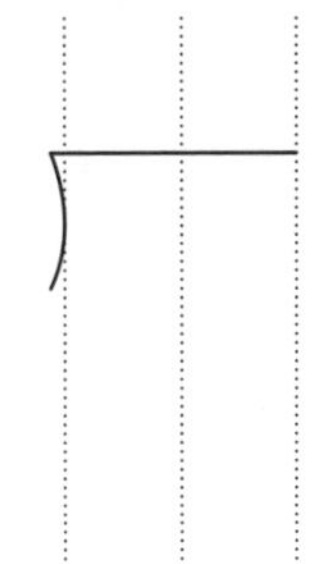

□2 50m のテープがあります。14m ずつに切ります。
14m のテープは何本とれて，何 m あまりますか。

筆算

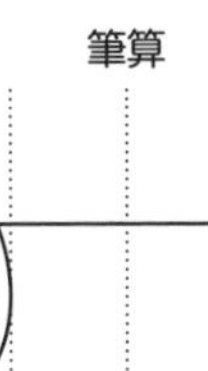

式

答え

けん算をしましょう。（　　　　　　　　　　　　）

月　　日

6 わり算の筆算②－わる数が２けた

２けたの数でわる筆算①（10）

名前

２けた÷２けた＝１けた（修正あり）

□1 79 ÷ 18 の筆算をしてみましょう。

❶ 18 を 20 とみて，
かりの商（3）をたてました。

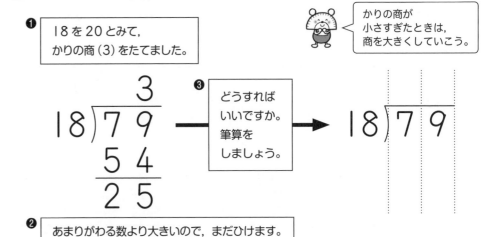

$$\begin{array}{r} 3 \\ 18\overline{)79} \\ 54 \\ \hline 25 \end{array}$$

❷ あまりがわる数より大きいので，まだひけます。

❸ どうすれば
いいですか。
筆算を
しましょう。

→ 18)79

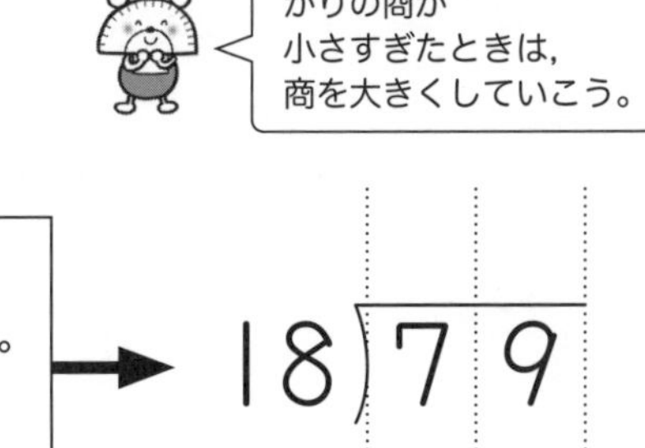

かりの商が
小さすぎたときは，
商を大きくしていこう。

□2 計算をしましょう。

① 76 ÷ 37　② 69 ÷ 17　③ 89 ÷ 29　④ 78 ÷ 19

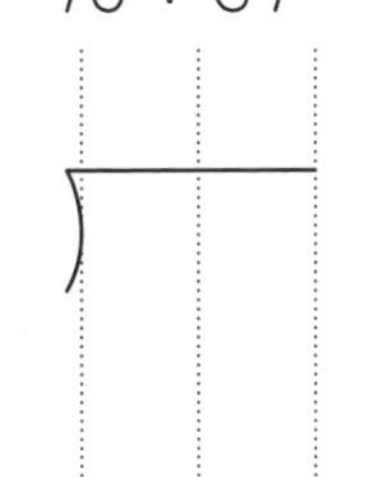

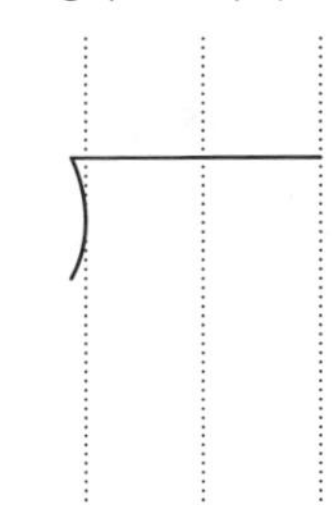

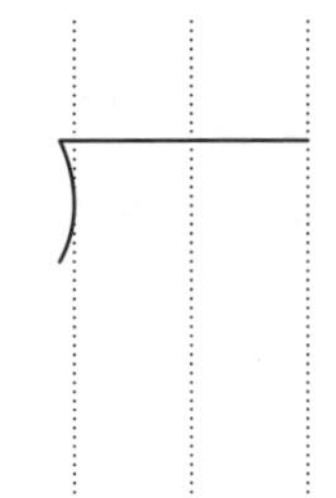

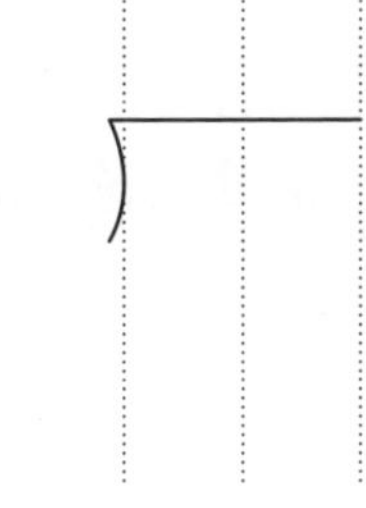

⑤ 53 ÷ 17　⑥ 59 ÷ 28　⑦ 55 ÷ 18　⑧ 92 ÷ 18

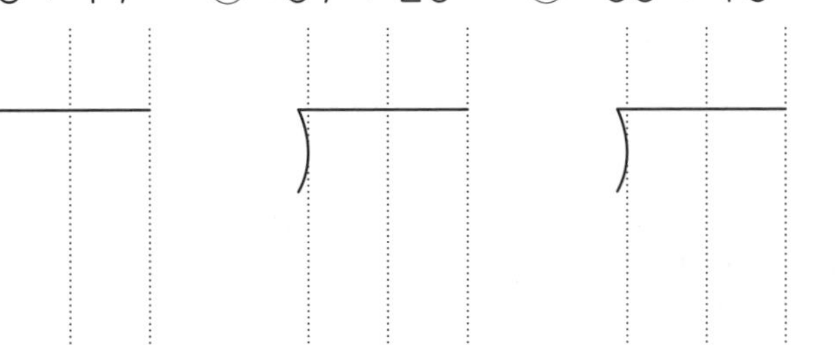

月　日

6 わり算の筆算②－わる数が２けた
２けたの数でわる筆算①（11）

名前

２けた÷２けた＝１けた

1 計算をしましょう。

① 92 ÷ 37　② 84 ÷ 19　③ 97 ÷ 27　④ 81 ÷ 19

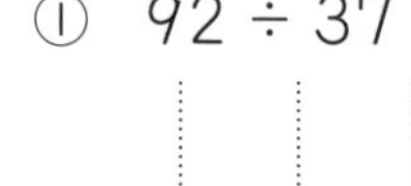
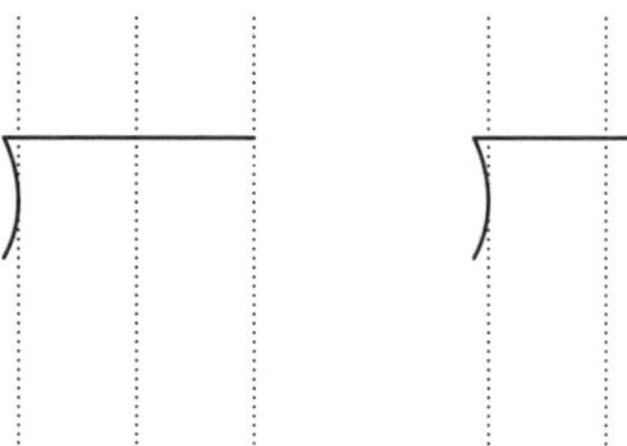

⑤ 91 ÷ 18　⑥ 86 ÷ 17　⑦ 66 ÷ 16　⑧ 78 ÷ 18

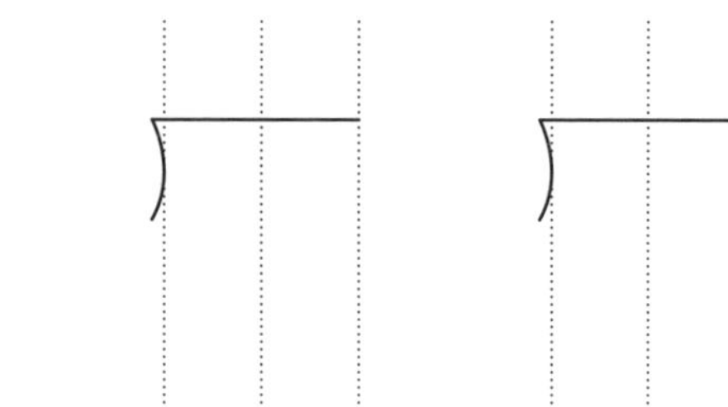

2 次の筆算はまちがっています。その理由を下から選(えら)んで，□に記号を書きましょう。また，正しい筆算をしましょう。

① 17)88　商 4　68　20　□　正しい筆算

② 26)91　商 3　78　17　□　正しい筆算

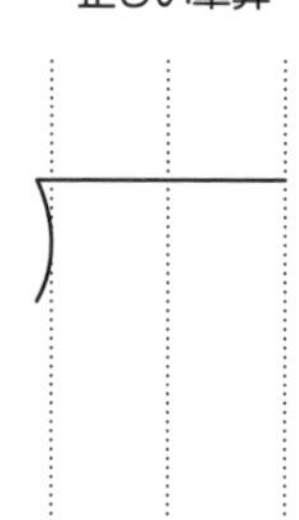

理由

㋐ かけ算をまちがえている。　㋑ ひき算をまちがえている。
㋒ あまりがわる数より大きい。

月　日

6 わり算の筆算②－わる数が２けた
２けたの数でわる筆算①（12）

名前

２けた÷２けた＝１けた

1 次の筆算はまちがっています。正しく計算しましょう。

① 23)80　商 4　92　12　➡

② 15)72　商 3　45　27　➡

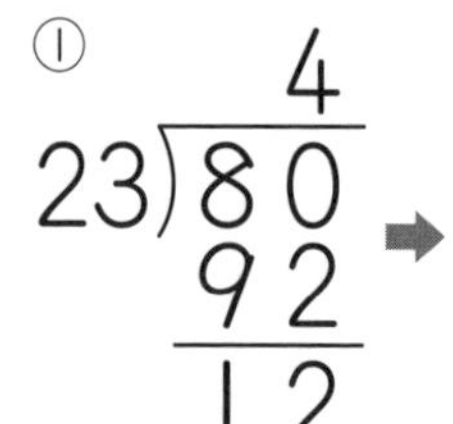
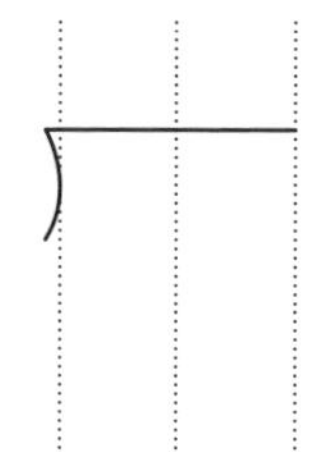
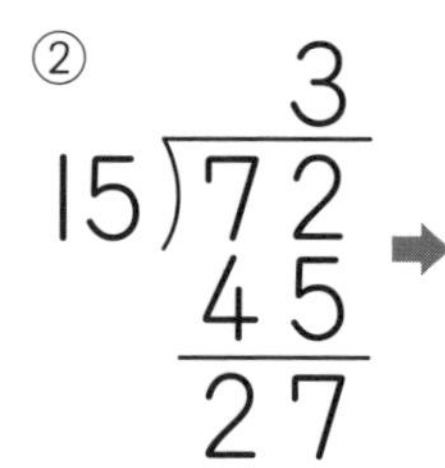
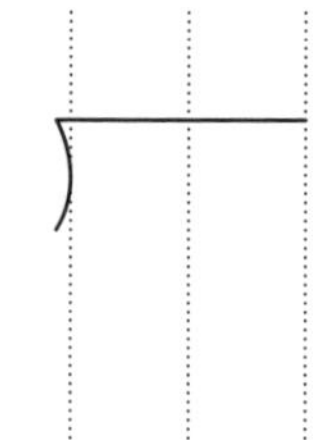

2 計算をしましょう。

① 52 ÷ 17　② 80 ÷ 19　③ 51 ÷ 27　④ 62 ÷ 17

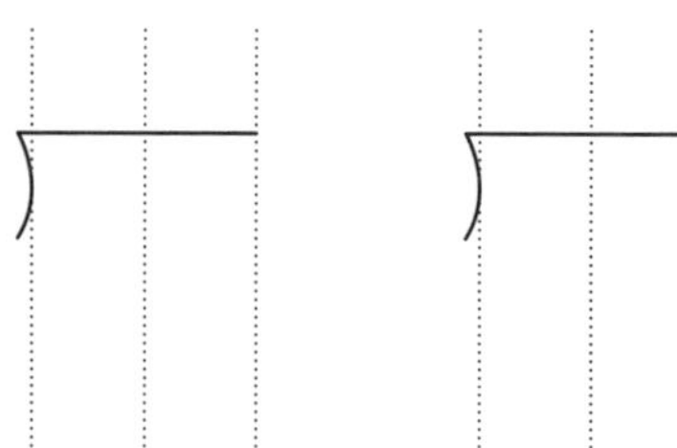
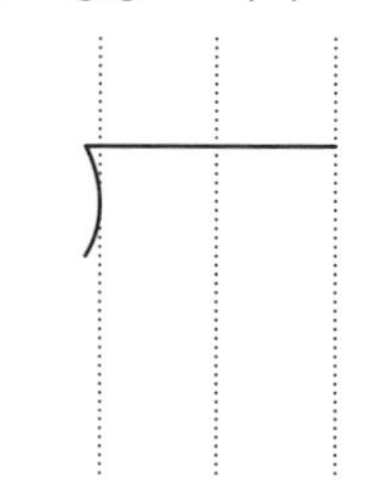
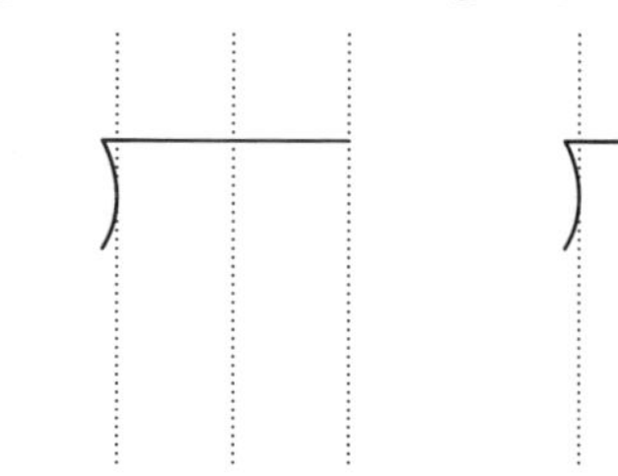
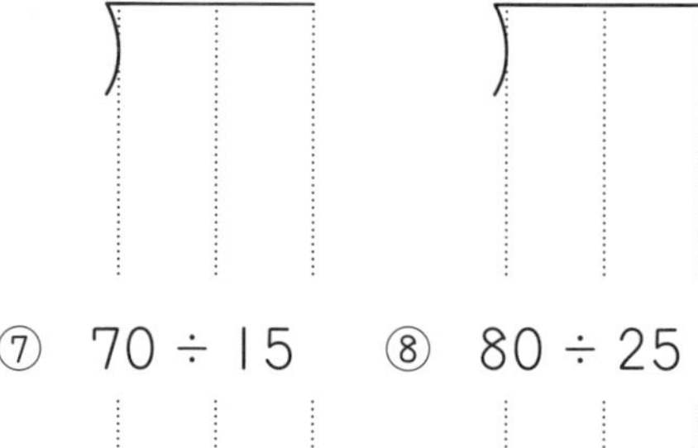

⑤ 46 ÷ 15　⑥ 81 ÷ 23　⑦ 70 ÷ 15　⑧ 80 ÷ 25

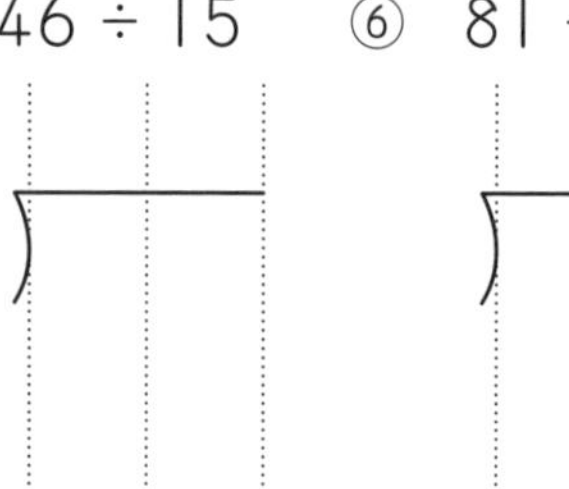
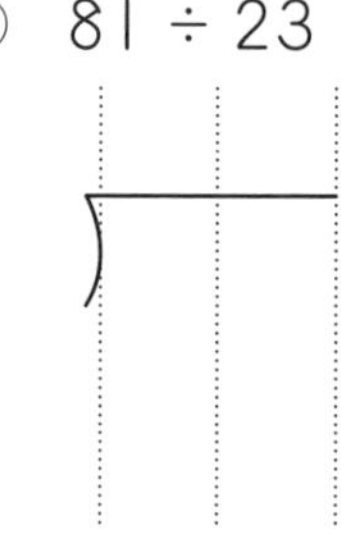
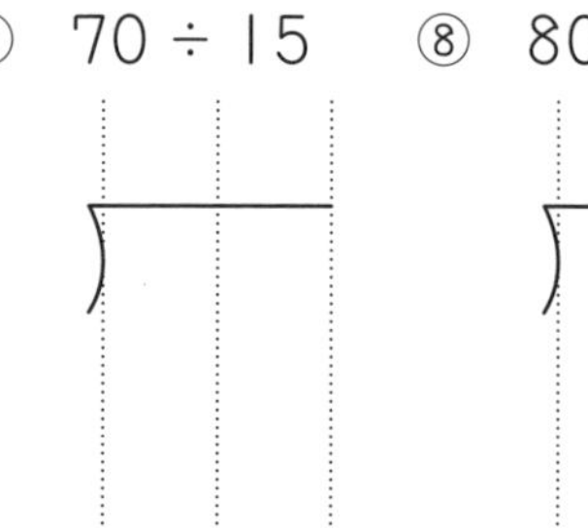

⑨ 97 ÷ 24　⑩ 37 ÷ 17　⑪ 81 ÷ 29　⑫ 96 ÷ 27

月　日

6 わり算の筆算②－わる数が２けた
２けたの数でわる筆算①（13）

名前

２けた÷２けた＝１けた

1 計算をしましょう。

① 43 ÷ 14　② 72 ÷ 35　③ 94 ÷ 46　④ 82 ÷ 25

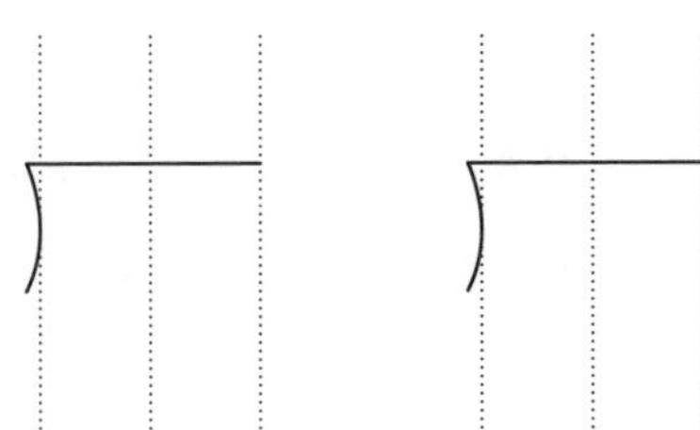
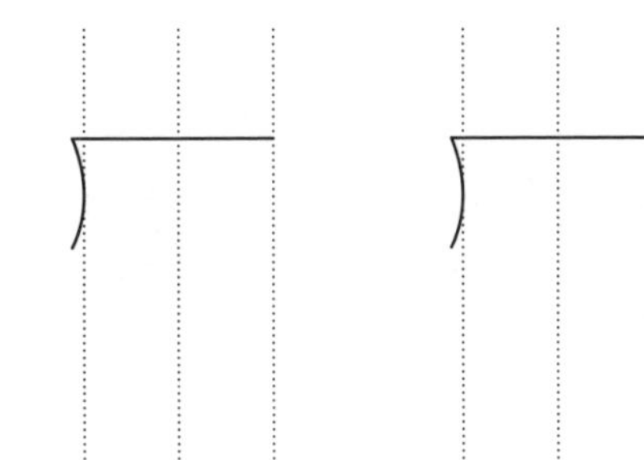

⑤ 92 ÷ 37　⑥ 36 ÷ 17　⑦ 72 ÷ 16　⑧ 71 ÷ 17

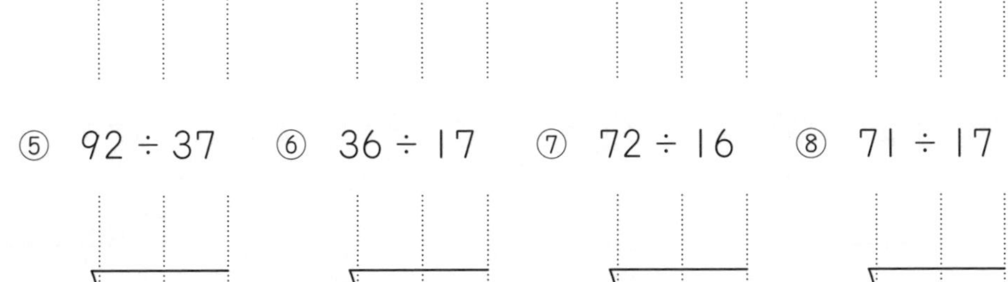
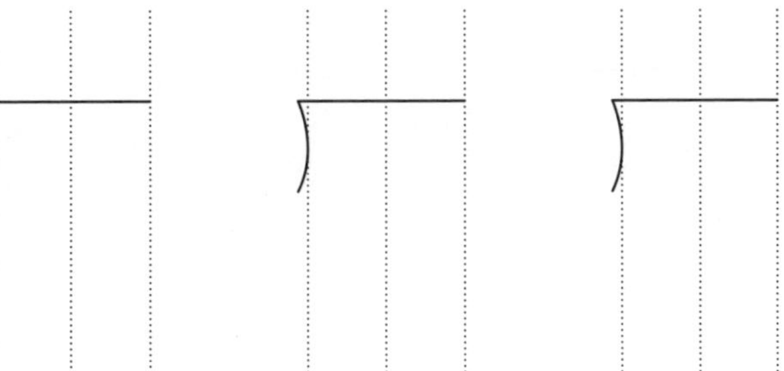

2 96g のさとうを 18g ずつふくろに入れます。
何ふくろできて，何 g あまりますか。

筆算

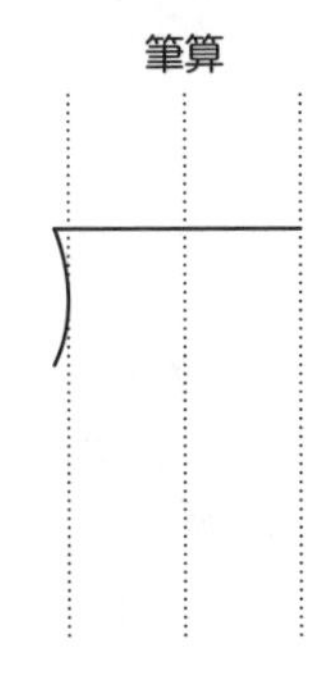

式

答え

けん算をしましょう。（　　　　）

月　日

6 わり算の筆算②－わる数が２けた
２けたの数でわる筆算①（14）

名前

２けた÷２けた＝１けた

1 計算をしましょう。

① 32 ÷ 15　② 80 ÷ 35　③ 95 ÷ 25　④ 83 ÷ 17

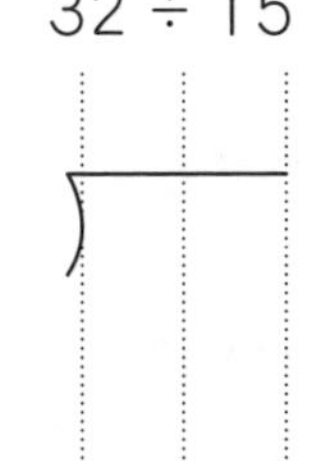
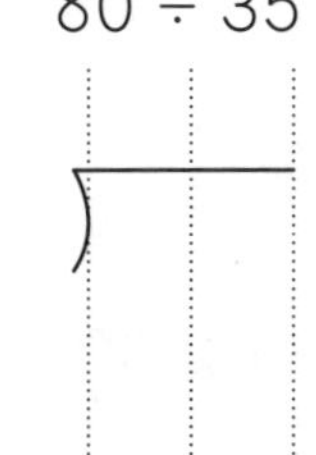
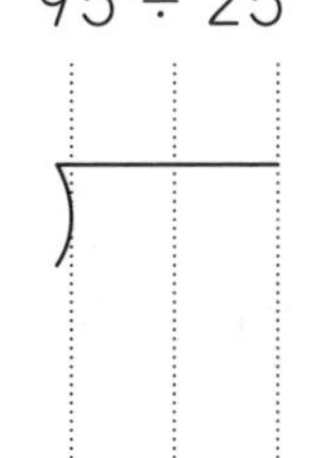
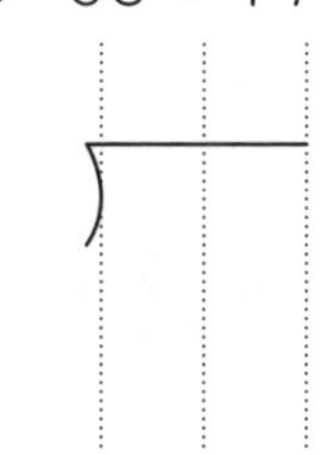

⑤ 78 ÷ 26　⑥ 79 ÷ 18　⑦ 86 ÷ 16　⑧ 63 ÷ 15

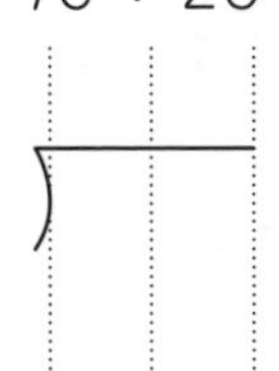
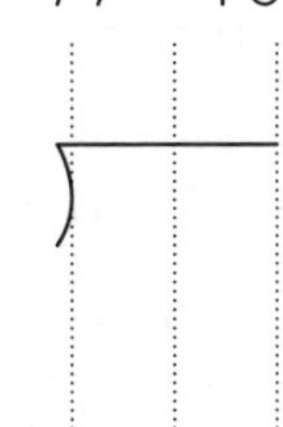
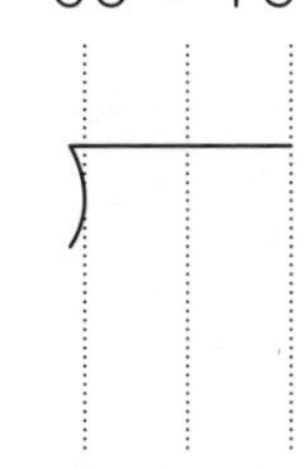
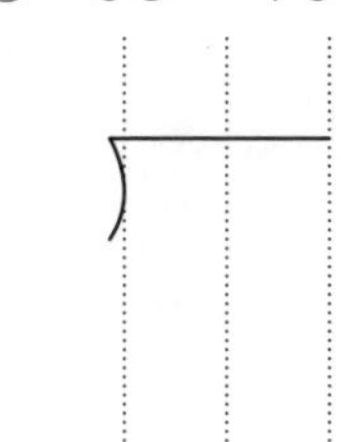

⑨ 92 ÷ 17　⑩ 91 ÷ 19　⑪ 85 ÷ 28　⑫ 54 ÷ 18

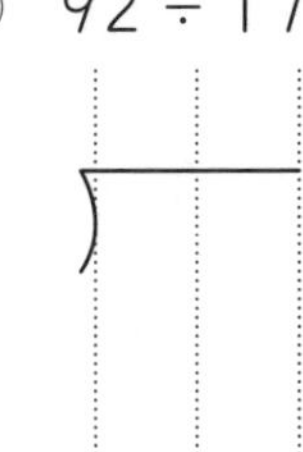
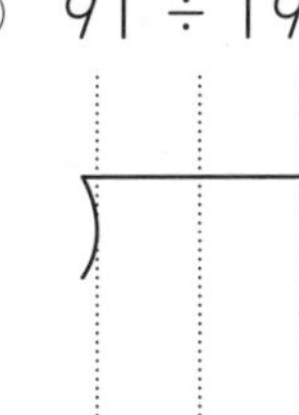
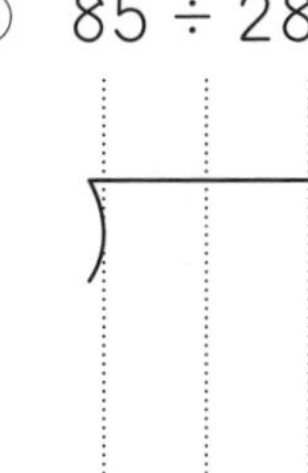
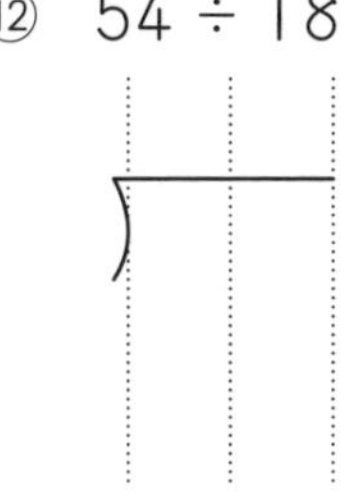

トライ

2 ある数を 27 でわるのを，まちがえて 37 でわったので，
2 あまり 14 になりました。正しい答えを求めましょう。

筆算

式

□÷ 37 ＝ 2 あまり 14
まず，ある数□を求めよう。

答え

6 わり算の筆算②ーわる数が２けた

２けたの数でわる筆算①（15）

名前

3けた÷2けた＝1けた

1 161÷34の筆算をします。
□にあてはまる数を書いて，筆算をしましょう。

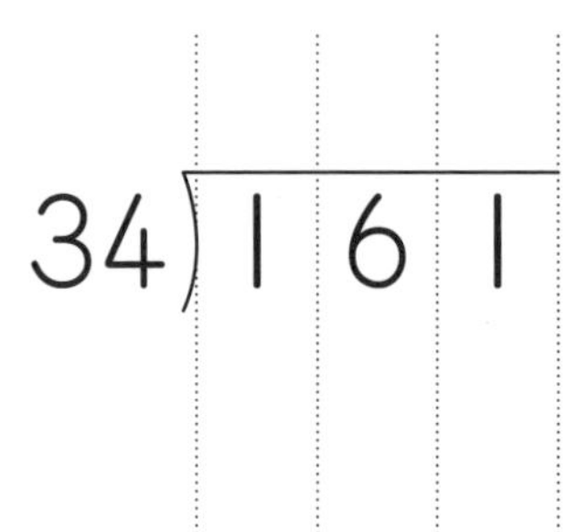

① 商は□の位(くらい)にたてる。

② 34を30とみて，かりの商に5をたてると，ひけない。

③ かりの商を□にする。

2 計算をしましょう。

① 326÷83　② 246÷42　③ 420÷56　④ 176÷21

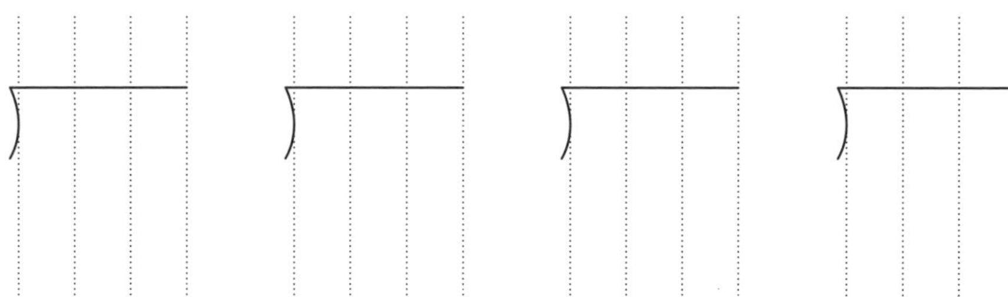

⑤ 156÷18　⑥ 250÷34　⑦ 368÷63　⑧ 433÷72

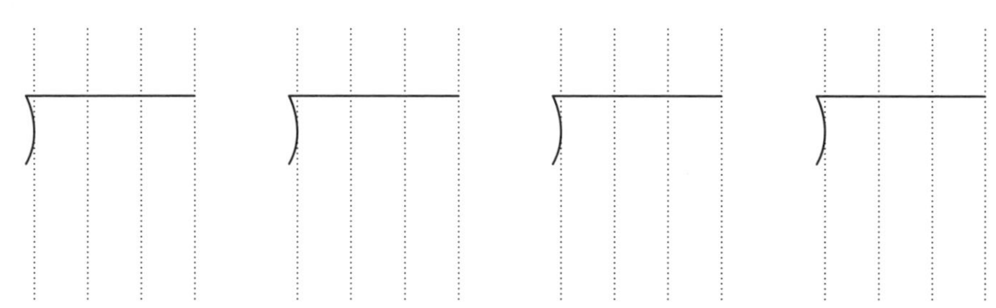

月　日

6 わり算の筆算②ーわる数が２けた

２けたの数でわる筆算①（16）

名前

3けた÷2けた＝1けた

1 計算をしましょう。

① 163÷17　② 176÷18　③ 412÷42　④ 306÷53

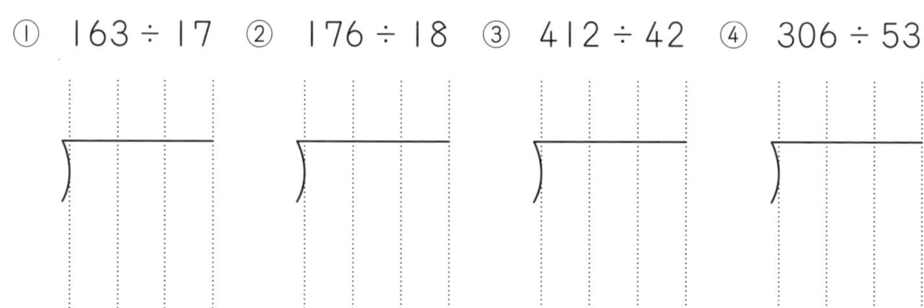

⑤ 587÷83　⑥ 637÷94　⑦ 297÷35　⑧ 156÷16

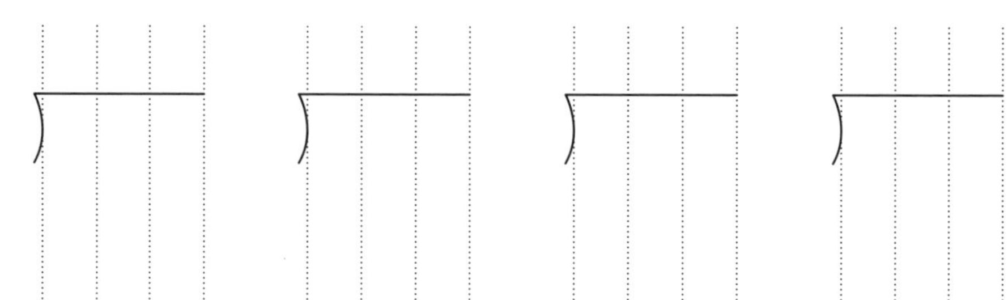

2 シールが145まいあります。1人に18まいずつ分けます。
何人に分けられて，何まいあまりますか。

筆算

式

答え

けん算をしましょう。(　　　　)

月　日

6 わり算の筆算②－わる数が2けた

2けたの数でわる筆算①（17）

名前

3けた÷2けた＝1けた

1 計算をしましょう。

① 202 ÷ 51　② 246 ÷ 32　③ 160 ÷ 24　④ 330 ÷ 43

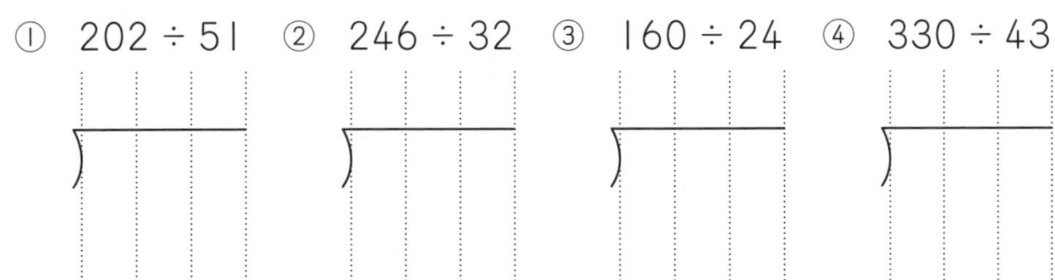

⑤ 189 ÷ 37　⑥ 109 ÷ 16　⑦ 296 ÷ 49　⑧ 412 ÷ 44

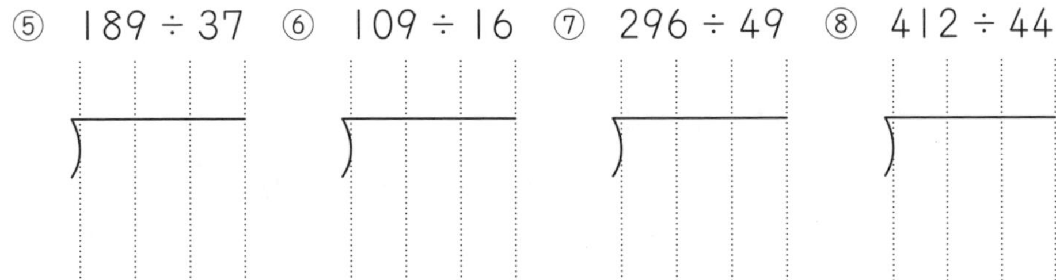

⑨ 426 ÷ 58　⑩ 376 ÷ 47　⑪ 675 ÷ 75　⑫ 180 ÷ 45

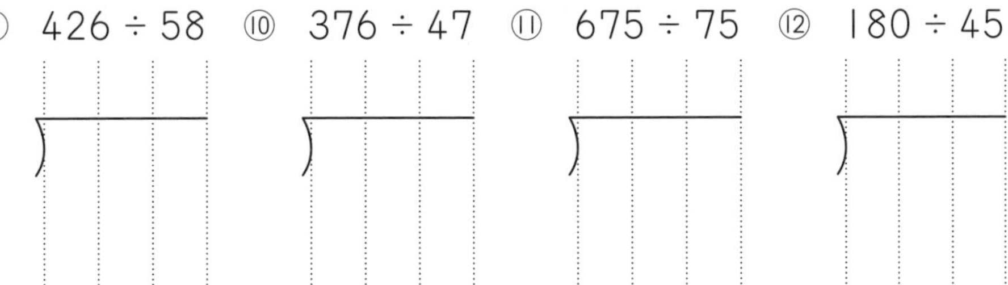

トライ

2 □に数字を入れて，正しい筆算をつくりましょう。

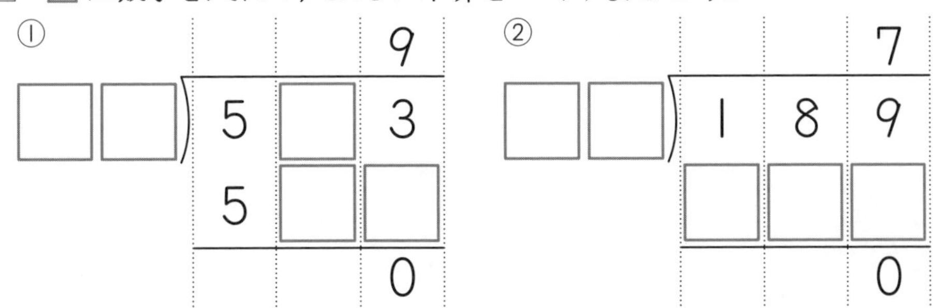

3けた÷2けた＝2けた

1 946 ÷ 41 の筆算をします。□にあてはまる数を書きましょう。

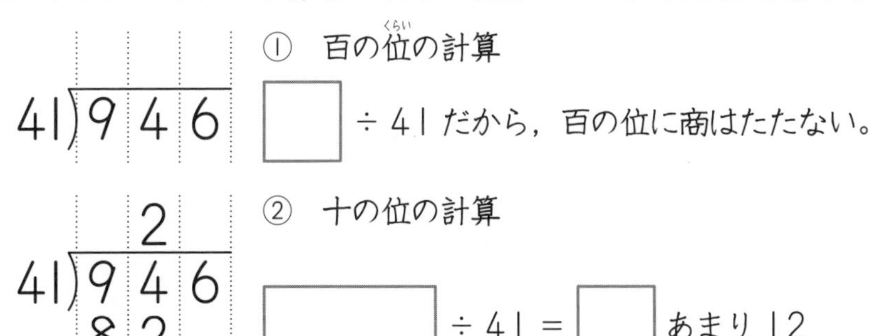

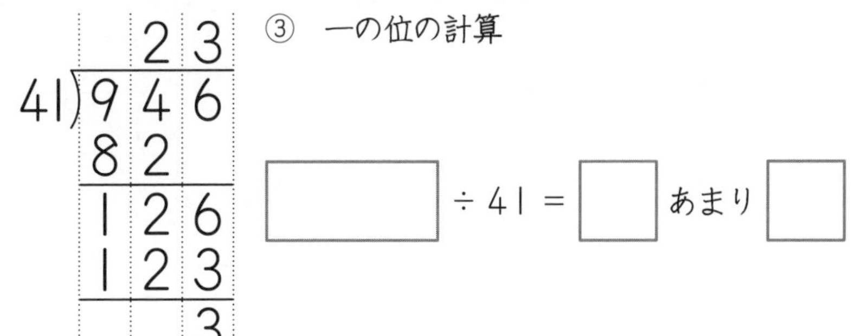

2 計算をしましょう。

① 694 ÷ 21　② 578 ÷ 32　③ 658 ÷ 54　④ 623 ÷ 47

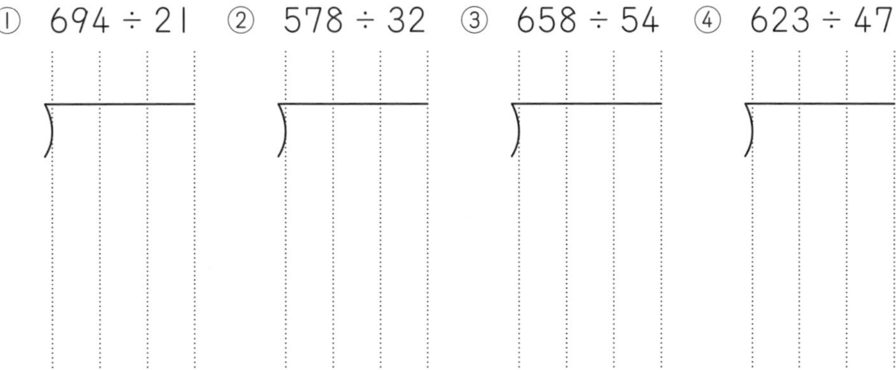

月　日

6 わり算の筆算②ーわる数が2けた

2けたの数でわる筆算②（2）

名前

3けた÷2けた＝2けた

① 816 ÷ 54　② 738 ÷ 23　③ 936 ÷ 75　④ 974 ÷ 53

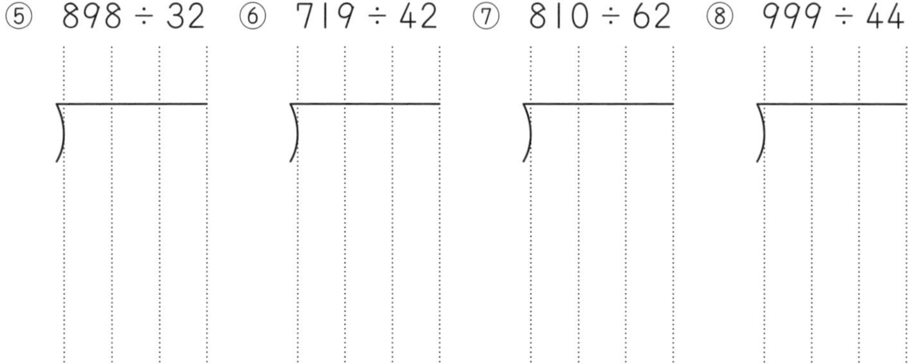

⑤ 898 ÷ 32　⑥ 719 ÷ 42　⑦ 810 ÷ 62　⑧ 999 ÷ 44

⑨ 878 ÷ 35　⑩ 972 ÷ 21　⑪ 780 ÷ 32　⑫ 968 ÷ 23

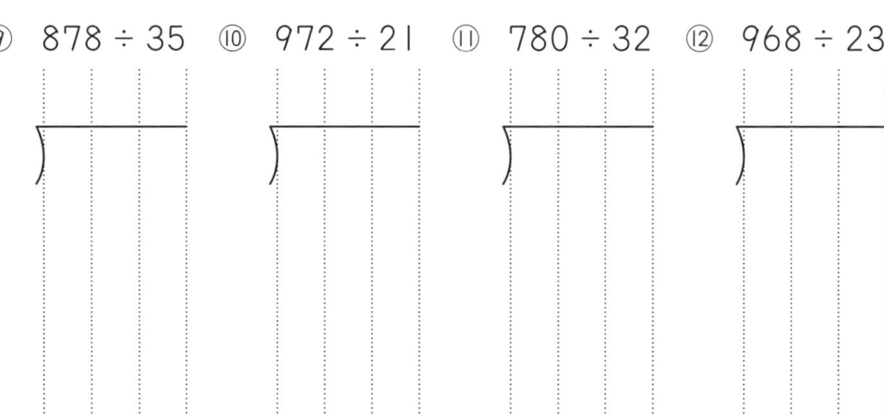

月　日

6 わり算の筆算②ーわる数が2けた

2けたの数でわる筆算②（3）

名前

3けた÷2けた＝2けた

1 計算をしましょう。

① 968 ÷ 42　② 688 ÷ 31　③ 954 ÷ 67　④ 368 ÷ 23

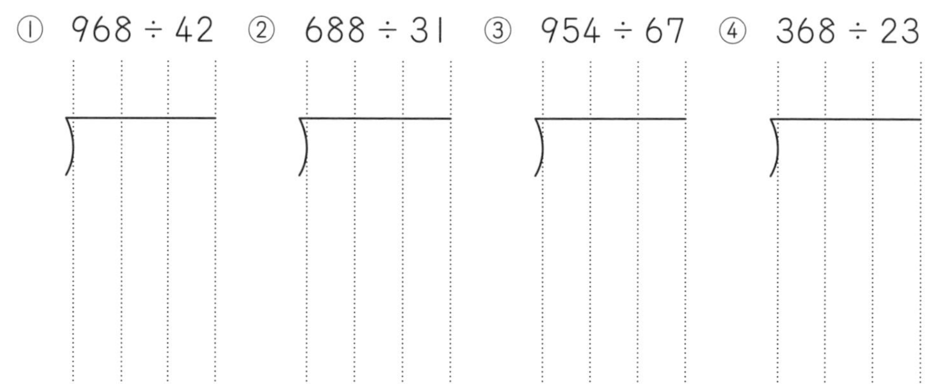

⑤ 884 ÷ 34　⑥ 549 ÷ 41　⑦ 748 ÷ 24　⑧ 839 ÷ 52

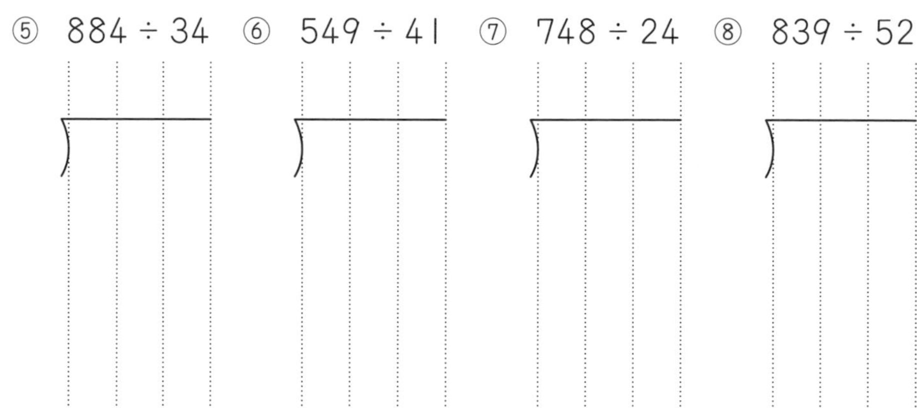

2 あめを21こ買うと，903円でした。
あめ1このねだんは何円ですか。

筆算

式

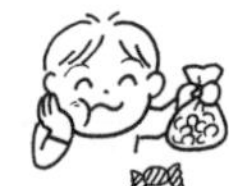

答え

月　日

6 わり算の筆算②ーわる数が２けた
２けたの数でわる筆算②（4）

名前

３けた÷２けた＝２けた

1 計算をしましょう。

① 355 ÷ 15　② 656 ÷ 25　③ 682 ÷ 29　④ 638 ÷ 14

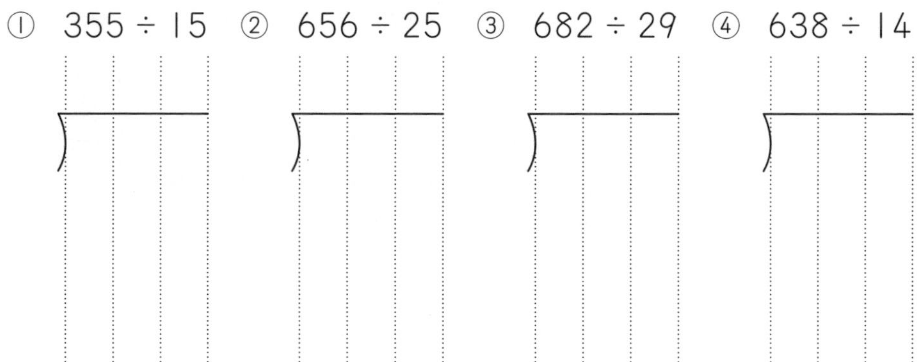

⑤ 606 ÷ 33　⑥ 735 ÷ 53　⑦ 828 ÷ 42　⑧ 914 ÷ 32

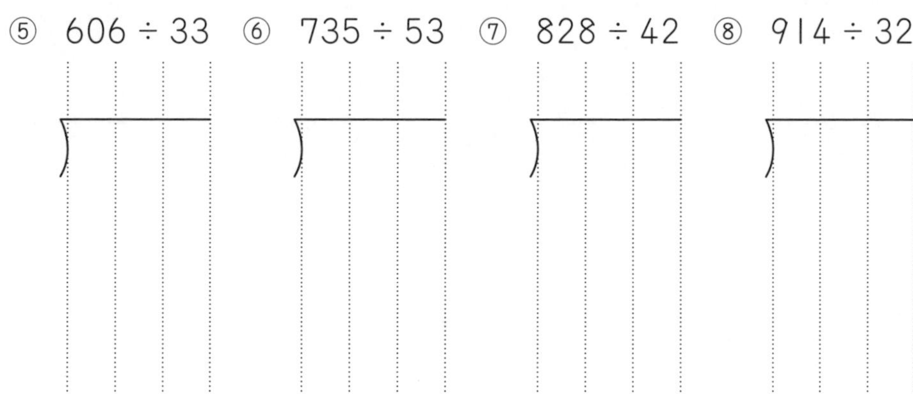

2 400 このクッキーを，12 こずつふくろに入れます。何ふくろできて，何こあまりますか。

筆算

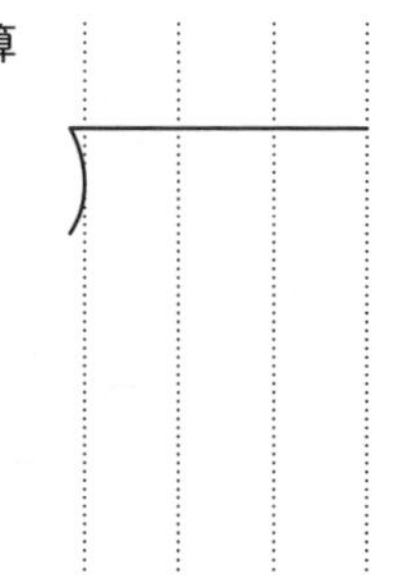

式

答え

月　日

6 わり算の筆算②ーわる数が２けた
２けたの数でわる筆算②（5）

名前

３けた÷２けた＝２けた

1 計算をしましょう。

① 525 ÷ 28　② 981 ÷ 27　③ 333 ÷ 17　④ 600 ÷ 26

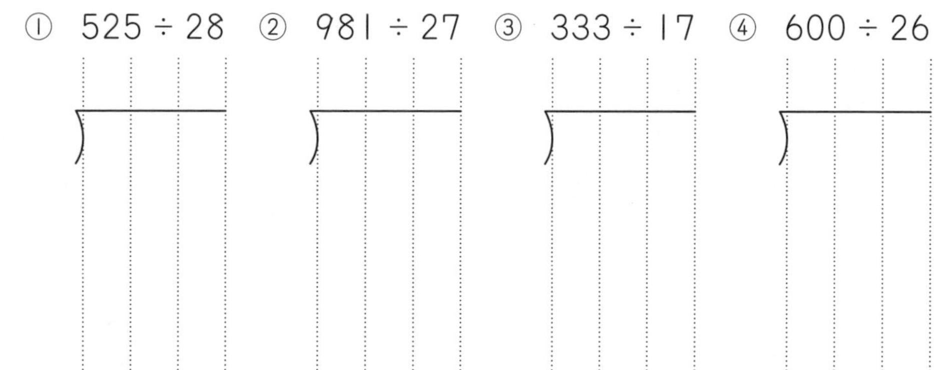

⑤ 694 ÷ 16　⑥ 473 ÷ 27　⑦ 808 ÷ 25　⑧ 425 ÷ 15

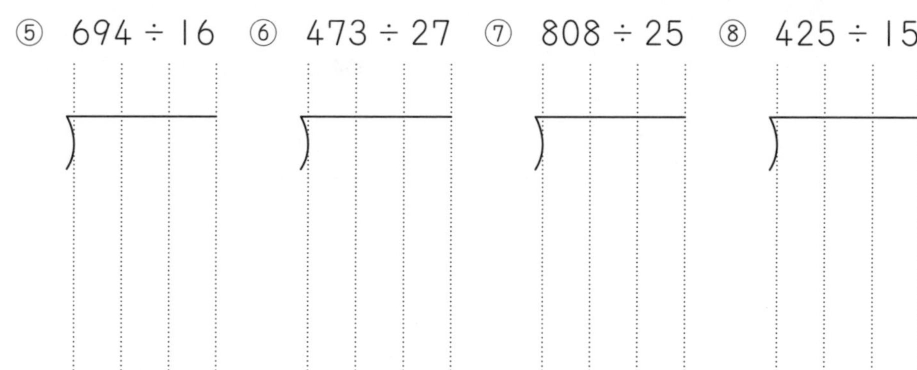

トライ

2 □に数字を入れて，正しい筆算をつくりましょう。

①

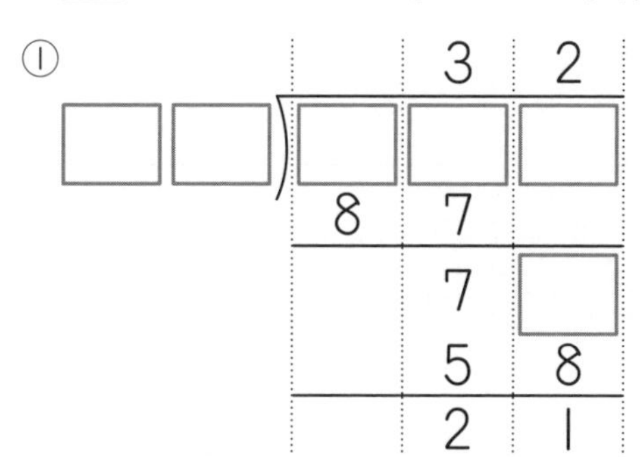

②

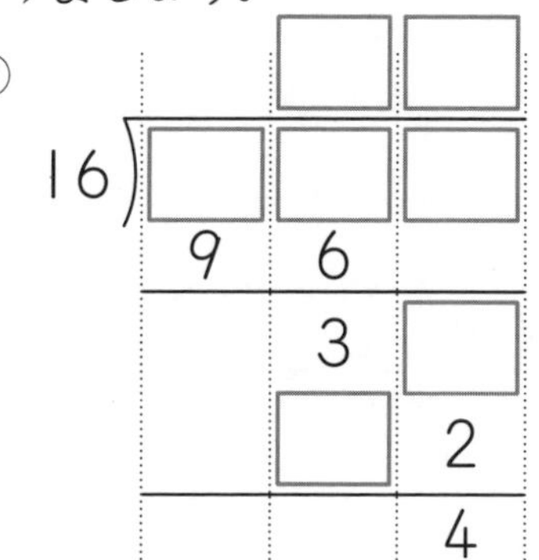

月　日

6 わり算の筆算②ーわる数が2けた
2けたの数でわる筆算②（6）

名前

3けた÷2けた＝2けた（商の一の位が0）

1 かんたんにした筆算をします。□にあてはまる数を書きましょう。

①
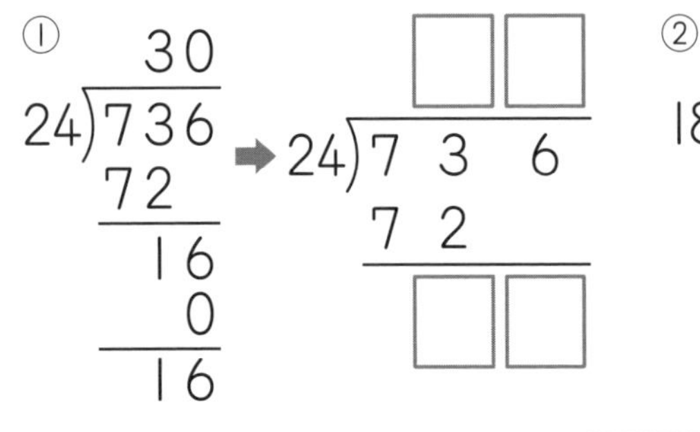
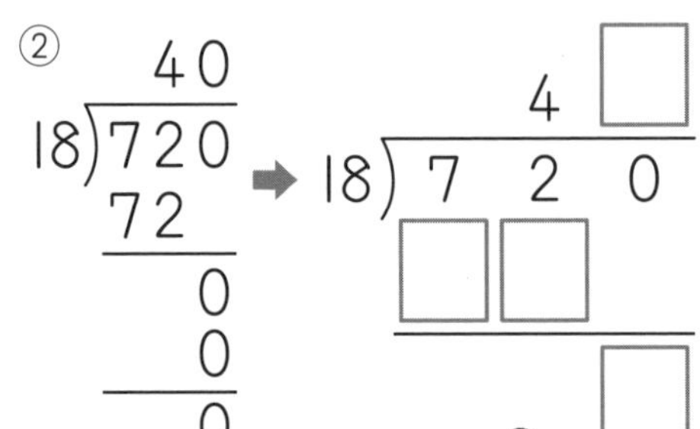
②

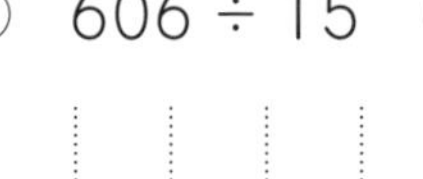

2 計算をしましょう。

① 880÷42　② 719÷35　③ 842÷28　④ 552÷53

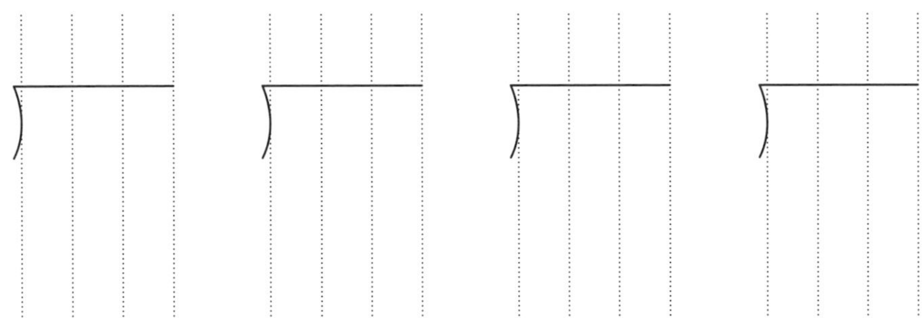

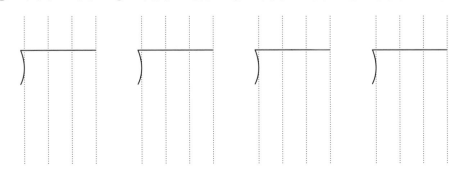

⑤ 777÷19　⑥ 780÷26　⑦ 760÷38　⑧ 800÷16

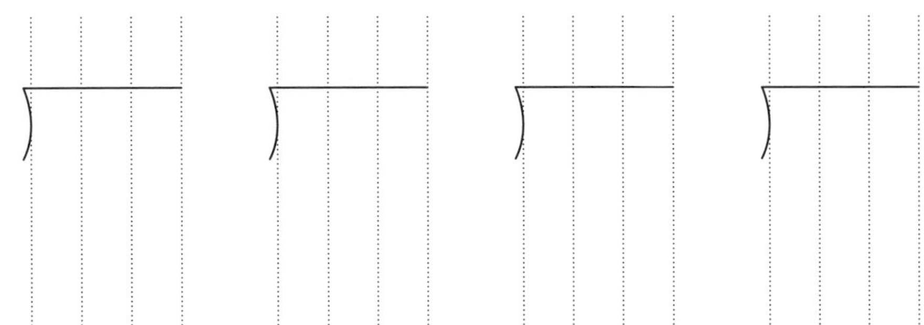

月　日

6 わり算の筆算②ーわる数が2けた
2けたの数でわる筆算②（7）

名前

3けた÷2けた＝2けた（商の一の位が0）

1 計算をしましょう。

① 876÷85　② 606÷15　③ 793÷38　④ 750÷25

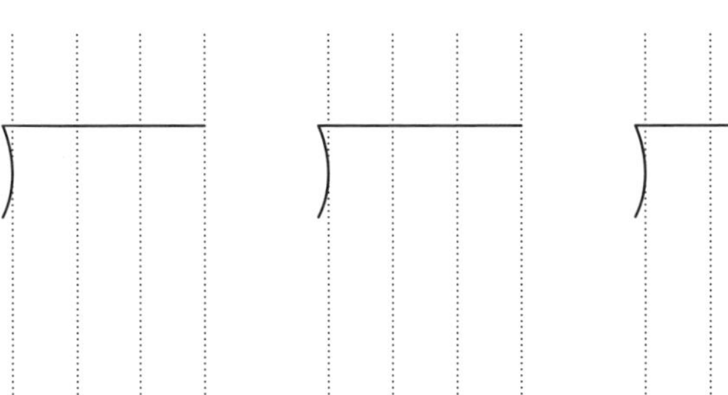
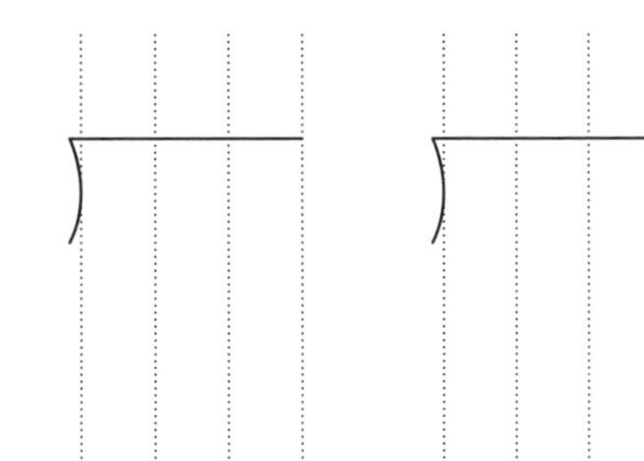

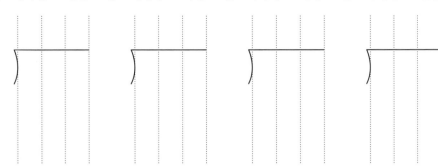

⑤ 735÷18　⑥ 716÷68　⑦ 432÷21　⑧ 840÷14

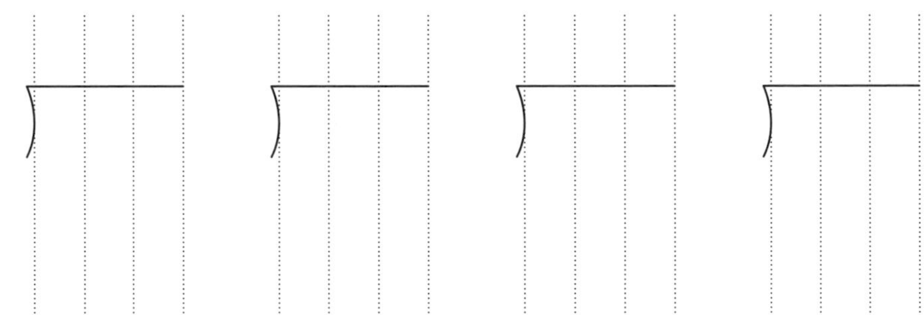

トライ
2 次の筆算はまちがっています。正しく計算しましょう。

①
②

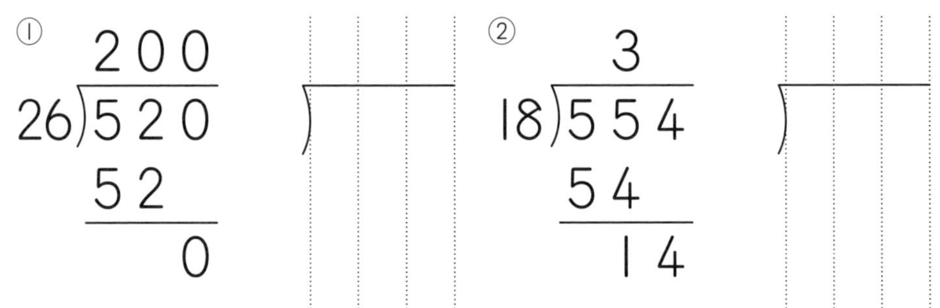

月　　日

6 わり算の筆算②ーわる数が２けた

２けたの数でわる筆算②（8）

名前

３けた÷３けた＝１けた

□1 756 ÷ 328 の筆算をします。

① 商は，何の位(くらい)にたてますか。

（　　　　　　）

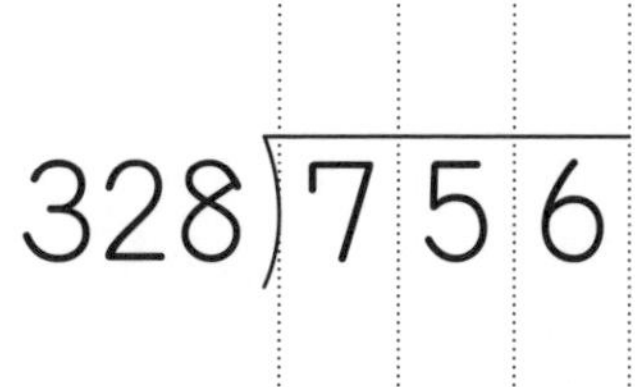

② 328 をいくつとみて，かりの商をたてればいいですか。

（　　　　　　）

③ 右の筆算をしましょう。

□2 計算をしましょう。

① 984 ÷ 238

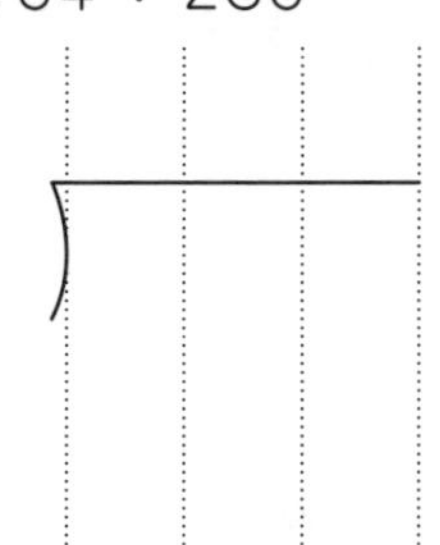

② 374 ÷ 115

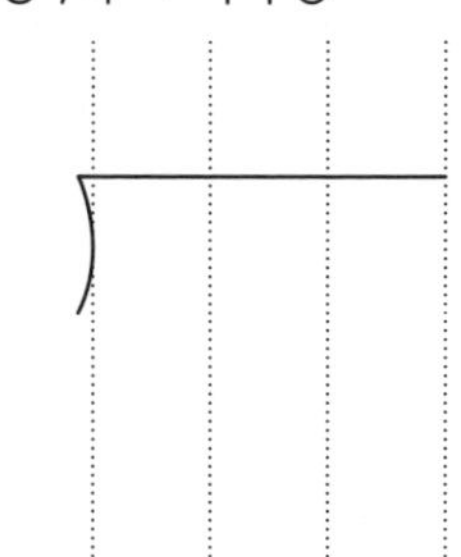

③ 562 ÷ 273

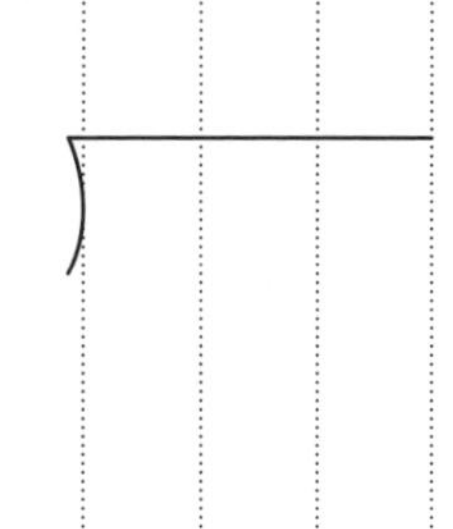

④ 542 ÷ 268

⑤ 928 ÷ 457

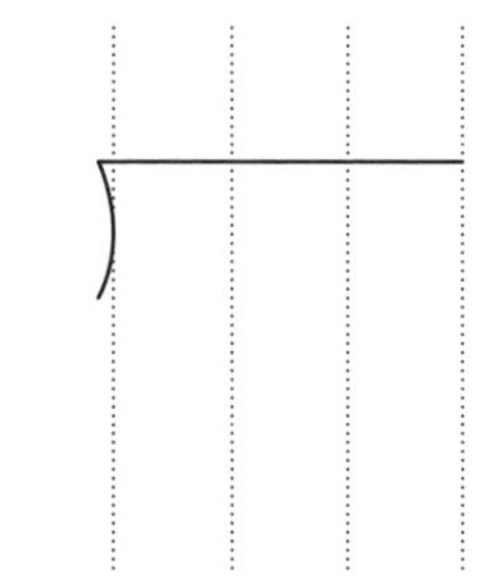

⑥ 497 ÷ 240

月　　日

6 わり算の筆算②ーわる数が２けた

２けたの数でわる筆算②（9）

名前

３けた÷３けた＝１けた

① 803 ÷ 398

② 450 ÷ 105

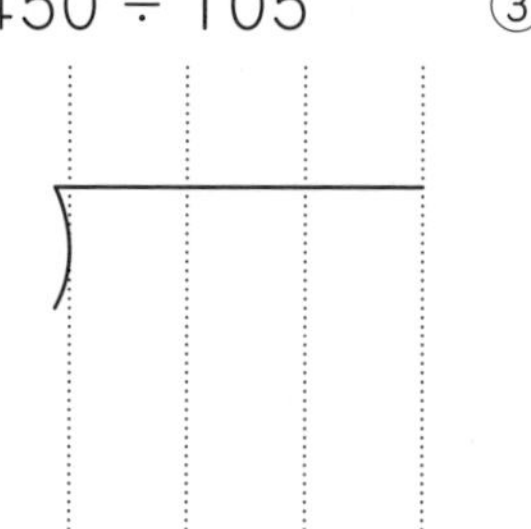

③ 696 ÷ 116

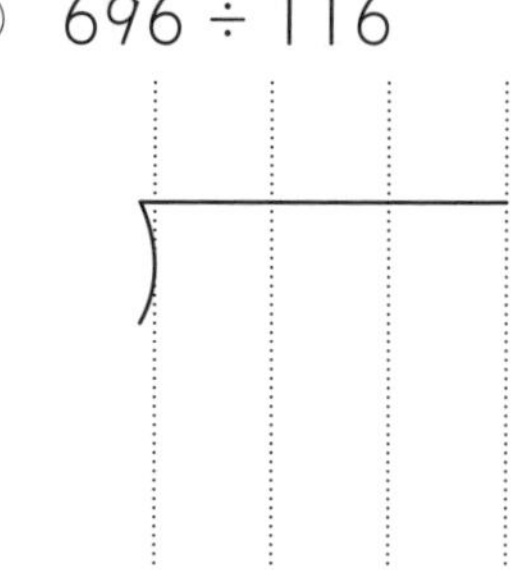

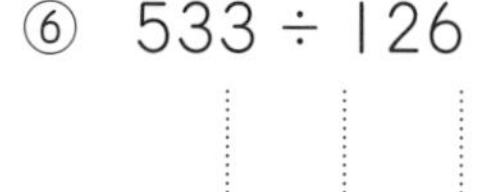

④ 938 ÷ 234

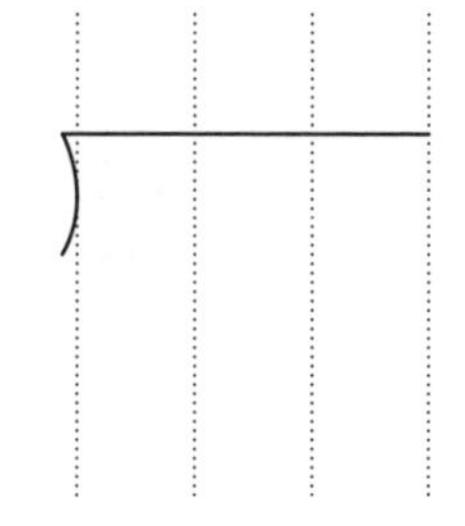

⑤ 890 ÷ 295

⑥ 533 ÷ 126

⑦ 468 ÷ 118

⑧ 378 ÷ 189

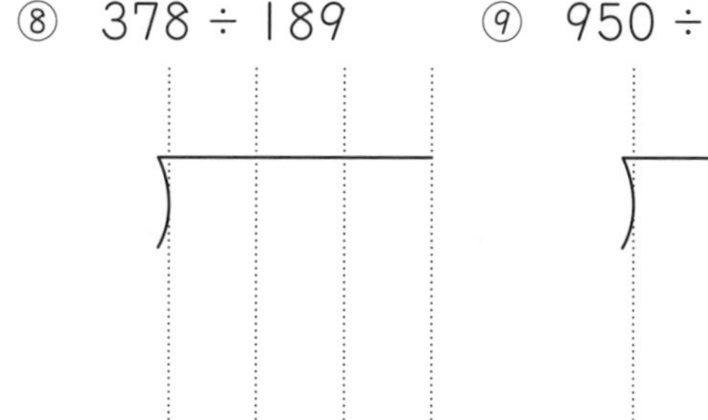

⑨ 950 ÷ 314

⑩ 690 ÷ 115

⑪ 500 ÷ 125

⑫ 680 ÷ 136

月　　日

6 わり算の筆算②ーわる数が２けた

２けたの数でわる筆算②（10）

名前

① 82 ÷ 27　② 49 ÷ 15　③ 92 ÷ 12　④ 82 ÷ 16

⑤ 584 ÷ 83　⑥ 375 ÷ 46　⑦ 327 ÷ 46　⑧ 409 ÷ 48

⑨ 169 ÷ 18　⑩ 238 ÷ 29　⑪ 648 ÷ 72　⑫ 448 ÷ 56

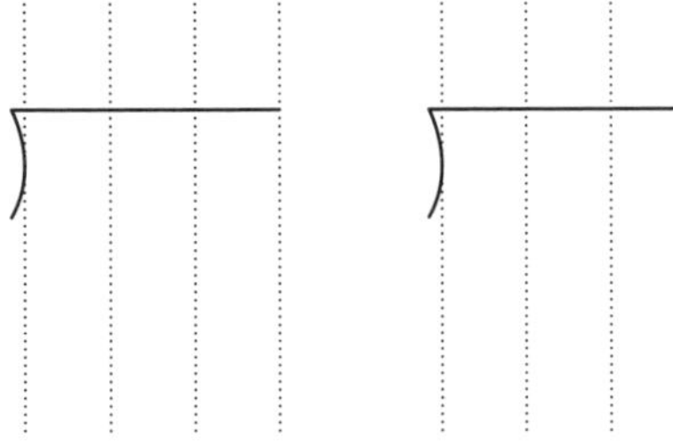

⑬ 134 ÷ 16　⑭ 296 ÷ 37　⑮ 668 ÷ 93　⑯ 142 ÷ 19

月　　日

6 わり算の筆算②ーわる数が２けた

２けたの数でわる筆算②（11）

名前

① 736 ÷ 12　② 536 ÷ 23　③ 649 ÷ 28　④ 884 ÷ 36

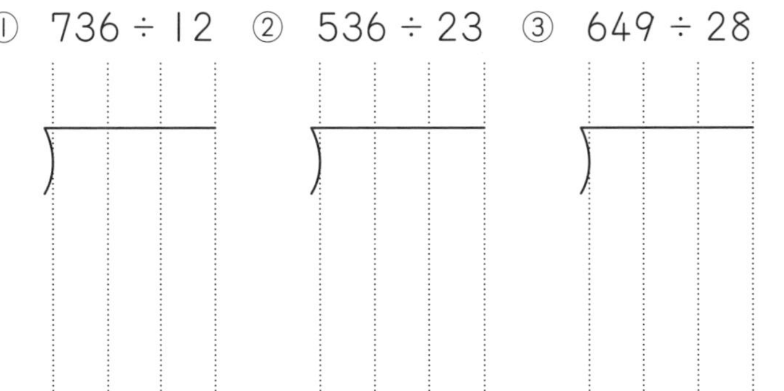

⑤ 754 ÷ 53　⑥ 838 ÷ 38　⑦ 432 ÷ 18　⑧ 784 ÷ 28

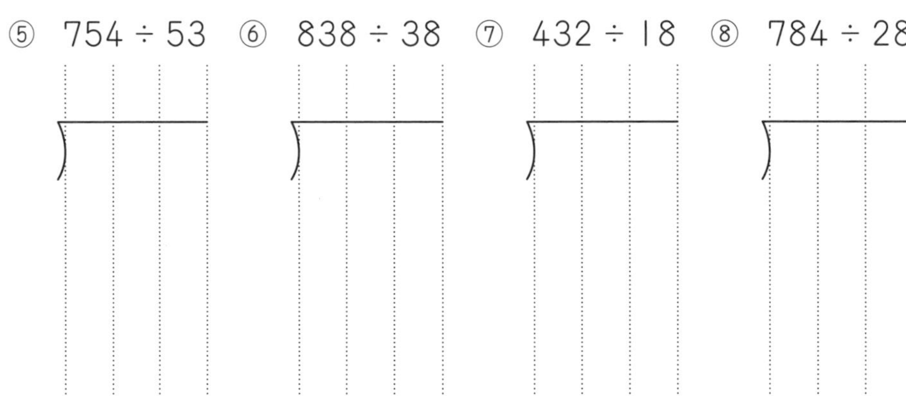

⑨ 900 ÷ 34　⑩ 808 ÷ 48　⑪ 768 ÷ 59　⑫ 629 ÷ 17

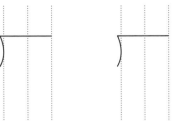

月　日

6 わり算の筆算②ーわる数が２けた

２けたの数でわる筆算②（12）

名前

① 65 ÷ 18　② 384 ÷ 15　③ 108 ÷ 16　④ 611 ÷ 12

⑤ 901 ÷ 13　⑥ 960 ÷ 24　⑦ 98 ÷ 15　⑧ 336 ÷ 48

⑨ 493 ÷ 69　⑩ 284 ÷ 37　⑪ 798 ÷ 19　⑫ 851 ÷ 37

月　日

6 わり算の筆算②ーわる数が２けた

２けたの数でわる筆算②（13）

名前

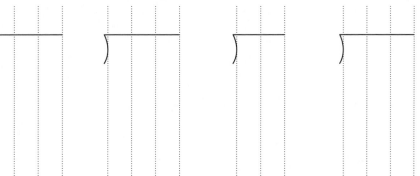

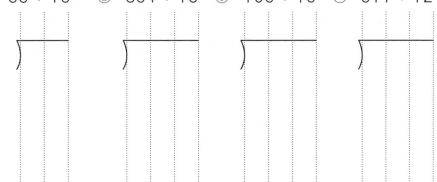

① 987 ÷ 34　② 780 ÷ 64　③ 157 ÷ 18　④ 111 ÷ 15

⑤ 846 ÷ 28　⑥ 78 ÷ 19　⑦ 866 ÷ 27　⑧ 108 ÷ 18

⑨ 764 ÷ 26　⑩ 85 ÷ 17　⑪ 752 ÷ 94　⑫ 548 ÷ 36

月　日

6 わり算の筆算②ーわる数が２けた

わり算のせいしつ（1）

名前

● 商が等しい計算です。□にあてはまる数を書きましょう。

① 6 ÷ 3 ＝ 2
3倍　3倍
□ ÷ 9 ＝ □

② 5 ÷ 1 ＝ □
4倍　4倍
□ ÷ □ ＝ □

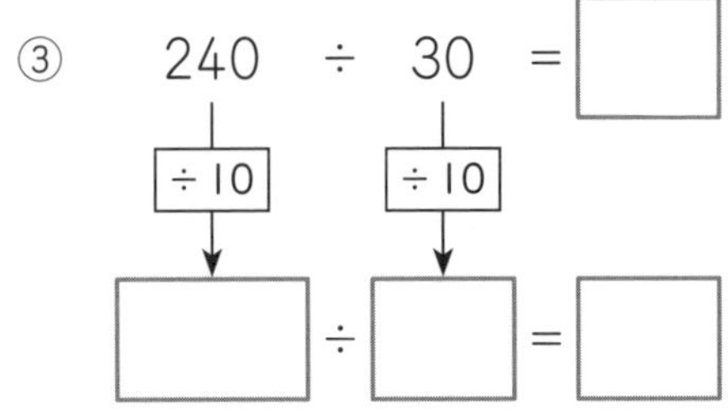

③ 240 ÷ 30 ＝ □
÷10　÷10
□ ÷ □ ＝ □

④ 45 ÷ 15 ＝ □
÷5　÷5
□ ÷ □ ＝ □

⑤ 60 ÷ 12 ＝ □
÷6　÷6
□ ÷ □ ＝ □

⑥ 300 ÷ 50 ＝ □
÷10　÷10
□ ÷ □ ＝ □

⑦ 800 ÷ 200 ＝ □
÷100　÷100
□ ÷ □ ＝ □

⑧ 2800 ÷ 400 ＝ □
÷100　÷100
□ ÷ □ ＝ □

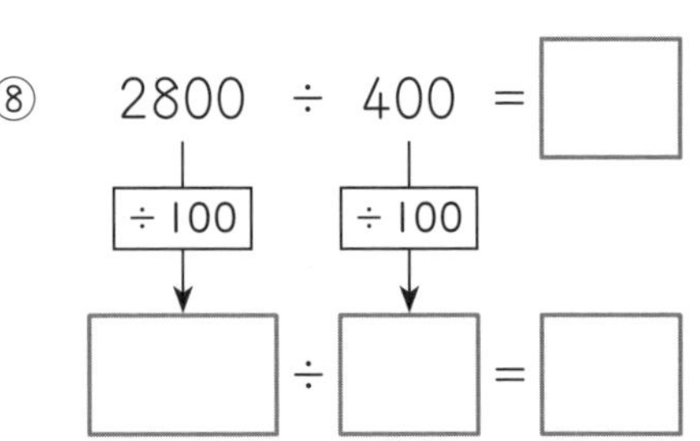

月　日

6 わり算の筆算②ーわる数が２けた

わり算のせいしつ（2）

名前

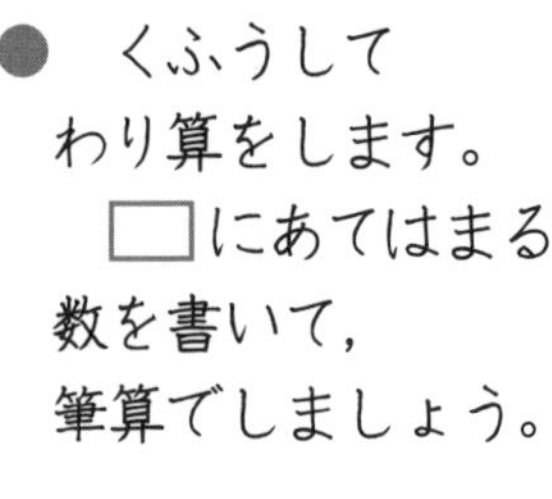

● くふうしてわり算をします。□にあてはまる数を書いて，筆算でしましょう。

① 5400 ÷ 300
÷100　÷100
□ ÷ □

② 34000 ÷ 400
÷100　÷100
□ ÷ □

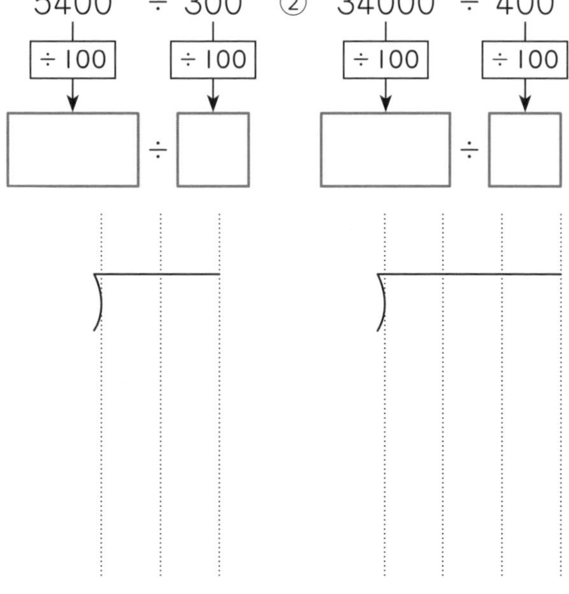

③ 15000 ÷ 600
÷100　÷100
□ ÷ □

④ 27000 ÷ 500
÷100　÷100
□ ÷ □

⑤ 68000 ÷ 800
÷100　÷100
□ ÷ □

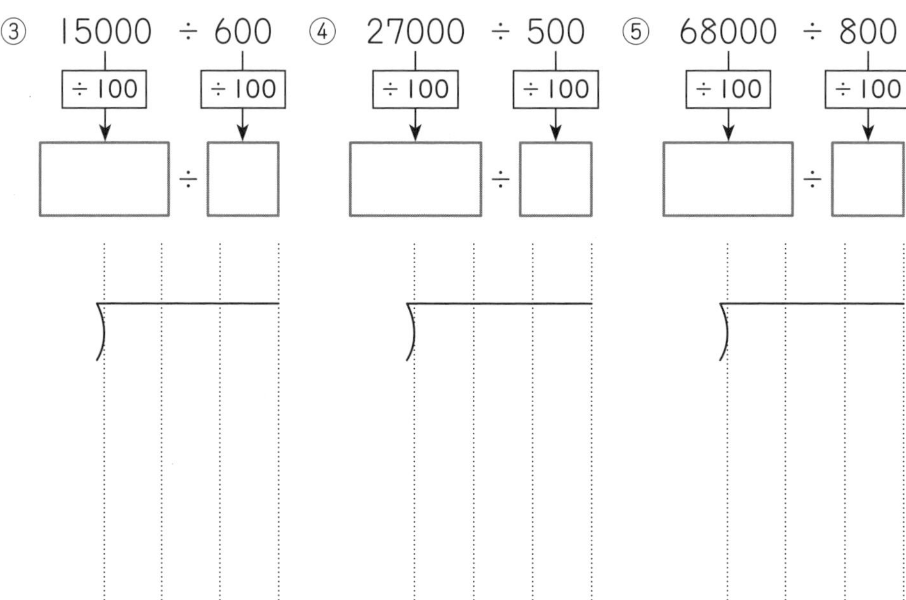

月　日

6 わり算の筆算②ーわる数が 2 けた

わり算のせいしつ（3）

名前

● くふうして筆算をしましょう。また，けん算もしましょう。

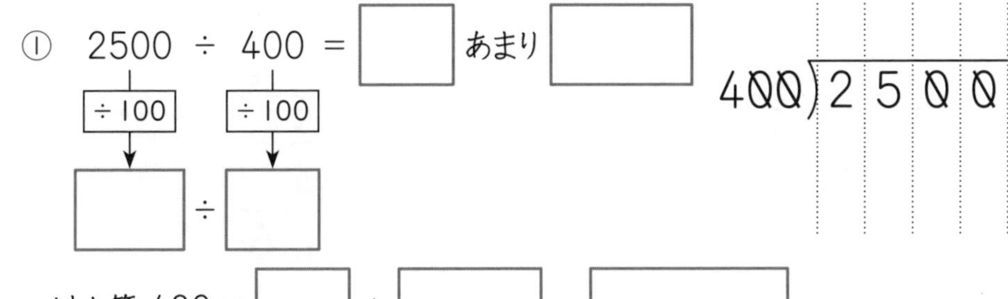

① 2500 ÷ 400 = □ あまり □

÷100　÷100

□ ÷ □

けん算 400 × □ + □ = □

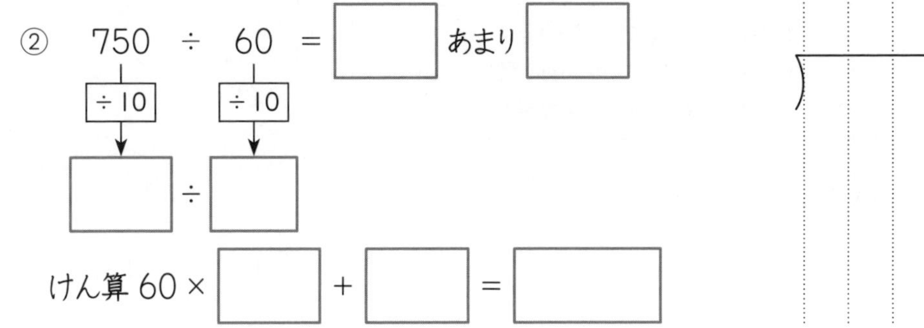

② 750 ÷ 60 = □ あまり □

÷10　÷10

□ ÷ □

けん算 60 × □ + □ = □

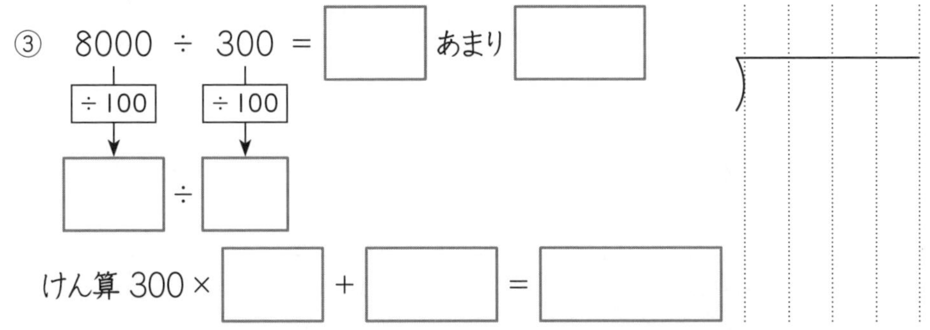

③ 8000 ÷ 300 = □ あまり □

÷100　÷100

□ ÷ □

けん算 300 × □ + □ = □

わすれずに，消した 0 の数だけあまりに 0 をつけよう。

月　日

6 ふりかえり・たしかめ（1）

わり算の筆算②ーわる数が 2 けた

名前

1 次のわり算で，商が 10 より小さくなるのは，□がどんな数字のときですか。あてはまる数字をすべて書きましょう。

① 43)4□5

□，□，□

② 5□)578

□，□

2 けん算の式を使って考えましょう。

① ある数を 38 でわったら，商が 17 で，あまりは 21 になりました。この数を 28 でわると，答えはどうなりますか。

式

答え

② ある数を 27 でわったら，商が 9 で，あまりは 10 になりました。この数を 18 でわると，答えはどうなりますか。

式

答え

6 ふりかえり・たしかめ (2)

わり算の筆算②－わる数が２けた

月　　日

名前

□1 色紙が 500 まいあります。28 人に同じまい数ずつ配ります。１人に何まいずつ配れて，何まいあまりますか。

筆算

式

答え

□2 おもちゃのブロックが 800 こあります。
46 こずつ使って家を作ります。家は何げんできて，ブロックは何こあまりますか。

筆算

式

答え

□3 チョコレートを 18 こ買うと，810 円でした。
チョコレート１このねだんは，何円ですか。

筆算

式

答え

6 ふりかえり・たしかめ (3)

わり算の筆算②－わる数が２けた

月　　日

名前

□1 次の筆算はまちがっています。その理由を下から選(えら)んで，□に記号を書き，正しい筆算をしましょう。

①

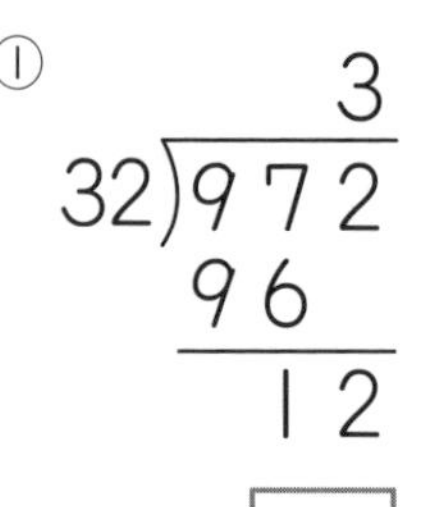

正しい筆算

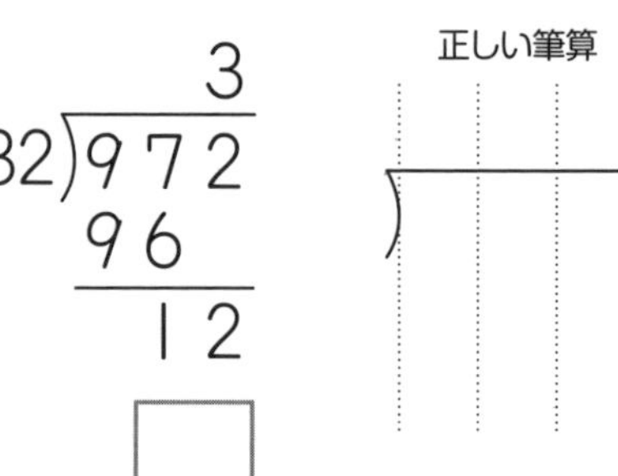

②

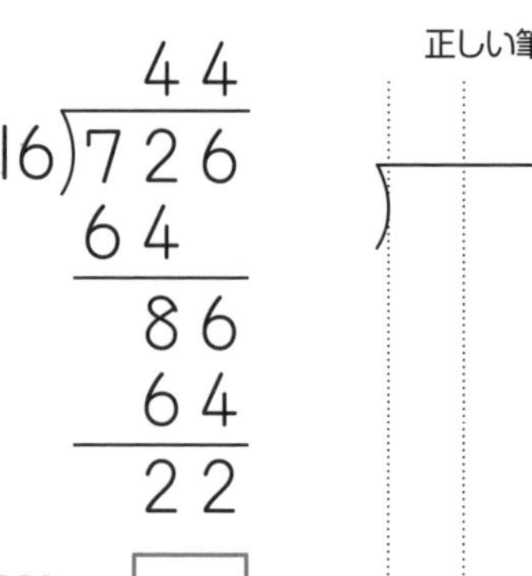

正しい筆算

理由

㋐ 十の位(くらい)に商をたてている。
㋑ 十の位の商を，一の位に書いている。
㋒ あまりがわる数より大きい。

□2 計算をしましょう。

① 82 ÷ 37　② 89 ÷ 14　③ 92 ÷ 24　④ 146 ÷ 28

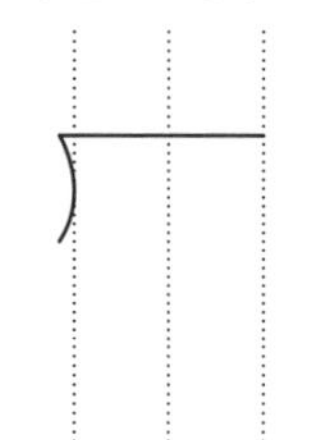
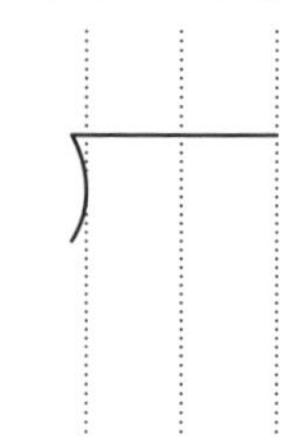
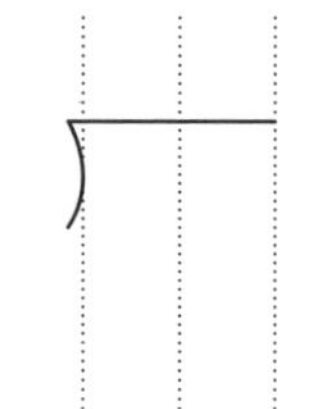
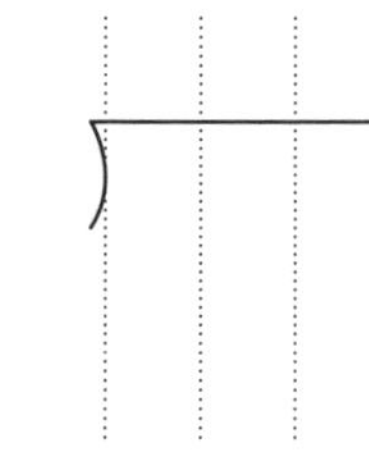

⑤ 420 ÷ 68　⑥ 708 ÷ 78　⑦ 125 ÷ 17　⑧ 227 ÷ 28

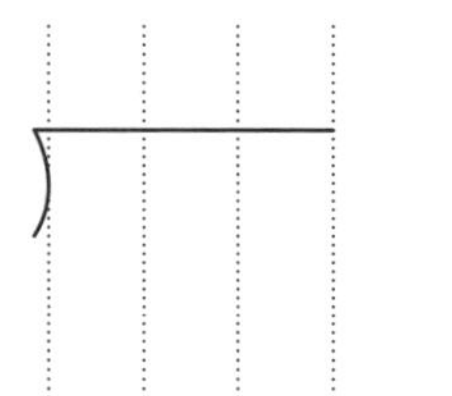
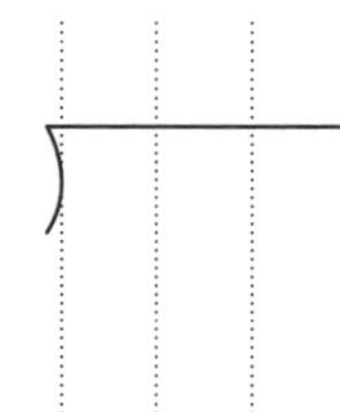
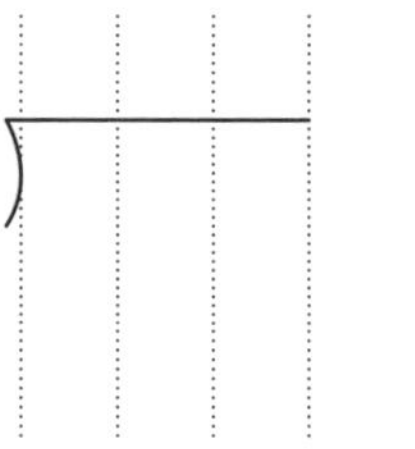
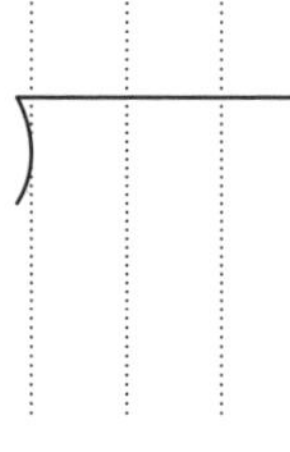

月　日

6 ふりかえり・たしかめ（4）
わり算の筆算②－わる数が２けた

名前

① 651 ÷ 38　② 704 ÷ 16　③ 921 ÷ 23　④ 810 ÷ 27

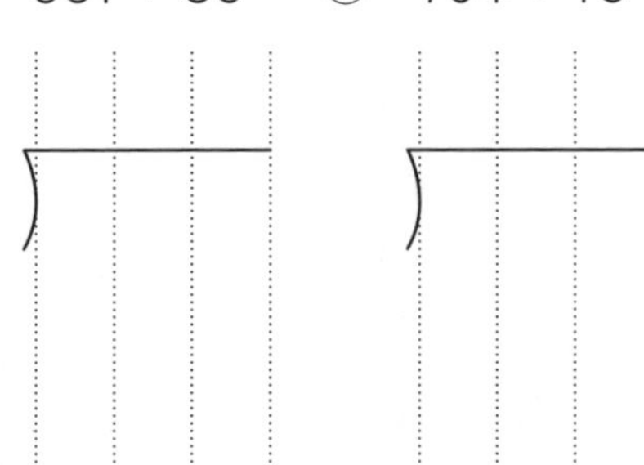

⑤ 637 ÷ 14　⑥ 869 ÷ 32　⑦ 675 ÷ 27　⑧ 918 ÷ 18

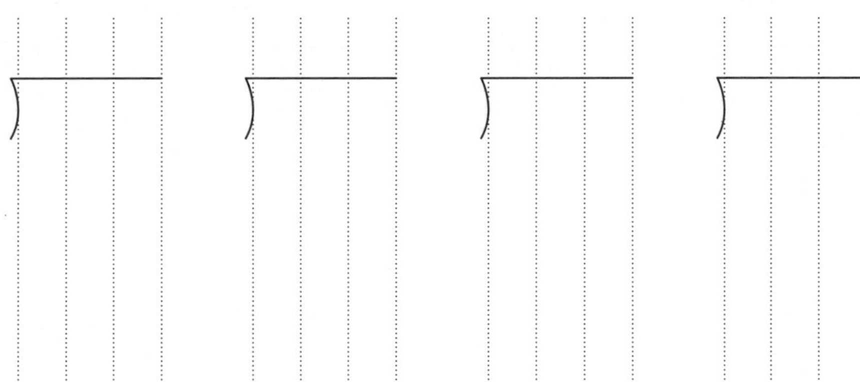

⑨ 926÷287　⑩ 942÷314　⑪ 4500÷500　⑫ 3500÷400

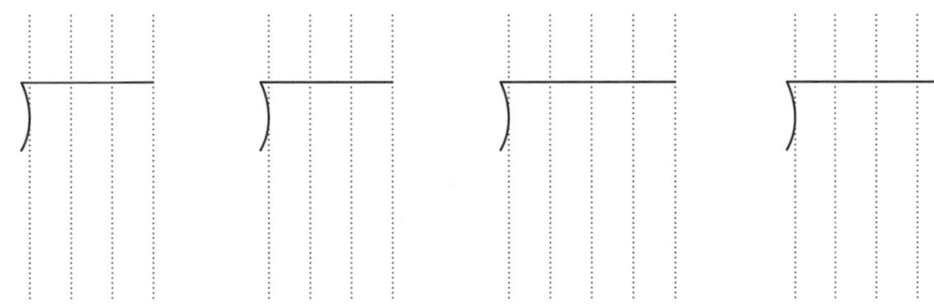

月　日

6 ふりかえり・たしかめ（5）
わり算の筆算②－わる数が２けた

名前

1　５月20日にひまわりの高さは，14cmでした。それが，６月20日には168cmになりました。ひまわりの高さは，何倍になりましたか。

筆算

式

答え

2　しゅんやさんは，１年生のときにはカードを18まい持っていました。４年生では，72まいになりました。しゅんやさんが持っているカードは，何倍になりましたか。

筆算

式

答え

3　ある数を28でわるところを，まちがえて27でわったので，商が25で，あまりが５になりました。正しい答えを求（もと）めましょう。

筆算

式

答え

月　　日

6 まとめのテスト
わり算の筆算②－わる数が２けた

名前

【知識・技能】

1 計算をしましょう。(5 × 8)

① 93 ÷ 28　② 80 ÷ 15

③ 315 ÷ 45　④ 208 ÷ 23

⑤ 942 ÷ 32　⑥ 870 ÷ 27

⑦ 852 ÷ 14　⑧ 720 ÷ 18

2 計算を筆算でして，けん算もしましょう。(5 × 2)

9800 ÷ 300

答え

けん算
(　　　　)

【思考・判断・表現】

3 下の計算で，商が２けたになるのは，□にどんな数字が入ったときですか。(5 × 2)

① 38)3□2　□，□

② □6)279　□，□

4 色紙が 350 まいあります。(5 × 4)

① 36 人に同じまい数ずつ配ります。１人何まいになって，何まいあまりますか。

筆算

式

答え

② 15 まいずつたばにすると，何たばできて，何まいあまりますか。

式

答え

5 同じおかしを 14 こ買うと，910 円でした。おかし１このねだんは何円ですか。(5 × 2)

式

答え

6 450cm のテープは，75cm の何倍ですか。(5 × 2)

式

答え

月　　日

倍の見方

倍の見方（1）

名前

1　赤のテープの長さは12m，白のテープの長さは4mです。
赤のテープの長さは，白のテープの長さの何倍ですか。

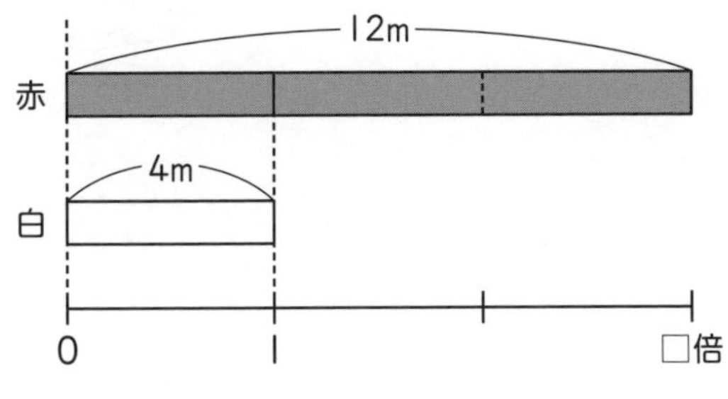

4mを1と
みたとき，
12mが□に
あたるね。

式

答え

2　青のテープの長さは6m，黄のテープの長さは18mです。
黄のテープの長さは，青のテープの長さの何倍ですか。

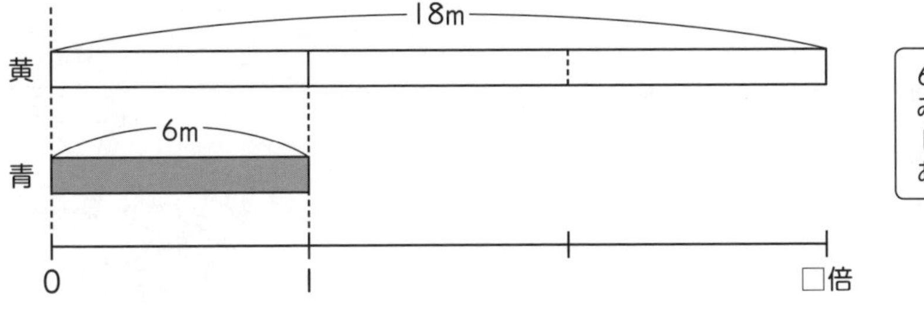

6mを1と
みたとき，
18mが□に
あたるね。

式

答え

月　　日

倍の見方

倍の見方（2）

名前

1　先日，さいているバラの花は4輪（りん）でしたが，
今日は20輪になりました。

①　今日のバラの花の数は，先日のときの
何倍になりましたか。

式

答え

②　4輪を1とみたとき，20輪はいくつにあたりますか。

（　　　　）

2　去年の玉ねぎ1このねだんは，30円でした。
今年の玉ねぎ1このねだんは，120円です。

①　今年の玉ねぎ1このねだんは，
去年の何倍になりましたか。

式

答え

②　30円を1とみたとき，120円はいくつにあたりますか。

（　　　　）

月　　日

倍の見方
倍の見方 (3)

名前

① 赤のリボンの長さは160cmで，白のリボンの長さは，赤のリボンの長さの３倍です。白のリボンの長さは何cmですか。

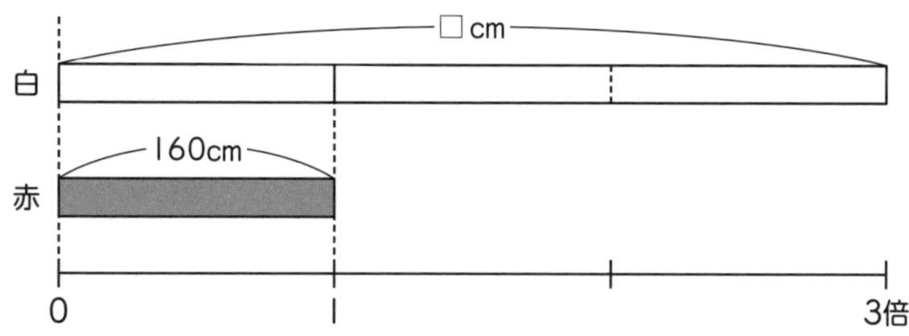

式

答え

② Aのリボンの長さは260cmです。Bのリボンの長さは，Aのリボンの長さの３倍です。Bのリボンの長さは何cmですか。

式

答え

月　　日

倍の見方
倍の見方 (4)

名前

① えん筆１本のねだんは120円です。筆箱のねだんは，えん筆１本のねだんの７倍です。筆箱のねだんは何円ですか。

式

答え

② ある小学校の４年生の人数は86人です。全校の児童数(じどうすう)はその６倍です。全校の児童数は何人ですか。

式

答え

③ 弟が借(か)りた本のページ数は，48ページです。姉の借りた本のページ数は，その５倍です。姉の借りた本のページ数は，何ページですか。

式

答え

倍の見方

倍の見方（5）

月　日

名前

● 赤のロープの長さは，白のロープの長さの５倍で，75mです。
白のロープの長さは何mですか。

① 白のロープの長さを□mとして，かけ算の式で表します。
（　）にあてはまる数を書きましょう。

□×（　　　）＝（　　　）

② □にあてはまる数を求めましょう。

式

答え

③ □にあてはまる数を書きましょう。

75mを 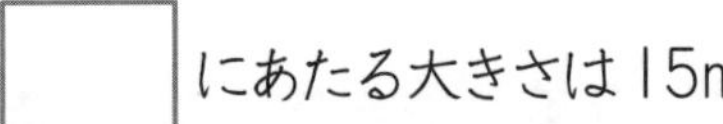 とみると　□にあたる大きさは15m

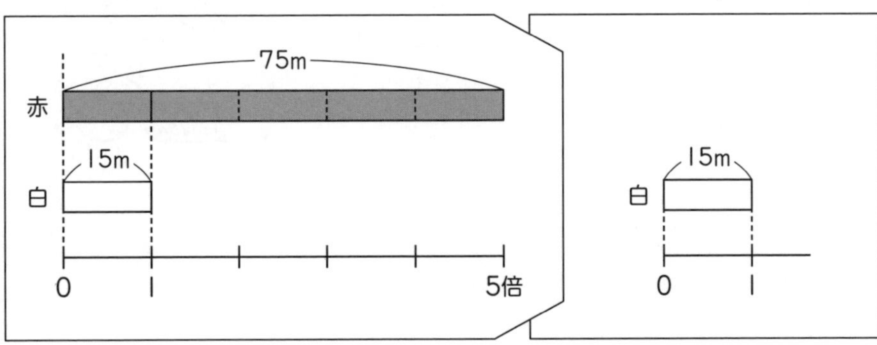

倍の見方

倍の見方（6）

月　日

名前

1 ケーキのねだんは，ジュースのねだんの５倍で，520円です。

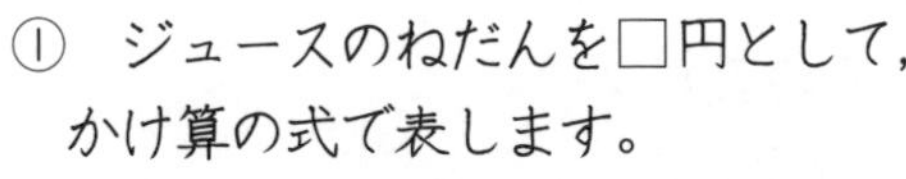

① ジュースのねだんを□円として，かけ算の式で表します。
（　）にあてはまる数を書きましょう。

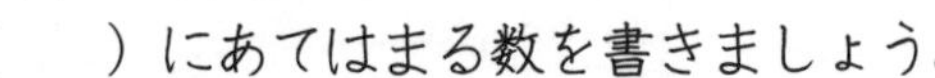

□×（　　　）＝（　　　）

② □にあてはまる数を求めましょう。

式

答え

2 ビルの高さは，木の高さの９倍で，45mです。

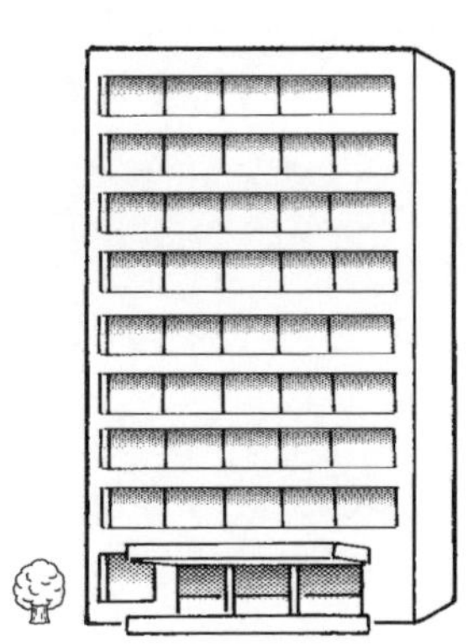

① 木の高さを□mとして，かけ算の式で表しましょう。

（　　　　　）

② □にあてはまる数を求めましょう。

式

答え

倍の見方
倍の見方（7）

名前

● Aのゴムは，30cm が 90cm にのびました。
Bのゴムは，20cm が 80cm にのびました。
どちらの方がよくのびたといえますか。
それぞれ，何倍にのびているか求めましょう。

① Aのゴム

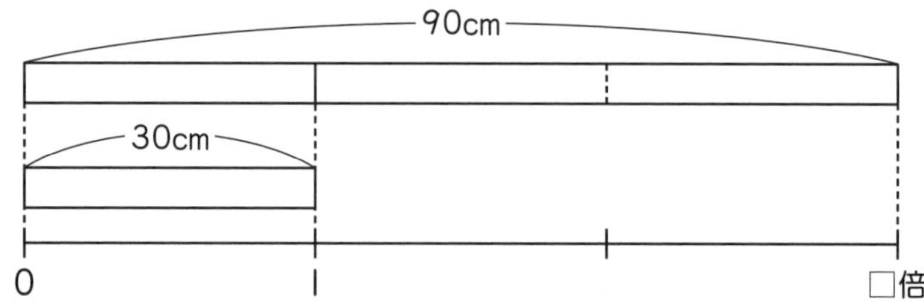

式

答え

② Bのゴム

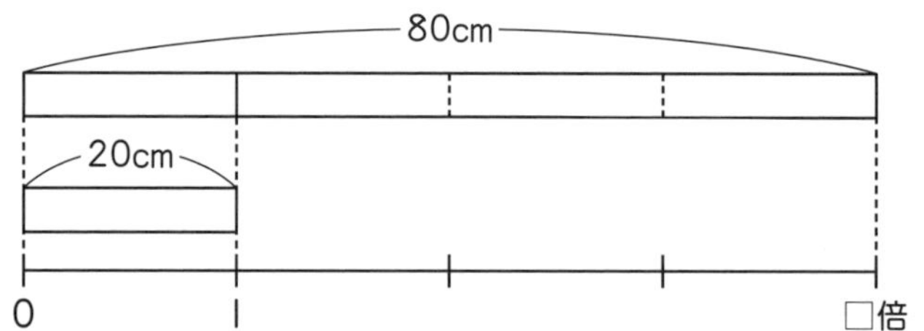

式

答え

③ 倍を使ってくらべると，どちらがよくのびたといえますか。

（　　　　　　　）

倍の見方
倍の見方（8）

名前

1 Aのひまわりは，15cm が 90cm の高さに，Bのひまわりは，20cm が 100cm の高さになりました。どちらのほうがよくのびたといえますか。倍の考えを使ってくらべましょう。

① Aのひまわり

式

答え

② Bのひまわり

式

答え

③ 倍を使ってくらべると，どちらがよくのびたといえますか。

（　　　　　　　）

2 野菜（やさい）がねあがりしています。
大根（1本）　160円 → 320円
玉ねぎ（1こ）　35円 → 140円
　ねだんの上がり方が大きいのは，どちらですか。

式

答え

月　　日

ふりかえり・たしかめ (1)
倍の見方

名前

1 25cm だった朝顔のつるが 125cm にのびました。
朝顔のつるは何倍になりましたか。

式

答え

2 あるぞうの生まれたときの体重は 100kg でした。親のぞうの体重は，その 60 倍です。親のぞうの体重は何 kg ですか。
また，それは何 t ですか。

式

答え　　　kg,　　　t

3 あるメスのライオンの体重は 120kg で，子どものライオンの体重の 40 倍です。
子どものライオンの体重は何 kg ですか。

式

答え

月　　日

ふりかえり・たしかめ (2)
倍の見方

名前

1 広場で遊んでいる人は，はじめは 6 人でしたが，しばらくすると，24 人になりました。
広場で遊んでいる人は，何倍になりましたか。

式

答え

2 A さんがし育しているにわとりの数は，はじめ 28 わでしたが 196 わになりました。
B さんがし育しているにわとりの数は，はじめ 84 わでしたが 420 わになりました。
どちらのにわとりのふえ方が大きいですか。
倍を使ってくらべましょう。

式

答え

月　日

まとめのテスト
倍の見方

名前

【知識・技能】

1 何倍かを求めましょう。(5 × 4)

① 72本は12本の何倍ですか。

式

答え

② 138mは，46mの何倍ですか。

式

答え

2 16mの7倍は何mですか。(5 × 2)

式

答え

3 □にあてはまる数を求めましょう。(5 × 4)

① □この8倍は120こです。

式

答え

② □kgの4倍は144kgです。

式

答え

【思考・判断・表現】

4 ハシブトガラスのひなは80gで，親は720gです。
カワラバトのひなは36gで，親は288gです。(5 × 5)

① それぞれ親は，ひなの何倍ですか。

ハシブトガラス

式

答え　　倍

カワラバト

式

答え　　倍

② 成長(せいちょう)の割合(わりあい)が大きいのは，ハシブトガラスとカワラバトのどちらですか。

(　　　　)

5 なわとびが続(つづ)けてとべるように，練習しました。その結果(けっか)が右の表です。(5 × 5)

	練習前	練習後
Aさん	45回	180回
Bさん	50回	250回

① AさんとBさんでは，どちらのほうが練習の成果(せいか)がありましたか。倍を使ってくらべましょう。

Aさん

式

答え　　倍

Bさん

式

答え　　倍

② 割合が大きく，練習の成果がよく表れたのは，どちらのほうですか。

(　　　　)

月　　日

7 がい数の使い方と表し方
およその数の表し方（1）

名前

1 右の表は，３つの市の人口を表しています。

A市	42860 人
B市	47042 人
C市	51794 人

① A市のように，B市，C市の人口も数直線に矢印で表しましょう。

40000　　50000

↑
A市

② それぞれ，約何万人ですか。

A市 （　　　　）

B市 （　　　　）

C市 （　　　　）

2 右の２つの市の人口は約何万人ですか。
数直線に矢印で表してから，答えましょう。

D市	63789 人
E市	68326 人

60000　　70000

D市 （　　　　）

E市 （　　　　）

月　　日

7 がい数の使い方と表し方
およその数の表し方（2）

名前

1 右の表は，３つの町の人口を表しています。
それぞれ，約何千人といえばよいでしょうか。

A町	7962 人
B町	8370 人
C町	8751 人

① A町のように，B町，C町の人口も数直線に矢印で表しましょう。

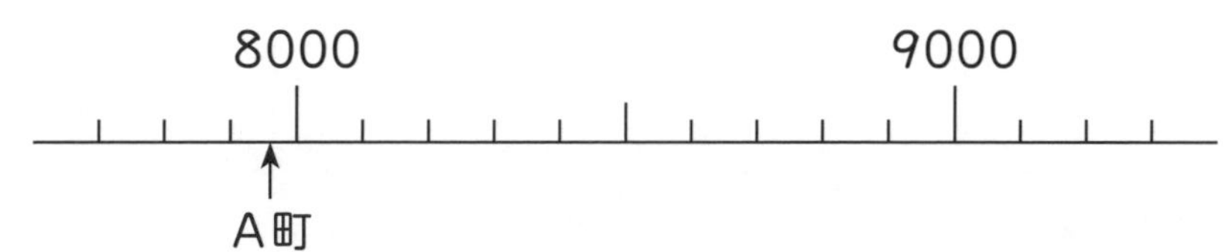

② 約何千人かを見つけるには，何の位の数字に注目すればいいですか。

（　　　　）

③ それぞれ，約何千人ですか。

A町 （　　　　）

B町 （　　　　）

C町 （　　　　）

2 次の数は，約何千ですか。1の数直線を参考にして答えましょう。

① 8864
（　　　　）

② 9178
（　　　　）

月　　日

7 がい数の使い方と表し方
およその数の表し方（3）

名前

1 千の位の数字を四捨五入して，約何万とがい数で表しましょう。

① 16273 （　　　　）　② 42398 （　　　　）

③ 14892 （　　　　）　④ 65300 （　　　　）

⑤ 185360 （　　　　）　⑥ 233980 （　　　　）

⑦ 378021 （　　　　）　⑧ 694875 （　　　　）

2 百の位の数字を四捨五入して，約何千とがい数で表しましょう。

① 8372 （　　　　）　② 1620 （　　　　）

③ 5540 （　　　　）　④ 7090 （　　　　）

月　　日

7 がい数の使い方と表し方
およその数の表し方（4）

名前

1 千の位の数字を四捨五入して，約何万とがい数で表しましょう。

① 65781 （　　　　）　② 63846 （　　　　）

③ 354263 （　　　　）　④ 596271 （　　　　）

⑤ 162989 （　　　　）　⑥ 97378 （　　　　）

トライ

2 千の位の数字を四捨五入すると，もとの数より大きくなる数と，もとの数より小さくなる数を，それぞれ選んで，□に記号を書きましょう。

㋐ 36100　㋑ 72859　㋒ 15063

㋓ 284960　㋔ 190900　㋕ 725320

もとの数より大きくなる □ □ □

もとの数より小さくなる □ □ □

月　　日

7 がい数の使い方と表し方
およその数の表し方 (5)

名前

1 一万の位までのがい数で表しましょう。

(1) 何の位で四捨五入すればよいでしょうか。

(　　　　　　)

(2) 次の数を一万の位までのがい数にしましょう。

① 77237 (　　　　　　)　② 65568 (　　　　　　)

③ 654389 (　　　　　　)　④ 988201 (　　　　　　)

2 千の位までのがい数で表しましょう。

(1) 何の位で四捨五入すればよいでしょうか。

(　　　　　　)

(2) 次の数を千の位までのがい数にしましょう。

① 8498 (　　　　　　)　② 5817 (　　　　　　)

③ 25045 (　　　　　　)　④ 78903 (　　　　　　)

月　　日

7 がい数の使い方と表し方
およその数の表し方 (6)

名前

1 次の数を一万の位までのがい数にしましょう。

① 55443 (　　　　　　)　② 53879 (　　　　　　)

③ 177622 (　　　　　　)　④ 864065 (　　　　　　)

⑤ 7308278 (　　　　　　)　⑥ 6795470 (　　　　　　)

2 四捨五入して，一万の位までのがい数にすると，
次の①と②になる数を，下の㋐～㋗からそれぞれ選んで，
□に記号を書きましょう。

① 50000 □□　② 100000 □□

㋐ 43809	㋑ 45200	㋒ 53780	㋓ 55785
㋔ 99100	㋕ 105470	㋖ 92790	㋗ 104900

月　日

7 がい数の使い方と表し方
およその数の表し方（7）

名前

1 次の数を四捨五入(ししゃごにゅう)して，上から 1 けたのがい数にしましょう。

① 3498 (　　　)　② 1542 (　　　)

③ 3560 (　　　)　④ 988201 (　　　)

⑤ 548 (　　　)　⑥ 794 (　　　)

⑦ 32976 (　　　)　⑧ 97025 (　　　)

2 四捨五入して，上から 1 けたのがい数にすると，次の①と②になる数を，下の㋐～㋗からそれぞれ選(えら)んで，□に記号を書きましょう。

① 7000 □□　② 10000 □□

㋐ 73421	㋑ 7272	㋒ 6600	㋓ 6386
㋔ 10800	㋕ 16321	㋖ 9099	㋗ 9527

月　日

7 がい数の使い方と表し方
およその数の表し方（8）

名前

1 次の数を四捨五入(ししゃごにゅう)して，上から 2 けたのがい数にしましょう。

① 3780 (　　　)　② 6840 (　　　)

③ 64430 (　　　)　④ 90737 (　　　)

⑤ 56609 (　　　)　⑥ 79650 (　　　)

⑦ 800780 (　　　)　⑧ 345710 (　　　)

2 四捨五入して，上から 2 けたのがい数にすると，次の①と②になる数を，下の㋐～㋗からそれぞれ選(えら)んで，□に記号を書きましょう。

① 84000 □□　② 10000 □□

㋐ 84466	㋑ 83720	㋒ 837200	㋓ 84500
㋔ 10620	㋕ 9947	㋖ 9974	㋗ 10379

月　日

7 がい数の使い方と表し方
およその数の表し方（9）

名前

1 次の数を四捨五入して，上から１けたのがい数と上から２けたのがい数にしましょう。

	上から１けた	上から２けた
① 3498	（　）	（　）
② 1542	（　）	（　）
③ 3560	（　）	（　）
④ 988201	（　）	（　）

2 四捨五入して上から１けたのがい数にすると60000になり，上から２けたのがい数にすると59000になる数を，下の㋐～㋕から選んで，□に記号を書きましょう。

㋐ 58400	㋑ 58610	㋒ 59372
㋓ 59490	㋔ 59700	㋕ 60217

□□□

月　日

7 がい数の使い方と表し方
およその数の表し方（10）

名前

● 次の数を四捨五入して十の位までのがい数にして，答えましょう。

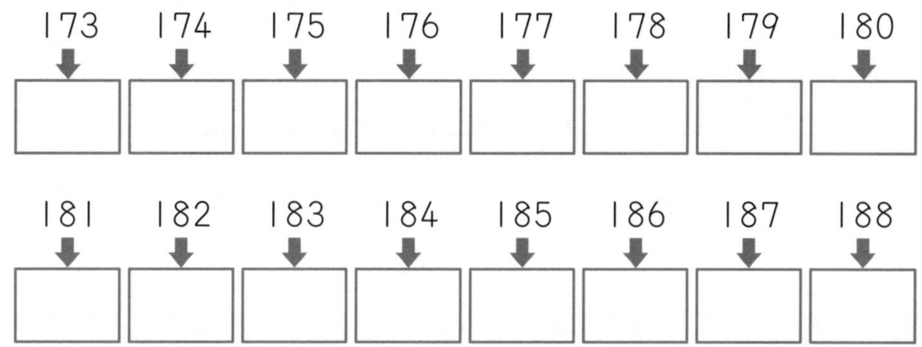

① 四捨五入して，十の位までのがい数にすると180になる整数は，どこからどこまでですか。下の数直線に表しましょう。

170　180　190

② 四捨五入して，十の位までのがい数すると180になる整数で，いちばん小さい数といちばん大きい数を書きましょう。

いちばん小さい数（　）　いちばん大きい数（　）

③ 四捨五入して，十の位までのがい数にすると180になる整数のはんいを，以上と未満を使って表しましょう。

（　）以上（　）未満

月　　日

7 がい数の使い方と表し方
およその数の表し方（11）

名前

1　四捨五入して，十の位までのがい数にすると 70 になる整数のうち，いちばん小さい数といちばん大きい数を書きましょう。

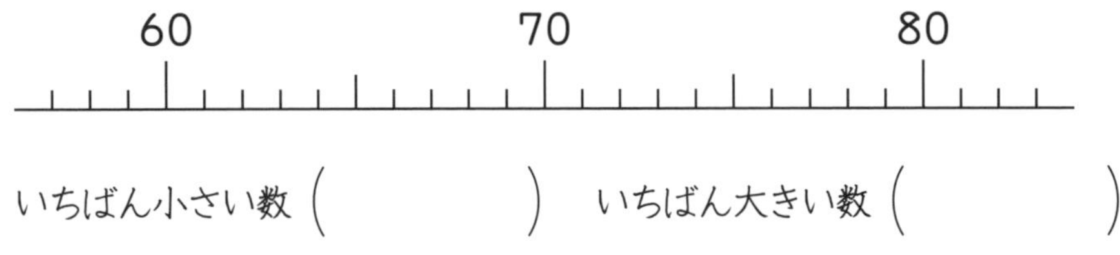

いちばん小さい数（　　　　）　いちばん大きい数（　　　　）

2　四捨五入して，百の位までのがい数にすると次の数になる整数のうち，いちばん小さい数といちばん大きい数を書きましょう。

① 300

いちばん小さい数（　　　　）

いちばん大きい数（　　　　）

② 900

いちばん小さい数（　　　　）

いちばん大きい数（　　　　）

③ 2700

いちばん小さい数（　　　　）

いちばん大きい数（　　　　）

④ 5000

いちばん小さい数（　　　　）

いちばん大きい数（　　　　）

月　　日

7 がい数の使い方と表し方
およその数の表し方（12）

名前

1　次の数を，切り捨て，切り上げのしかたで，千の位までのがい数にしましょう。

切り捨て			切り上げ
（　　　）	⬅	① 2570 ➡	（　　　）
（　　　）	⬅	② 3160 ➡	（　　　）
（　　　）	⬅	③ 7990 ➡	（　　　）

2　次の数を，切り捨て，切り上げのしかたで，百の位までのがい数にしましょう。

切り捨て			切り上げ
（　　　）	⬅	① 2570 ➡	（　　　）
（　　　）	⬅	② 3160 ➡	（　　　）
（　　　）	⬅	③ 7990 ➡	（　　　）

月　　日

7 がい数の使い方と表し方

がい数を使った計算（1）

名前

● ここなさんは，下の買い物をして，いくらぐらいの代金になるか，がい算しました。

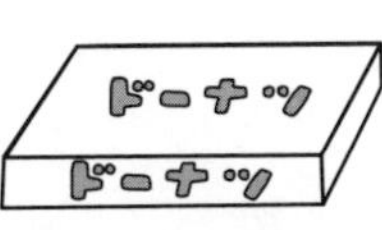

プリン 1パック 280円	クッキー 1箱 170円	ドーナツ 1箱 340円	せんべい 1ふくろ 230円

① 1000円でたりるかどうかを考えます。すべての金がくを切り上げて百の位までのがい数にして，代金を見積もりましょう。

式

答え

② 代金が1000円をこえるとサービスがもらえます。すべての金がくを切り捨てて百の位までのがい数にして，代金を見積もりましょう。

式

答え

③ 四捨五入して百の位までのがい数にして，代金を見積もりましょう。

式

答え

月　　日

7 がい数の使い方と表し方

がい数を使った計算（2）

名前

1 478円のおべん当と116円のお茶を買って，1000円札ではらいました。おつりはおよそいくらになりますか。
十の位の数字を四捨五入して，おつりを見積もりましょう。

式

答え

2 四捨五入して百の位までのがい数にして，答えを見積もりましょう。

① 720 + 180

② 548 + 339

③ 186 + 726

④ 1000 − 373 − 251

⑤ 1000 − 419 − 468

月　　日

7 がい数の使い方と表し方
がい数を使った計算（3）

名前

● 4年生48人で，博物館へ見学に行きます。

① 博物館の観らん料金は1人240円です。
全員の観らん料金は何円になりますか。
上から1けたのがい数にして，
見積もりましょう。

式

答え ＿＿＿＿＿＿＿＿＿＿

② バスを1台借りるのに，82560円かかります。
1人分のバス代は約何円になりますか。
上から1けたのがい数にして，
見積もりましょう。

式

答え ＿＿＿＿＿＿＿＿＿＿

月　　日

7 がい数の使い方と表し方
がい数を使った計算（4）

名前

● 四捨五入して上から1けたのがい数にして，積や商を見積もりましょう。

① 428×363

② 184×59

③ 586×84

④ $6275 \div 23$

⑤ $7940 \div 41$

⑥ $96200 \div 52$

月　日

7 ふりかえり・たしかめ (1)

がい数の使い方と表し方

名前

□1 次の数を四捨五入して，それぞれの方法でがい数にしましょう。

① 5763700

約何万 (　　　)

千の位までのがい数 (　　　)

上から 2 けたのがい数 (　　　)

② 69218

約何万 (　　　)

千の位までのがい数 (　　　)

上から 2 けたのがい数 (　　　)

□2 四捨五入して，百の位までのがい数にすると，600 になる整数のはんいを，2 つの方法で表しましょう。

(　　　) 以上 (　　　) 以下

(　　　) 以上 (　　　) 未満

月　日

7 ふりかえり・たしかめ (2)

がい数の使い方と表し方

名前

□1 四捨五入して，十の位までのがい数にすると，50 になる整数のはんいを，2 つの方法で表しましょう。

(　　　) 以上 (　　　) 以下

(　　　) 以上 (　　　) 未満

□2 185 円のマーカーペンと 328 円のじょうぎセットを買って，1000 円札ではらいました。おつりは何円になりますか。
十の位を四捨五入して，おつりを見積もりましょう。

式

答え

□3 四捨五入して上から 1 けたのがい数にして，積や商を見積もりましょう。

① 426 × 2731

② 92341 ÷ 28

月　　日

7 まとめのテスト
がい数の使い方と表し方

名前

【知識・技能】

1 四捨五入して，(　　) の位までのがい数にしましょう。(5×4)

① 764280（万の位）

② 389244（万の位）

③ 87568（千の位）

④ 6420（千の位）

2 四捨五入して，(　　) のけたまでのがい数にしましょう。(5×4)

① 4618（上から１けた）

② 389244（上から１けた）

③ 87568（上から２けた）

④ 6420（上から２けた）

3 四捨五入して，百の位までのがい数にすると，2300になる整数のはんいを，２つのいい方で表しましょう。(5×2)

(　　　　) 以上 (　　　　) 以下

(　　　　) 以上 (　　　　) 未満

【思考・判断・表現】

4 右の表は，ある美じゅつ館の土曜日と日曜日の入場者数です。(5×8)

曜日	入場者数（人）
土曜日	3268
日曜日	5945

① 土曜日と日曜日の入場者数を合わせると，約何人ですか。四捨五入して百の位までのがい数にして，人数を見積もりましょう。

式

答え

② 土曜日と日曜日の入場者数のちがいは，約何人ですか。四捨五入して百の位までのがい数にして，人数を見積もりましょう。

式

答え

③ 美じゅつ館の入館料は，１人1200円です。
土曜日と日曜日それぞれの入館料の合計金がくを，四捨五入して上から１けたのがい数にして，見積もりましょう。

土曜日

式

答え

日曜日

式

答え

5 47人でのパーティーで，全体のひ用は122800円になりました。１人分のひ用を，四捨五入して上から１けたのがい数にして，見積もりましょう。(5×2)

式

答え

児童に実施させる前に，必ず指導される方が問題を解いてください。本書の解答は，あくまでも１つの例です。指導される方の作られた解答をもとに，本書の解答例を参考に児童の多様な考えに寄り添って○つけをお願いします。

P.4

1 大きい数のしくみ
大きい数のしくみ (1)

月　日　名前

[1] 次の □ にあてはまる数を書きましょう。

1000万	100000000	
1億	1000000000	10 倍
10億	10000000000	10 倍
100億	100000000000	10 倍
1000億	000000000000	10 倍

[2] 次の数を表に書いて，漢字で読みを書きましょう。

① 2022年の日本の人口　1億2519万（人）

千	百	十	一（億）	千	百	十	一（万）	千	百	十	一
			1	2	5	1	9	0	0	0	0

読み（一億二千五百十九万）

② 2022年の世界の人口　79億468万（人）

千	百	十	一（億）	千	百	十	一（万）	千	百	十	一
		7	9	0	4	6	8	0	0	0	0

読み（七十九億四百六十八万）

4

1 大きい数のしくみ
大きい数のしくみ (2)

月　日　名前

[1] （　）にあてはまる数を [ ] から選んで書きましょう。（同じ数を２度使ってもよい。）

① 1000億の10倍は（1兆）です。

② 10兆は，1兆の（10）倍です。

③ 100兆の10倍は，（1000兆）です。

④ 整数は，位が１つ左へ進むごとに，（10）倍になるしくみです。

[10　100　1兆　10兆　100兆　1000兆]

[2] 次の数を，表に数字で書きましょう。

① 1000万を10倍した数

100000000

② 1000億を10倍した数

1000000000000

③ 100兆

100000000000000

P.5

1 大きい数のしくみ
大きい数のしくみ (3)

月　日　名前

[1] 次の数を表に書き，読みを漢字で書きましょう。

① 2022年の国の予算　107兆5964億（円）

107596400000000

読み（百七兆五千九百六十四億）

② 地球から北極星までのきょり　4096兆（km）

4096000000000000

読み（四千九十六兆）

[2] 数字で書きましょう。

① 八十二億五千六百十九万七千

8256197000

② 六十三兆二千四百十億

63241000000000

③ 千二百兆九百六十三億

1200096300000000

5

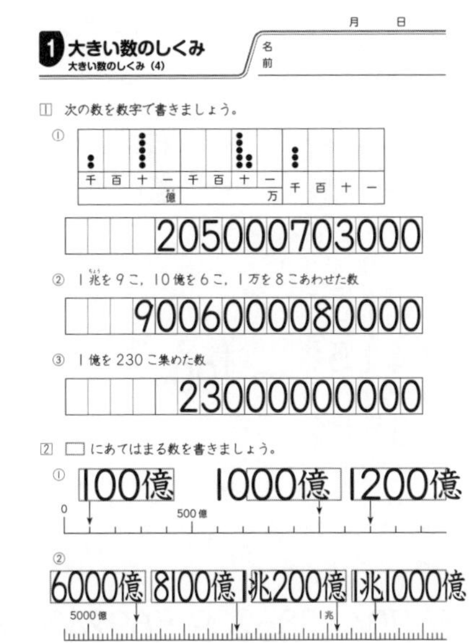

1 大きい数のしくみ
大きい数のしくみ (4)

月　日　名前

[1] 次の数を数字で書きましょう。

①

千	百	十	一（億）	千	百	十	一（万）	千	百	十	一

205000703000

② 1兆を9こ，10億を6こ，1万を8こあわせた数

9006000080000

③ 1億を230こ集めた数

23000000000

[2] □ にあてはまる数を書きましょう。

① 100億　1000億　1200億

0　500億

② 6000億　8100億　1兆200億　1兆1000億

5000億　1兆

P.6

1 大きい数のしくみ
大きい数のしくみ (5)

月　日　名前

● （　）にあてはまる数を書きましょう。（表も使って考えましょう。）

① 4 7200 0000は，100万を（472）こ集めた数です。

② 100万を6200こ集めた数は，（62億(62 0000 0000)）です。

③ 7 5000 0000は，（1000万(1000 0000)）を75こ集めた数です。

④ 1000万を27こ集めた数は，（2億7000万(2 7000 0000)）です。

⑤ 1000万を380こ集めた数は，（38億(38 0000 0000)）です。

⑥ 1億を240こ集めた数は，（240億(240 0000 0000)）です。

⑦ 1億を（307）こ集めた数は，307億です。

⑧ 1兆は，1億の（10000）倍です。

6

1 大きい数のしくみ
10倍した数，$\frac{1}{10}$にした数 (1)

月　日　名前

● 次の数を10倍した数と，$\frac{1}{10}$にした数を書きましょう。

① 34億

10倍→ 3400000000

$\frac{1}{10}$→ 340000000

② 910億

10倍→ 910000000000

$\frac{1}{10}$→ 9100000000

③ 7億

10倍→（70 0000 0000(70億)

$\frac{1}{10}$→（7000 0000(7000万)

④ 4兆

10倍→ 40 0000 0000 0000(40兆)

$\frac{1}{10}$→ 4000 0000 0000(4000億)

⑤ 5000億

10倍→ 5 0000 0000 0000(5兆)

$\frac{1}{10}$→ 500 0000 0000(500億)

P.7

1 大きい数のしくみ
10倍した数，$\frac{1}{10}$にした数 (2)

月　日　名前

● 次の数を10倍した数と，$\frac{1}{10}$にした数を，例のように書きましょう。

例 60万　10倍（600万）　$\frac{1}{10}$（6万）

① 70億
10倍（700億）　$\frac{1}{10}$（7億）

② 8000億
10倍（8兆）　$\frac{1}{10}$（800億）

③ 3兆
10倍（30兆）　$\frac{1}{10}$（3000億）

トライ ④ 94億
10倍（940億）　$\frac{1}{10}$ 9億4000万

トライ ⑤ 2600億
10倍 2兆6000億　$\frac{1}{10}$（260億）

トライ ⑥ 1兆3000億
10倍（13兆）　$\frac{1}{10}$（1300億）

7

1 大きい数のしくみ
10倍した数，$\frac{1}{10}$にした数 (3)

月　日　名前

[1] 次の数について答えましょう。

[784907520000]（㋐は7，㋑は7）

① ㋐は，何が何こあることを表していますか。

（1000億）が（7）こ

② ㋑は，何が何こあることを表していますか。

（100万）が（7）こ

[2] 0から9までの数字を使って，10けたの整数をつくります。同じ数字を何度使ってもよいことにします。次の数をつくりましょう。

① いちばん大きい数

9999999999

② 2ばんめに大きい数

9999999998

③ 10ばんめに大きい数

9999999990

④ いちばん小さい数

1000000000

解答

児童に実施させる前に，必ず指導される方が問題を解いてください。本書の解答は，あくまでも１つの例です。指導される方の作られた解答をもとに，本書の解答例を参考に児童の多様な考えに寄り添って○つけをお願いします。

P.8

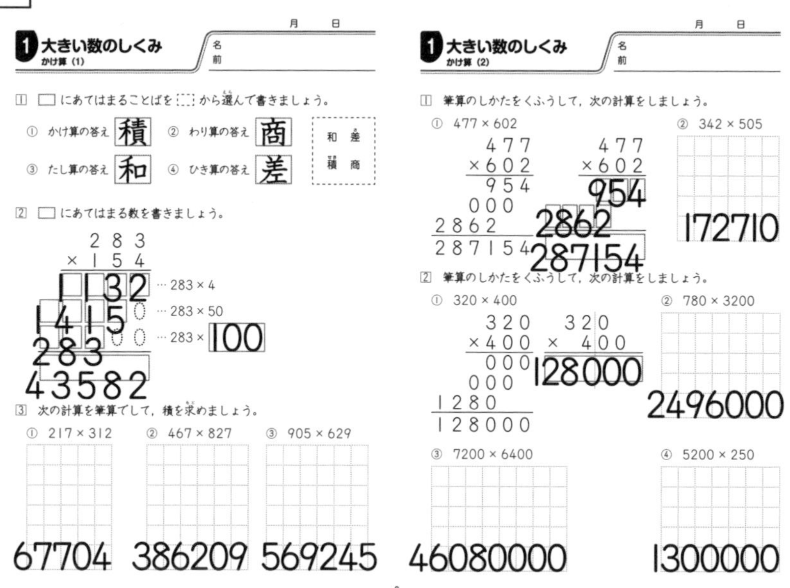

P.9

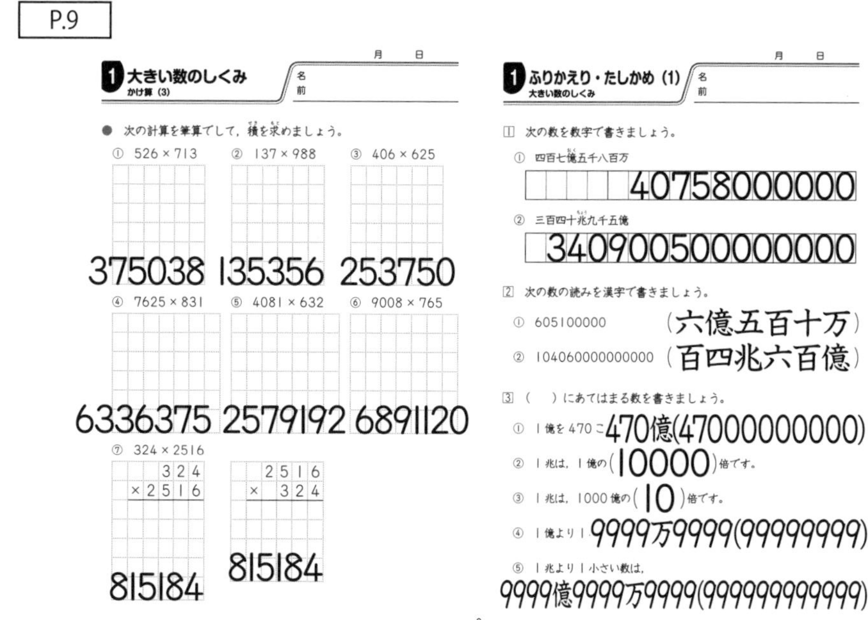

P.10

1 ふりかえり・たしかめ (2) 大きい数のしくみ　　月　日　名前

[1] （　）にあてはまる数を書きましょう。

① 1億は，（1000万）の10倍です。

② 1兆2000億は，1000億を（12）こ集めた数です。

③ 1000億を25こ集めた数は，（2兆5000億）です。

④ 100億を400こ集めた数は，（4兆）です。

[2] 数直線の□にあてはまる数を書きましょう。

① 3000万　1億2000万　（0，1億）

② 8000億　1兆　1兆3000億　（7000億，9000億）

10

1 ふりかえり・たしかめ (3) 大きい数のしくみ　　月　日　名前

[1] 次の数を10倍した数と，$\frac{1}{10}$にした数を書きましょう。

① 5億　10倍（50億）　$\frac{1}{10}$（5000万）

② 1兆9000億　10倍（19兆）　$\frac{1}{10}$（1900億）

③ 2700億　10倍（2兆7000億）　$\frac{1}{10}$（270億）

[2] 次の計算はまちがっています。まちがっているところを説明して，正しい計算をしましょう。

```
   426
 × 513
  1278
  426
 2130
 25838
```

正しい計算

```
     426
   × 513
    1278
    426
  2130
  218538
```

426×5の計算は426×500のことだから，答えを書く位をまちがっています。左へもう1けたずらして書きます。

P.11

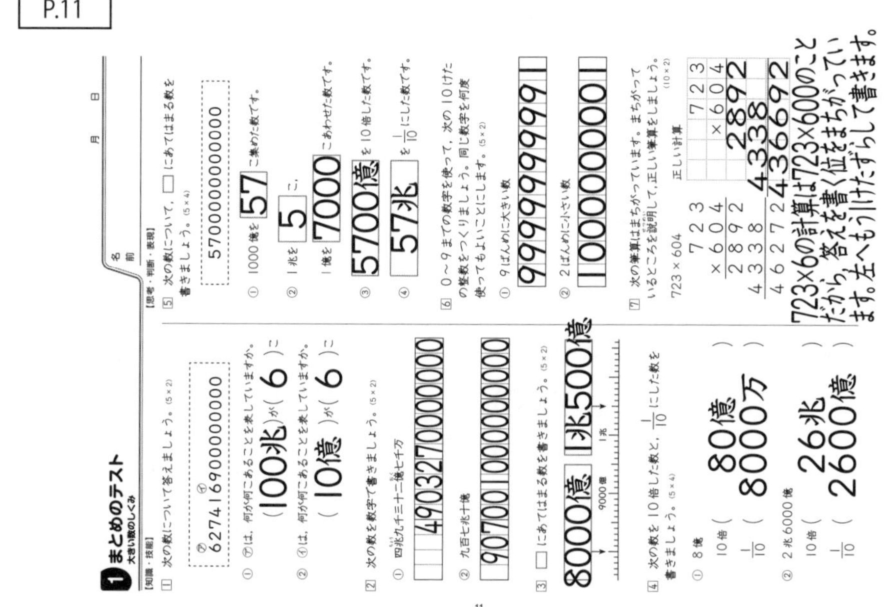

児童に実施させる前に，必ず指導される方が問題を解いてください。本書の解答は，あくまでも１つの例です。指導される方の作られた解答をもとに，本書の解答例を参考に児童の多様な考えに寄り添って○つけをお願いします。

解答

P.12

2 折れ線グラフと表　折れ線グラフ (1)

月　日　名前

● 右のグラフは，東京都の１年間の気温の変わり方を表したものです。グラフを見て答えましょう。

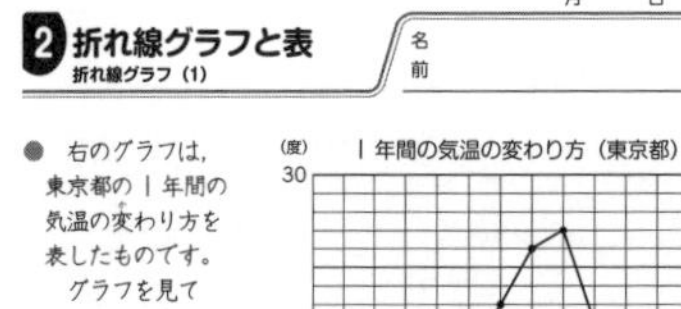
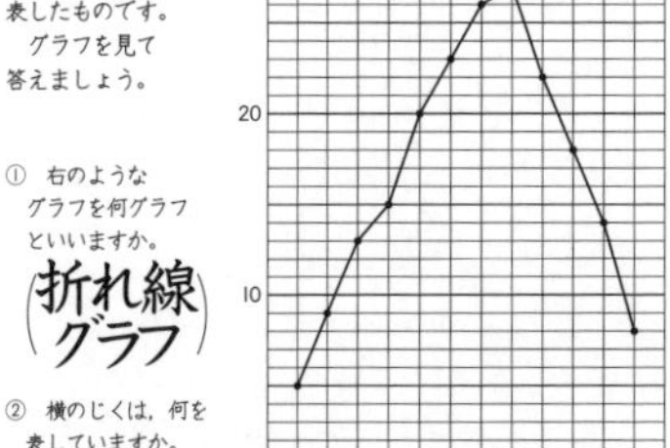

① 右のようなグラフを何グラフといいますか。（折れ線グラフ）

② 横のじくは，何を表していますか。（月）

③ たてのじくは，何を表していますか。（気温）

④ たてのじくの１めもりは，何度を表していますか。（１度）

⑤ いちばん気温が高いのは，何月で，それは何度ですか。（8月），（27）度

⑥ 気温が１８度なのは，何月ですか。（10月）

2 折れ線グラフと表　折れ線グラフ (2)

月　日　名前

● 右のグラフは，埼玉県所沢市の１年間の気温の変わり方を表したものです。グラフを見て答えましょう。

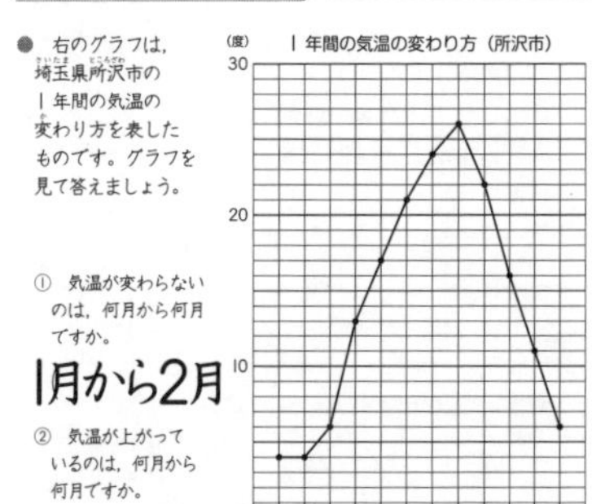

① 気温が変わらないのは，何月から何月ですか。1月から2月

② 気温が上がっているのは，何月から何月ですか。2月から8月

③ 気温の上がり方がいちばん大きいのは，何月と何月の間ですか。また，何度上がっていますか。3月と4月の間，（7）度

④ 気温の下がり方がいちばん大きいのは，何月と何月の間ですか。9月と10月の間

⑤ 気温の下がり方がいちばん小さいのは，何月と何月の間ですか。8月と9月の間

P.13

2 折れ線グラフと表　折れ線グラフ (3)

月　日　名前

● 下の㋐～㋗は，折れ線グラフの一部を表したものです。下の問いに答えましょう。

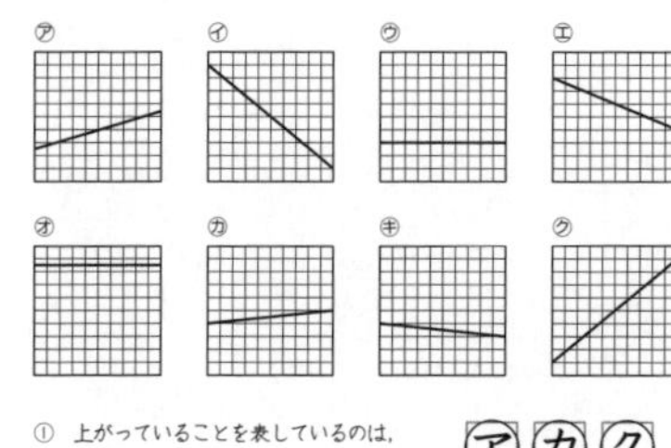

① 上がっていることを表しているのは，どれですか。すべて選んで書きましょう。㋐㋕㋗

② 下がっていることを表しているのは，どれですか。すべて選んで書きましょう。㋑㋓㋖

③ 変わらないことを表しているのは，どれですか。すべて選んで書きましょう。㋒㋔

④ 上がり方がいちばん大きいのは，どれですか。㋗

⑤ 下がり方がいちばん大きいのは，どれですか。㋑

2 折れ線グラフと表　折れ線グラフ (4)

月　日　名前

● 下のグラフ用紙を使って，高知市の１年間の気温の変わり方を，折れ線グラフに表しましょう。

１年間の気温の変わり方（高知市）

月	1	2	3	4	5	6	7	8	9	10	11	12
気温（度）	6	8	11	16	20	23	27	28	25	19	14	9

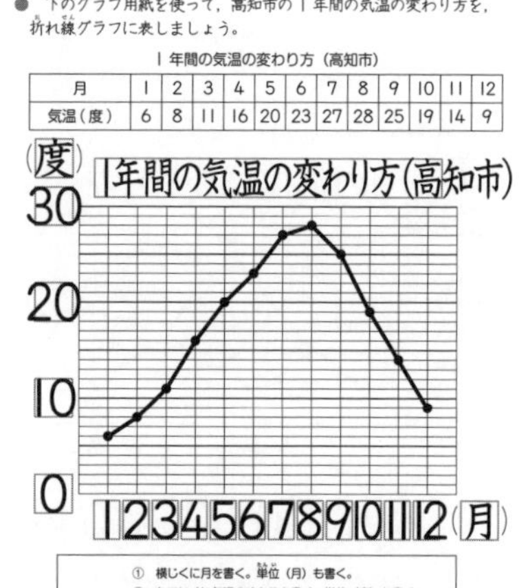

かき方
① 横じくに月を書く。単位（月）も書く。
② たてじくに気温のめもりを書く。単位（度）も書く。
③ それぞれの月の気温を点でとり，点と点を直線で結ぶ。
④ 表題を書く。

P.14

2 折れ線グラフと表　折れ線グラフ (5)

月　日　名前

● 下のグラフ用紙を使って，パリ（フランス）の１年間の気温の変わり方を，折れ線グラフに表しましょう。

１年間の気温の変わり方（パリ）

月	1	2	3	4	5	6	7	8	9	10	11	12
気温（度）	2	1	3	6	10	13	15	15	12	9	5	2

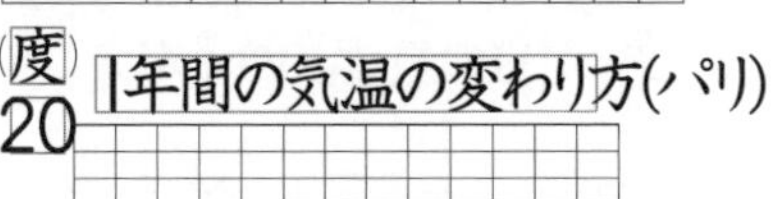

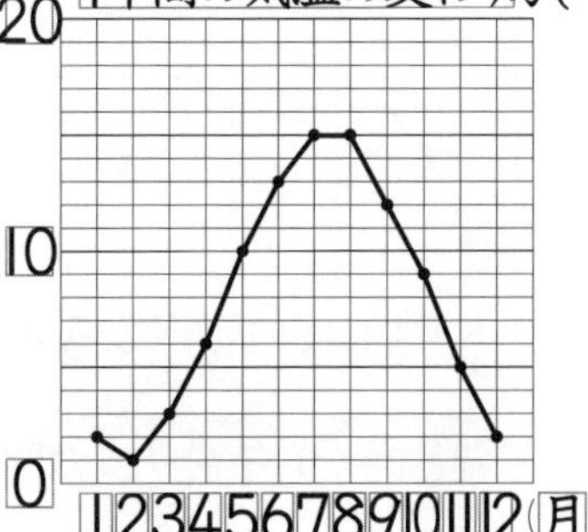

2 折れ線グラフと表　折れ線グラフ (6)

月　日　名前

● 高知市とパリ（フランス）の１年間の気温の変わり方を，同じグラフ用紙に表しました。

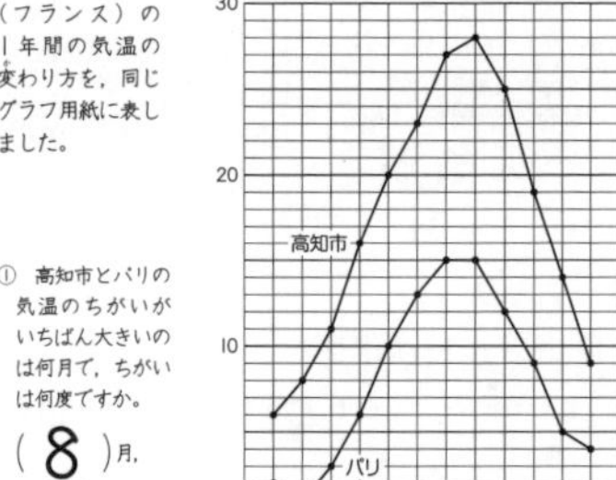

① 高知市とパリの気温のちがいがいちばん大きいのは何月で，ちがいは何度ですか。（8）月，（13）度

② 高知市とパリの気温のちがいがいちばん小さいのは何月で，ちがいは何度ですか。（1）月，（4）度

③ 高知市とパリの１年間の気温の変わり方で，にていることは何ですか。
(例)どちらも7月と8月が高い気温になっている。

④ 高知市とパリの１年間の気温の変わり方で，ちがうことは何ですか。
(例)高知のほうが変わり方が大きい。

P.15

2 折れ線グラフと表　折れ線グラフ (7)

月　日　名前

● 下のグラフ用紙を使って，ドバイ（アラブ首長国連邦）の１年間の気温の変わり方を，折れ線グラフに表しましょう。

１年間の気温の変わり方（ドバイ）

月	1	2	3	4	5	6	7	8	9	10	11	12
気温（度）	14	15	17	21	24	27	29	29	27	24	20	16

(度)　１年間の気温の変わり方(ドバイ)

2 折れ線グラフと表　折れ線グラフ (8)

月　日　名前

● 右の折れ線グラフを見て答えましょう。

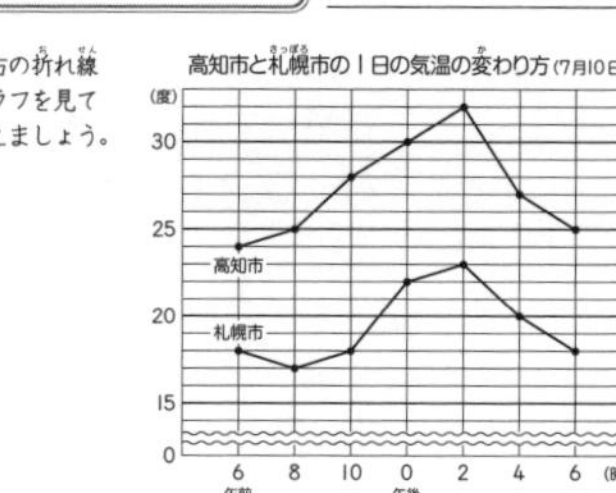

① 高知市と札幌市で，それぞれいちばん気温が低いのは何時で，それは何度ですか。
高知市　午前6時，24度　札幌市　午前8時，17度

② 高知市と札幌市で，それぞれ気温の上がり方がいちばん大きいのは，何時から何時の間ですか。
高知市　午前8時から午前10時の間
札幌市　午前10時から午後0時の間

③ 高知市と札幌市の気温のちがいがいちばん大きいのは何時で，ちがいは何度ですか。（午前10時），（10）度

解答　児童に実施させる前に，必ず指導される方が問題を解いてください。本書の解答は，あくまでも１つの例です。指導される方の作られた解答をもとに，本書の解答例を参考に児童の多様な考えに寄り添って○つけをお願いします。

P.16

2 折れ線グラフと表
折れ線グラフ (9)

月　日　名前

● １日の気温の変わり方を調べて，下の表に表しました。

１日の気温の変わり方

時こく(時)	午前8	9	10	11	午後0	1	2	3	4	5
気　温(度)	15	17		21	24	27	25	21		18

① 気温の分からない時こくがありますが，折れ線グラフにかいてみましょう。

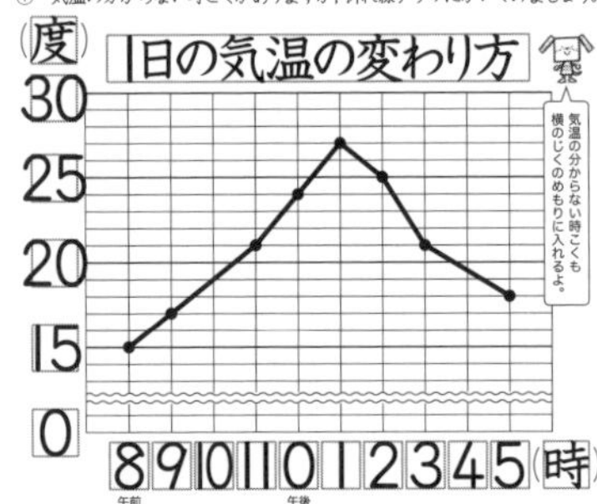

② 午前10時の気温は何度くらいと予想できますか。
（ 19度くらい ）

③ 午後4時の気温は何度くらいと予想できますか。
（ 19.5度くらい ）

16

2 折れ線グラフと表
整理のしかた (1)

月　日　名前

● どんな場所で，どんなけがをしているのか調べました。

① 次のデータを表に整理します。下の表に人数を書きましょう。

学年	場所	けがの種類	学年	場所	けがの種類	学年	場所	けがの種類
4	運動場	すりきず	6	運動場	切りきず	5	教　室	すりきず
3	体育館	打ぼく	4	ろう下	打ぼく	2	ろう下	打ぼく
2	教　室	切りきず	3	運動場	切りきず	3	運動場	切りきず
1	運動場	打ぼく	1	体育館	打ぼく	4	体育館	打ぼく
2	運動場	切りきず	4	運動場	すりきず	1	運動場	切りきず
3	体育館	打ぼく	5	運動場	切りきず	3	教　室	打ぼく
5	ろう下	打ぼく	1	ろう下	すりきず	2	ろう下	すりきず
2	運動場	すりきず	3	運動場	すりきず	6	体育館	切りきず
3	ろう下	打ぼく	2	教　室	打ぼく	1	教　室	打ぼく
4	体育館	すりきず	2	体育館	すりきず	2	体育館	すりきず

けがをした場所とけがの種類　(人)

場所＼種類	切りきず	すりきず	打ぼく	合計
運動場	6	4	1	11
体育館	1	3	4	8
教　室	1	1	3	5
ろう下	0	2	4	6
合計(人)	8	10	12	あ 30

けがをした場所とけがの種類の２つに注目して書こう。

② それぞれの合計も計算して書きましょう。

③ あに入る数は，どんな数ですか。
（ けがをした全部の人数 ）

P.17

2 折れ線グラフと表
整理のしかた (2)

月　日　名前

● 下の表は，けがの種類とけがをした場所の２つに注目してできた表です。下の問いに答えましょう。

けがの種類とけがをした場所

種類＼場所	運動場	体育館	教　室	ろう下	合計(人)
すりきず	5	3	2	2	う
打ぼく	3	あ	1	4	12
切りきず	3	2	3	1	9
ねんざ	い	2	0	1	7
合計(人)	15	11	え	8	お

① 表のあ～おにあてはまる数を書きましょう。

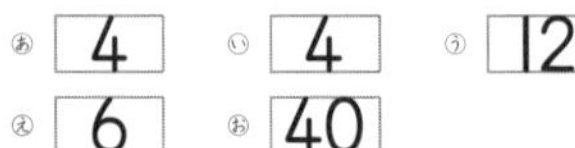

② どこでどんなけがをした人が，いちばん多いですか。
（ 運動場ですりきず ）

③ ろう下で打ぼくをした人は，何人ですか。（ 4人 ）

④ あの数は，何を表している数ですか。
（ 体育館で打ぼくをした人数 ）

17

2 折れ線グラフと表
整理のしかた (3)

月　日　名前

● 右のデータは，４年生で先週と今週にわすれ物をしたかどうかを調べたものです。

① 下の表に人数を書きましょう。

わすれ物調べ　(人)

		先週 なし(○)	先週 あり(×)	合計
今週	なし(○)	あ 13	い 8	21
今週	あり(×)	6	う 3	え 9
合計		お 19	11	30

４年生 わすれ物調べ

出席番号	先週	今週
1	○	○
2	○	×
3	×	○
4	○	○
5	○	×
6	×	○
7	×	○
8	○	○
9	○	×
10	○	×
11	×	○
12	○	×
13	○	○
14	×	○
15	×	×
16	○	○
17	[illegible]	[illegible]
18	[illegible]	[illegible]
19	[illegible]	[illegible]
20	[illegible]	[illegible]
21	[illegible]	[illegible]
22	[illegible]	[illegible]
23	[illegible]	[illegible]
24	[illegible]	[illegible]
25	[illegible]	[illegible]
26	[illegible]	[illegible]
27	[illegible]	[illegible]
28	[illegible]	[illegible]
29	[illegible]	[illegible]
30	[illegible]	[illegible]

② あ～おは，それぞれどのような人数を表していますか。

あ（先週も今週もわすれ物をしなかった人数）

い（先週はわすれ物をしたが今週はしなかった人数）

う（先週も今週もわすれ物をした人数）

え（今週わすれ物をした人数）

お（先週わすれ物をしなかった人数）

P.18

2 折れ線グラフと表
整理のしかた (4)

月　日　名前

● 下の表を見て，問いに答えましょう。

スイミング・ランニングのとくい，ふとくい調べ（人）

		ランニング とくい	ランニング ふとくい	合計
スイミング	とくい	12	い 7	う 19
スイミング	ふとくい	あ 9	4	13
合計		21	11	32

① スイミングもランニングもとくいな人は，何人いますか。（ 12人 ）

② スイミングもランニングもふとくいな人は，何人いますか。（ 4人 ）

③ あ，い，うは，どのような人数を表していますか。

あ（ランニングはとくいだが，スイミングがふとくいな人数）

い（スイミングはとくいだが，ランニングがふとくいな人数）

う（スイミングがとくいな人の合計人数）

④ 調べた人数は，全部で何人ですか。（ 32人 ）

18

2 折れ線グラフと表
折れ線グラフとぼうグラフ

月　日　名前

● 下のグラフは，A市の１年間の気温の変わり方と，雨がふった量（こう水量）を月別に表したものです。

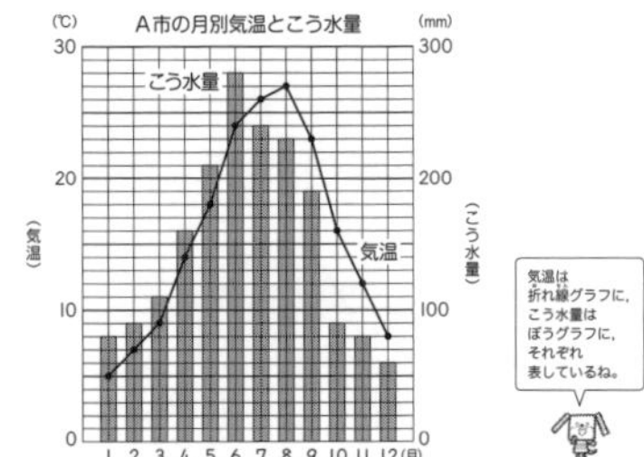

① ４月の気温とこう水量を書きましょう。
気温（ 14度 ）　こう水量（ 160mm ）

② 気温が10度以下で，こう水量が100mmより少ない月をすべて書きましょう。
（ 1月，2月，12月 ）

③ 気温が20度以上で，こう水量が200mmより多い月をすべて書きましょう。
（ 6月，7月，8月 ）

P.19

2 ふりかえり・たしかめ (1)
折れ線グラフと表

月　日　名前

1 右の折れ線グラフは，ある年の広島市の気温の変わり方を表したものです。

広島市の１年間の気温の変わり方

① たてじくと横じくは，それぞれ何を表していますか。
たてじく（ 気温 ）
横じく（ 月 ）

② 気温がいちばん上がっているのは，何月と何月の間ですか。
3月と4月の間

③ 気温が６度下がっているのは，何月と何月の間ですか。
9月と10月の間

2 下の表は，ある市のハザードマップをもとに，町ごとのきけんな場所をまとめたものです。あ～おにあてはまる数を表に書きましょう。

町ごとのきけんな場所の数　(か所)

場所＼町	A町	B町	C町	D町	合計
がけくずれきけんか所	あ 5	8	3	4	20
しん水きけんか所	2	い 0	7	5	14
建物がこわれそうな所	う 4	4	2	え 6	16
合計(人)	11	お 12	か 12	15	き 50

2 ふりかえり・たしかめ (2)
折れ線グラフと表

月　日　名前

● 下の表は，ある日の１日の気温の変わり方を表しています。折れ線グラフにかいて，下の問いに答えましょう。

１日の気温の変わり方

時こく(時)	午前8	9	10	11	午後0	1	2	3	4	5
気　温(度)	14	20	23	25	26	27	27	24	19	16

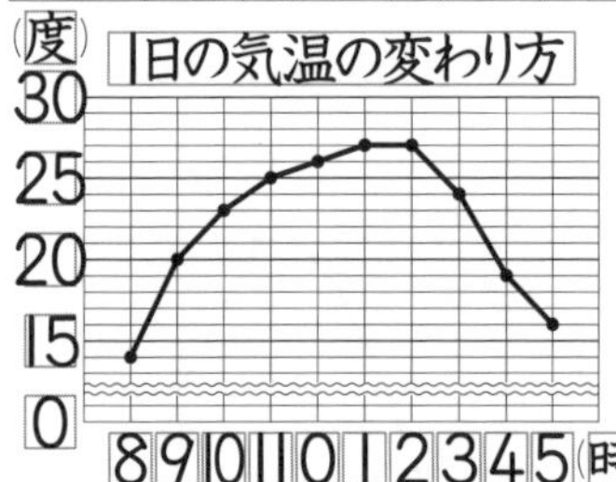

① いちばん気温が上がっているのは，何時から何時の間ですか。
（午前8時から午前9時の間）

② いちばん気温が下がっているのは，何時から何時の間ですか。
（午後3時から午後4時の間）

19

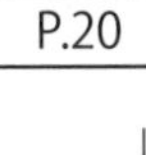

P.20

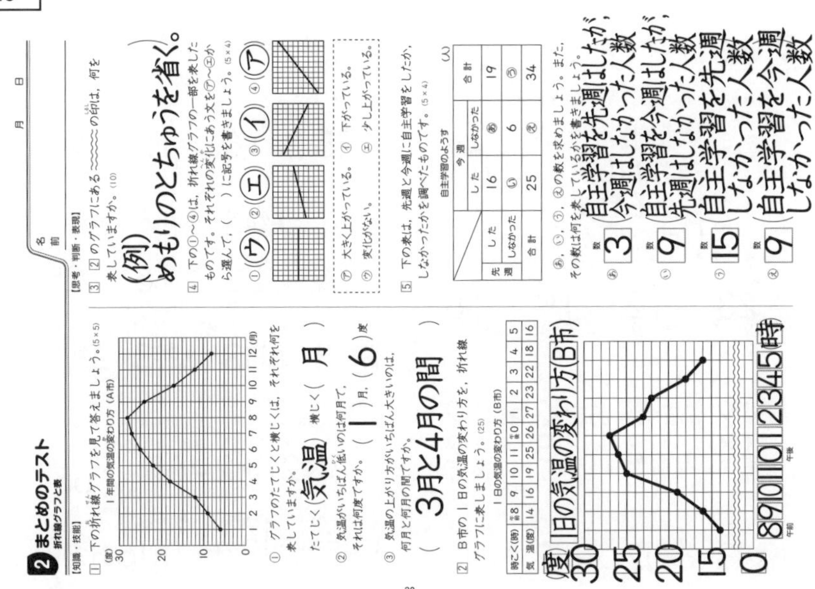

2 まとめのテスト 折れ線グラフと表

[知識・技能]

1 下の折れ線グラフを見て答えましょう。(5×5)

1年間の気温の変わり方（A市）

① グラフのたてじくと横じくは，それぞれ何を表していますか。

たてじく（気温）　横じく（月）

② 気温がいちばん低いのは何月で，それは何度ですか。

（1）月，（6）度

③ 気温の上がり方がいちばん大きいのは，何月と何月の間ですか。

（3月と4月の間）

2 B市の１日の気温の変わり方を，折れ線グラフに表しましょう。(25)

１日の気温の変わり方（B市）

時こく（時）	午前8	9	10	11	正午	1	2	3	4	5
気温（度）	14	16	19	25	26	27	23	22	18	16

1日の気温の変わり方(B市)

[思考・判断・表現]

3 2 のグラフにある〰〰の印は，何を表していますか。(10)

(例) めもりのとちゅうを省く。

4 下の①～④は，折れ線グラフの一部を表したものです。それぞれの変化にあう文を⑦～㋓から選んで，（　）に記号を書きましょう。(5×4)

①（ウ）②（エ）③（イ）④（ア）

⑦ 大きく上がっている。　④ 下がっている。
⑦ 変化がない。　㋓ 少し上がっている。

5 下の表は，先週と今週に自主学習をしたか，しなかったかを調べたものです。(5×4)

自主学習のようす

先週＼今週	した	しなかった	合計
した	16	㋐	19
しなかった	㋑	6	㋒
合計	25	㋓	34

㋐，㋑，㋒，㋓の数を求めましょう。また，その数は何を表しているかを書きましょう。

㋐ 数 3　自主学習を先週はしたが，今週はしなかった人数

㋑ 数 9　自主学習を今週はしたが，先週はしなかった人数

㋒ 数 15　自主学習を先週しなかった人数

㋓ 数 9　自主学習を今週しなかった人数

20

P.21

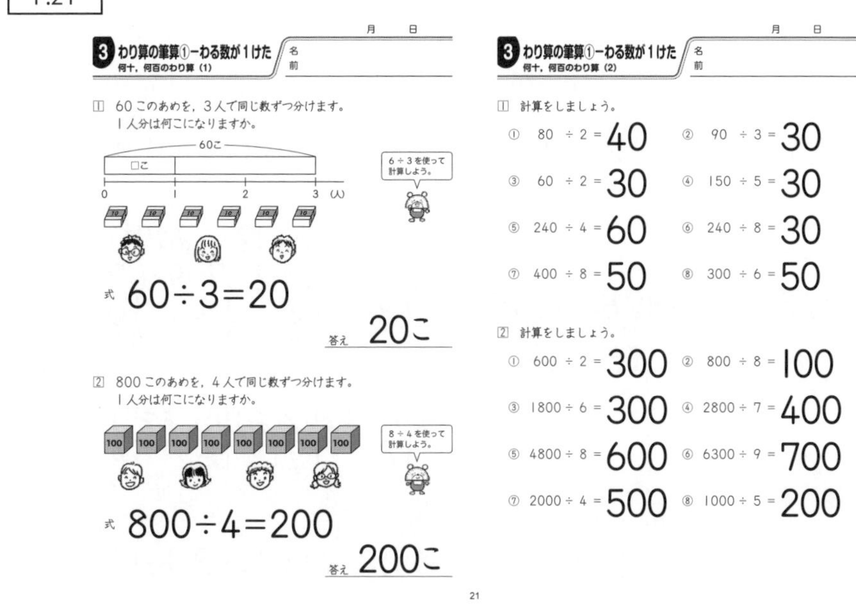

3 わり算の筆算①－わる数が１けた　何十，何百のわり算（1）

1 60このあめを，3人で同じ数ずつ分けます。1人分は何こになりますか。

6÷3を使って計算しよう。

式 60÷3=20　答え 20こ

2 800このあめを，4人で同じ数ずつ分けます。1人分は何こになりますか。

8÷4を使って計算しよう。

式 800÷4=200　答え 200こ

3 わり算の筆算①－わる数が１けた　何十，何百のわり算（2）

1 計算をしましょう。

① 80 ÷ 2 = 40　② 90 ÷ 3 = 30
③ 60 ÷ 2 = 30　④ 150 ÷ 5 = 30
⑤ 240 ÷ 4 = 60　⑥ 240 ÷ 8 = 30
⑦ 400 ÷ 8 = 50　⑧ 300 ÷ 6 = 50

2 計算をしましょう。

① 600 ÷ 2 = 300　② 800 ÷ 8 = 100
③ 1800 ÷ 6 = 300　④ 2800 ÷ 7 = 400
⑤ 4800 ÷ 8 = 600　⑥ 6300 ÷ 9 = 700
⑦ 2000 ÷ 4 = 500　⑧ 1000 ÷ 5 = 200

21

P.22

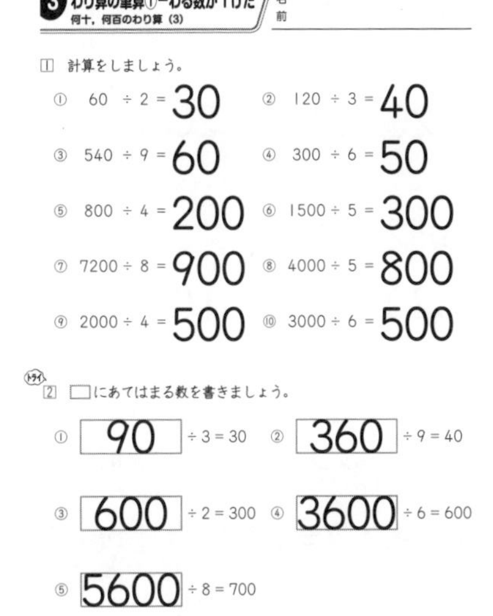

3 わり算の筆算①－わる数が１けた　何十，何百のわり算（3）

1 計算をしましょう。

① 60 ÷ 2 = 30　② 120 ÷ 3 = 40
③ 540 ÷ 9 = 60　④ 300 ÷ 6 = 50
⑤ 800 ÷ 4 = 200　⑥ 1500 ÷ 5 = 300
⑦ 7200 ÷ 8 = 900　⑧ 4000 ÷ 5 = 800
⑨ 2000 ÷ 4 = 500　⑩ 3000 ÷ 6 = 500

2 □にあてはまる数を書きましょう。

① 90 ÷ 3 = 30　② 360 ÷ 9 = 40
③ 600 ÷ 2 = 300　④ 3600 ÷ 6 = 600
⑤ 5600 ÷ 8 = 700

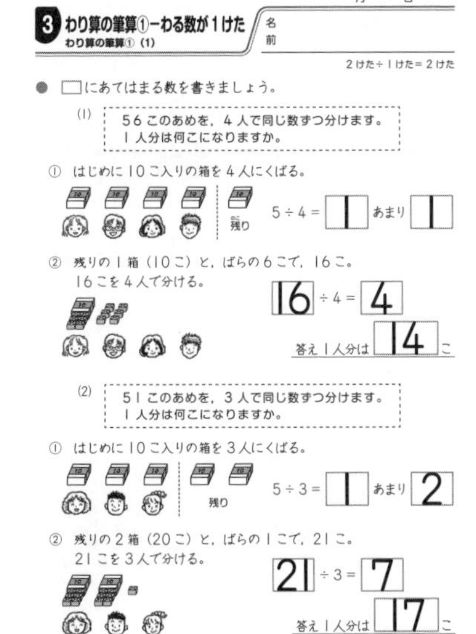

3 わり算の筆算①－わる数が１けた　わり算の筆算①（1）

2けた÷1けた＝2けた

● □にあてはまる数を書きましょう。

(1) 56このあめを，4人で同じ数ずつ分けます。1人分は何こになりますか。

① はじめに10こ入りの箱を4人にくばる。5÷4＝1 あまり 1

② 残りの1箱（10こ）と，ばらの6こで，16こ。16こを4人で分ける。16÷4＝4

答え 1人分は 14 こ

(2) 51このあめを，3人で同じ数ずつ分けます。1人分は何こになりますか。

① はじめに10こ入りの箱を3人にくばる。5÷3＝1 あまり 2

② 残りの2箱（20こ）と，ばらの1こで，21こ。21こを3人で分ける。21÷3＝7

答え 1人分は 17 こ

22

P.23

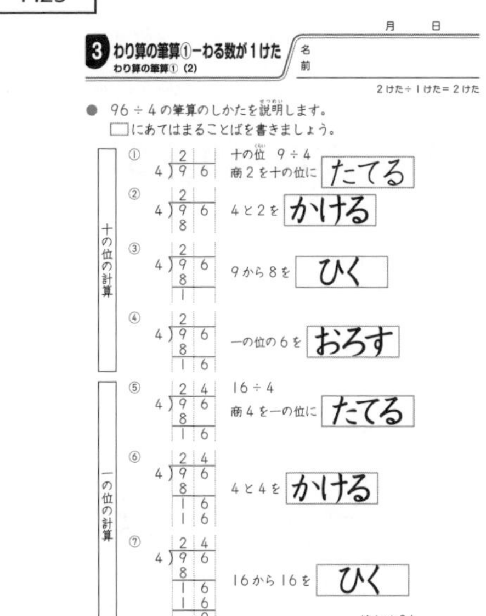

3 わり算の筆算①－わる数が１けた　わり算の筆算①（2）

2けた÷1けた＝2けた

● 96÷4の筆算のしかたを説明します。□にあてはまることばを書きましょう。

十の位の計算
① 十の位 9÷4　商2を十の位に たてる
② 4と2を かける
③ 9から8を ひく
④ 一の位の6を おろす

一の位の計算
⑤ 16÷4　商4を一の位に たてる
⑥ 4と4を かける
⑦ 16から16を ひく

答えは24

3 わり算の筆算①－わる数が１けた　わり算の筆算①（3）

2けた÷1けた＝2けた

① 92÷4＝23　② 84÷3＝28　③ 72÷6＝12　④ 84÷7＝12
⑤ 78÷6＝13　⑥ 91÷7＝13　⑦ 78÷3＝26　⑧ 52÷4＝13
⑨ 90÷6＝15　⑩ 75÷5＝15　⑪ 76÷4＝19　⑫ 75÷3＝25

23

解答

児童に実施させる前に，必ず指導される方が問題を解いてください。本書の解答は，あくまでも１つの例です。指導される方の作られた解答をもとに，本書の解答例を参考に児童の多様な考えに寄り添って○つけをお願いします。

P.24

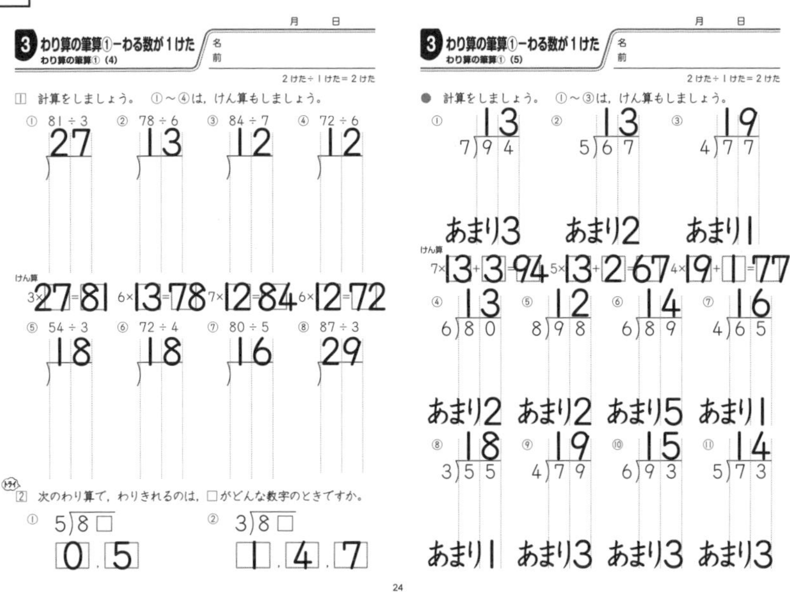

P.25

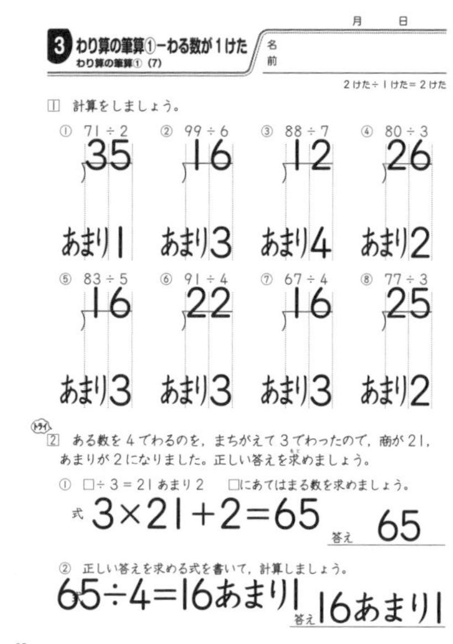

P.26

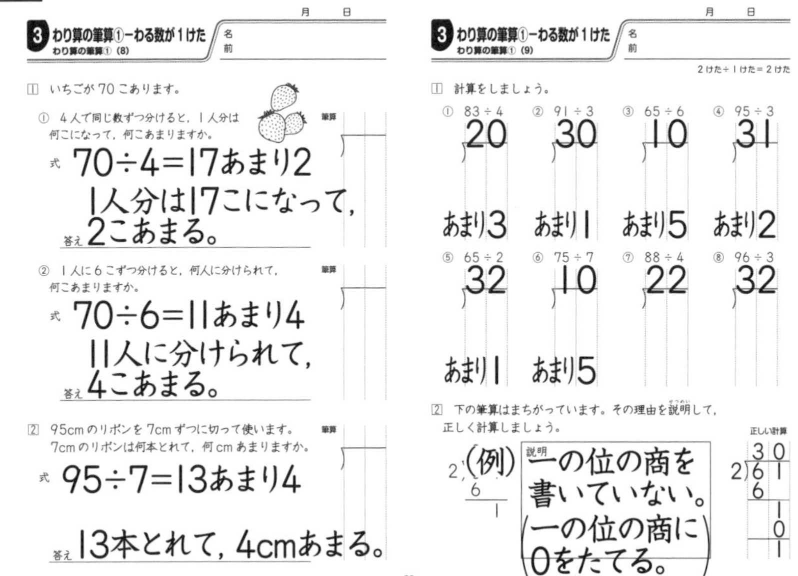

P.27

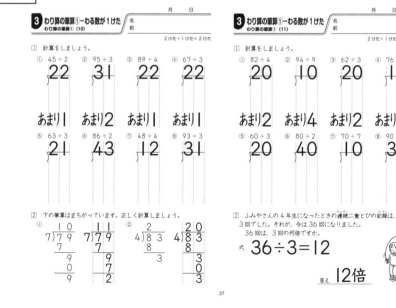

児童に実施させる前に，必ず指導される方が問題を解いてください。本書の解答は，あくまでも１つの例です。指導される方の作られた解答をもとに，本書の解答例を参考に児童の多様な考えに寄り添って○つけをお願いします。

P.28

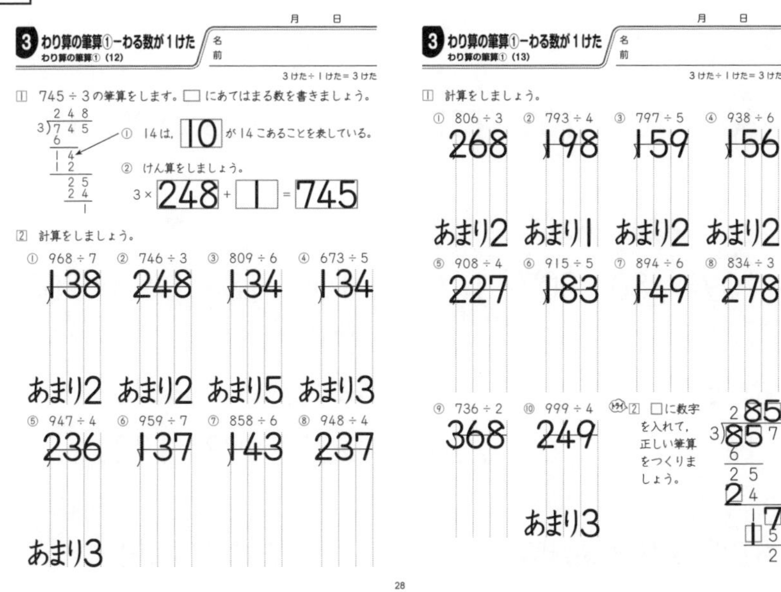

P.29

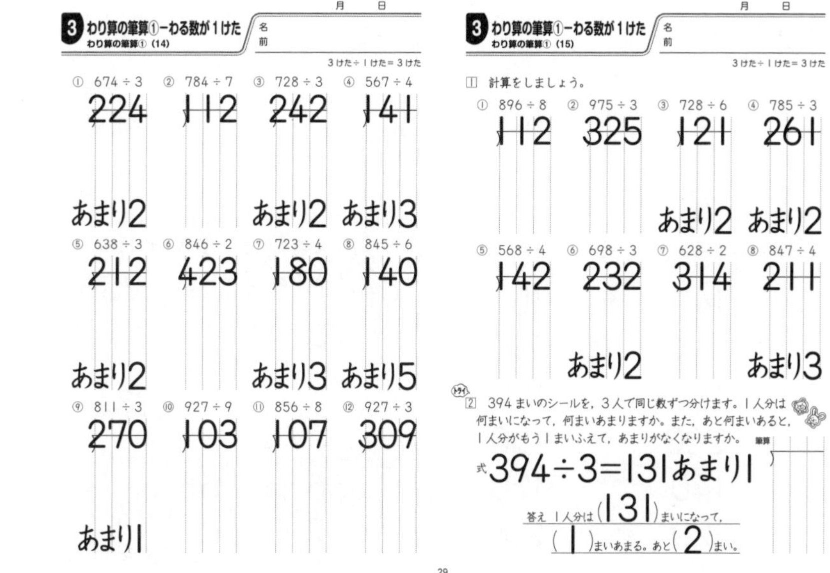

P.30

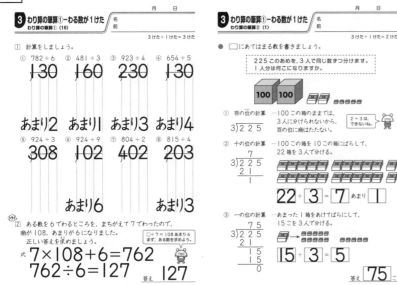

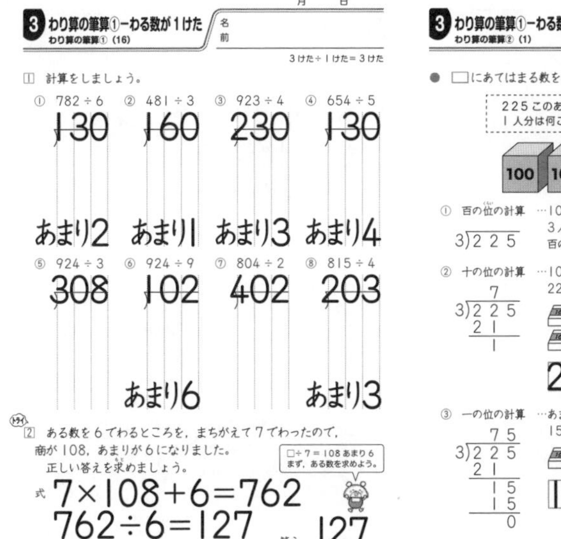

P.31

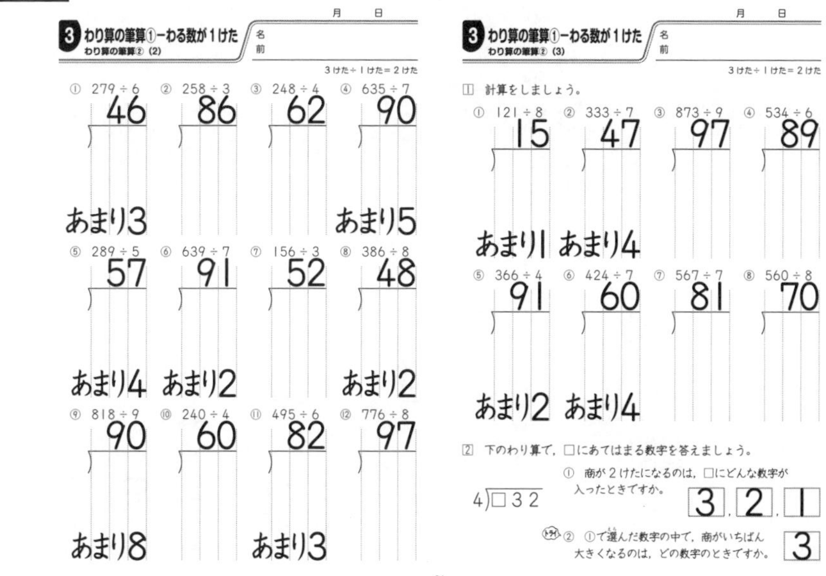

解答

児童に実施させる前に，必ず指導される方が問題を解いてください。本書の解答は，あくまでも１つの例です。指導される方の作られた解答をもとに，本書の解答例を参考に児童の多様な考えに寄り添って○つけをお願いします。

P.32

3 わり算の筆算①－わる数が１けた
暗算

月　日　名前

● 暗算で計算をしましょう。

① 26 ÷ 2 = 13	② 39 ÷ 3 = 13
③ 84 ÷ 4 = 21	④ 42 ÷ 3 = 14
⑤ 32 ÷ 2 = 16	⑥ 65 ÷ 5 = 13
⑦ 60 ÷ 4 = 15	⑧ 80 ÷ 5 = 16
⑨ 70 ÷ 5 = 14	⑩ 90 ÷ 6 = 15
⑪ 480 ÷ 2 = 240	⑫ 620 ÷ 2 = 310
⑬ 360 ÷ 3 = 120	⑭ 840 ÷ 4 = 210
⑮ 520 ÷ 2 = 260	⑯ 450 ÷ 3 = 150
⑰ 560 ÷ 4 = 140	⑱ 720 ÷ 6 = 120
⑲ 600 ÷ 5 = 120	⑳ 1000 ÷ 5 = 200

32

3 ふりかえり・たしかめ (1)
わり算の筆算①－わる数が１けた

月　日　名前

1 203 ページの本があります。

① 1週間（7日）で読むためには，1日に何ページずつ読めばいいですか。

式 203÷7=29

答え 29ページ

② 1日に9ページずつ読むと，何日で読み終わることができますか。

式 203÷9=22あまり5
22+1=23

答え 23日

2 784 まいの色紙を，8人で同じまい数ずつ分けます。1人分は何まいになりますか。

式 784÷8=98

答え 98まい

3 1m56cm のリボンを，8cm ずつに切ります。8cm のリボンは何本できて，何 cm あまりますか。

式 1m56cm=156cm
156÷8=19あまり4

答え 19本できて，4cmあまる。

P.33

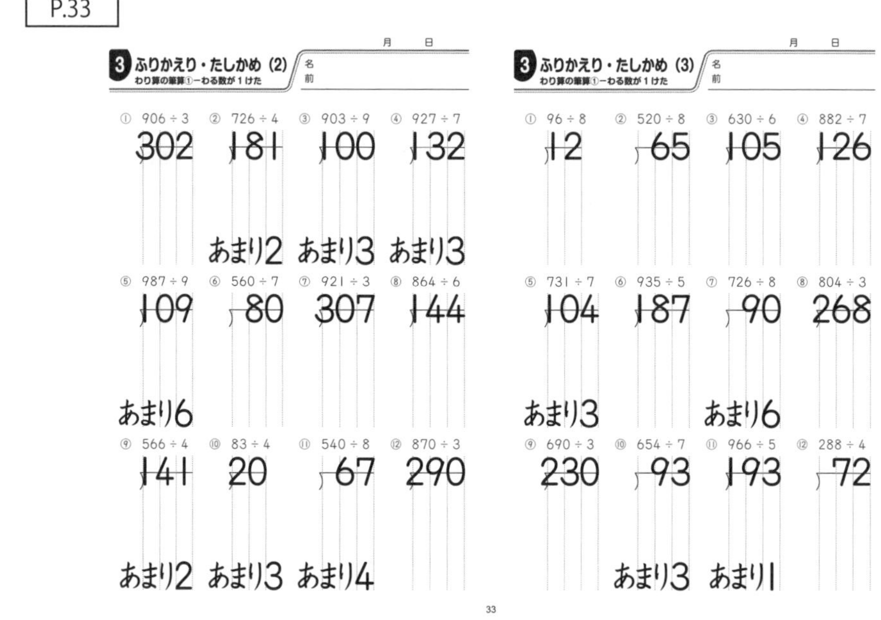

3 ふりかえり・たしかめ (2)　わり算の筆算①－わる数が１けた

① 906÷3 302　② 726÷4 181 あまり2　③ 903÷9 100 あまり3　④ 927÷7 132 あまり3
⑤ 987÷9 109 あまり6　⑥ 560÷7 80　⑦ 921÷3 307　⑧ 864÷6 144
⑨ 566÷4 141 あまり2　⑩ 83÷4 20 あまり3　⑪ 540÷8 67 あまり4　⑫ 870÷3 290

3 ふりかえり・たしかめ (3)　わり算の筆算①－わる数が１けた

① 96÷8 12　② 520÷8 65　③ 630÷6 105　④ 882÷7 126
⑤ 731÷7 104 あまり3　⑥ 935÷5 187　⑦ 726÷8 90 あまり6　⑧ 804÷3 268
⑨ 690÷3 230　⑩ 654÷7 93 あまり3　⑪ 966÷5 193 あまり1　⑫ 288÷4 72

33

P.34

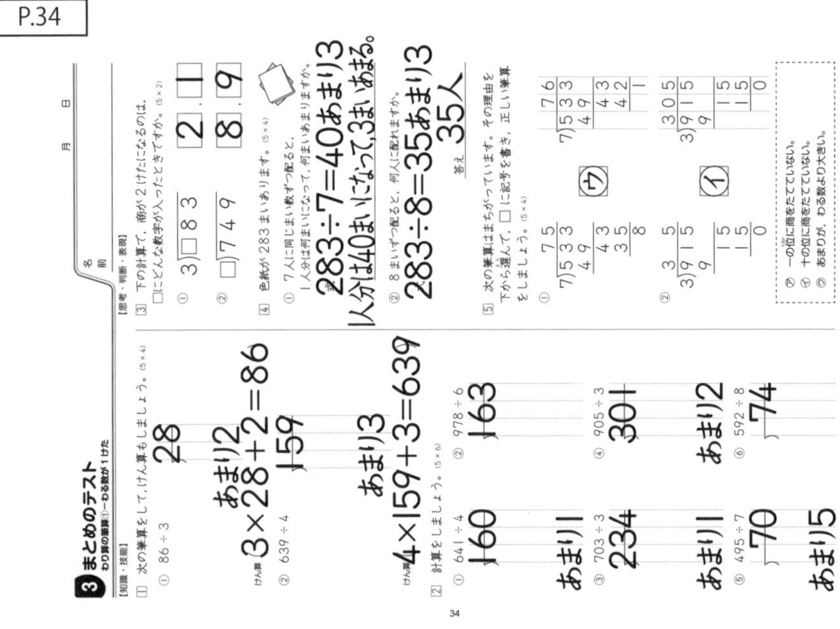

3 まとめのテスト　わり算の筆算①－わる数が１けた

[知識・技能]

1 次の筆算をして，けん算もしましょう。(5×4)

① 86÷3　28 あまり2　けん算 3×28+2=86
② 639÷4　159 あまり3　けん算 4×159+3=639

2 計算をしましょう。(5×6)

① 641÷4　160 あまり1　② 978÷6　163
③ 703÷3　234 あまり1　④ 905÷3　301 あまり2
⑤ 495÷7　70 あまり5　⑥ 592÷8　74

[思考・判断・表現]

3 下の計算で，商が２けたになるのは，□にどんな数字が入ったときですか。(5×2)

① 3)□83　2，1
② □)749　8，9

4 色紙が 283 まいあります。(5×4)

① 7人に同じまい数ずつ配ると，1人分は何まいになって，何まいあまりますか。
283÷7=40あまり3
1人分は40まいになって，3まいあまる。

② 8まいずつ配ると，何人に配れますか。
283÷8=35あまり3
答え 35人

5 次の筆算はまちがっています。その理由を下から選んで，□に記号を書き，正しい筆算をしましょう。(5×4)

① ウ　② イ

⑦ 一の位に商をたてていない。
④ 十の位に商をたてていない。
⑨ あまりが，わる数より大きい。

34

P.35

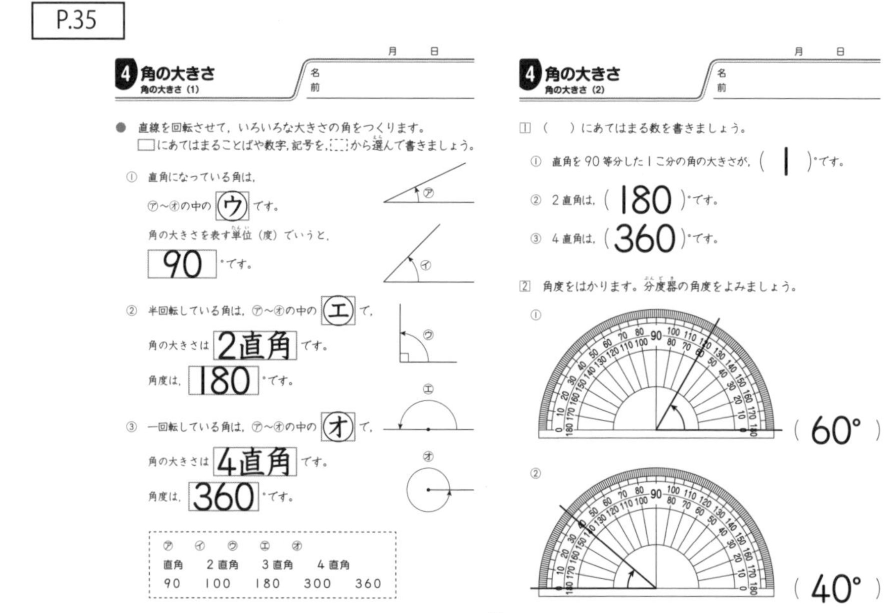

4 角の大きさ　角の大きさ (1)

● 直線を回転させて，いろいろな大きさの角をつくります。□にあてはまることばや数字，記号を，[ ]から選んで書きましょう。

① 直角になっている角は，⑦～⑦の中の ウ です。
角の大きさを表す単位（度）でいうと， 90 °です。

② 半回転している角は，⑦～⑦の中の エ です。
角の大きさは 2直角 です。
角度は， 180 °です。

③ 一回転している角は，⑦～⑦の中の オ です。
角の大きさは 4直角 です。
角度は， 360 °です。

⑦	④	⑨	ⓔ	⑦
直角	2直角	3直角	4直角	
90	100	180	300	360

4 角の大きさ　角の大きさ (2)

1 （　）にあてはまる数を書きましょう。

① 直角を 90 等分した１こ分の角の大きさが，（ 1 ）°です。
② 2直角は，（ 180 ）°です。
③ 4直角は，（ 360 ）°です。

2 角度をはかります。分度器の角度をよみましょう。

① （ 60° ）
② （ 40° ）

35

児童に実施させる前に，必ず指導される方が問題を解いてください。本書の解答は，あくまでも１つの例です。指導される方の作られた解答をもとに，本書の解答例を参考に児童の多様な考えに寄り添って○つけをお願いします。

解答

P.36

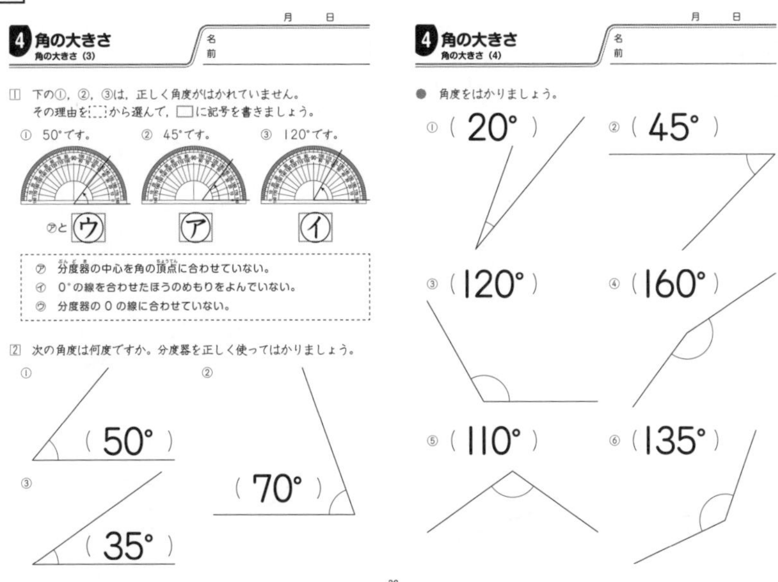

P.37

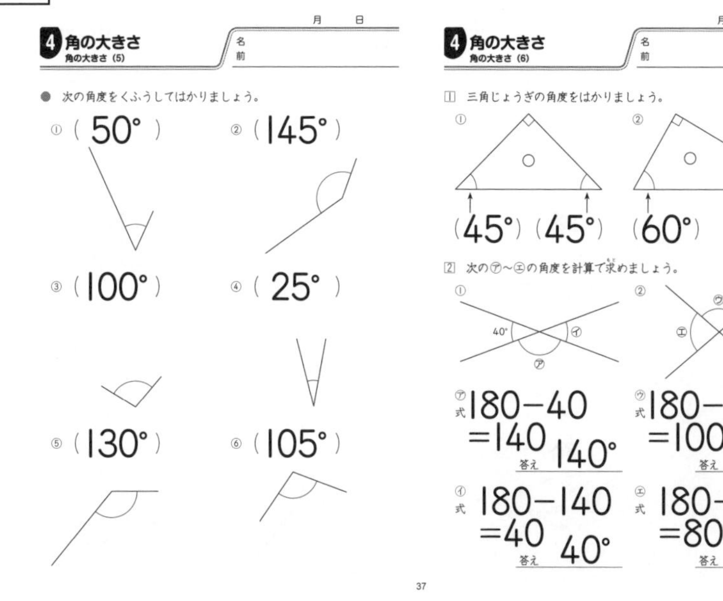

P.38

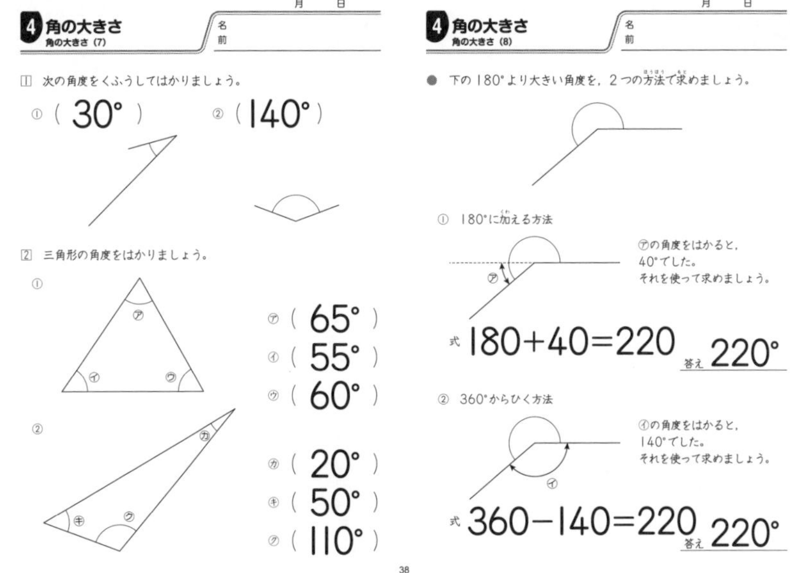

P.39

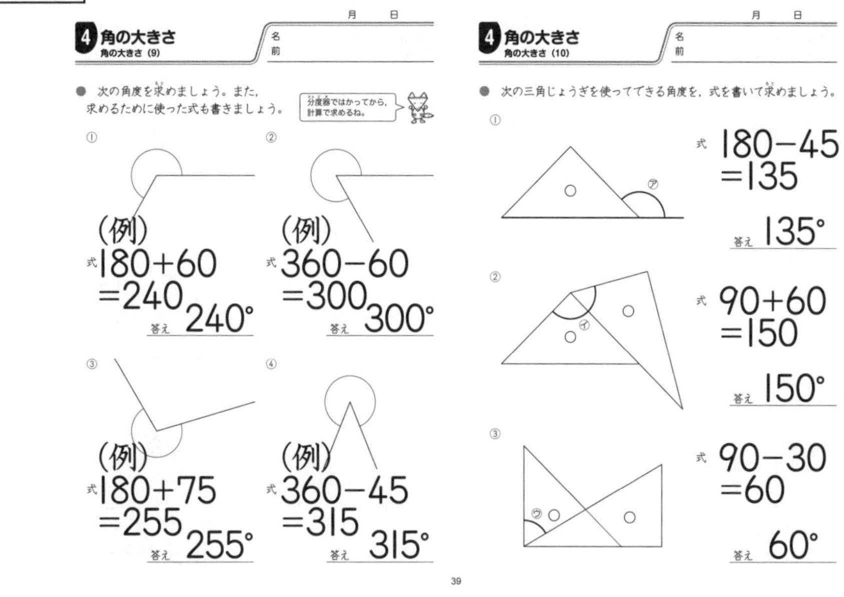

解答

児童に実施させる前に，必ず指導される方が問題を解いてください。本書の解答は，あくまでも１つの例です。指導される方の作られた解答をもとに，本書の解答例を参考に児童の多様な考えに寄り添って○つけをお願いします。

P.40

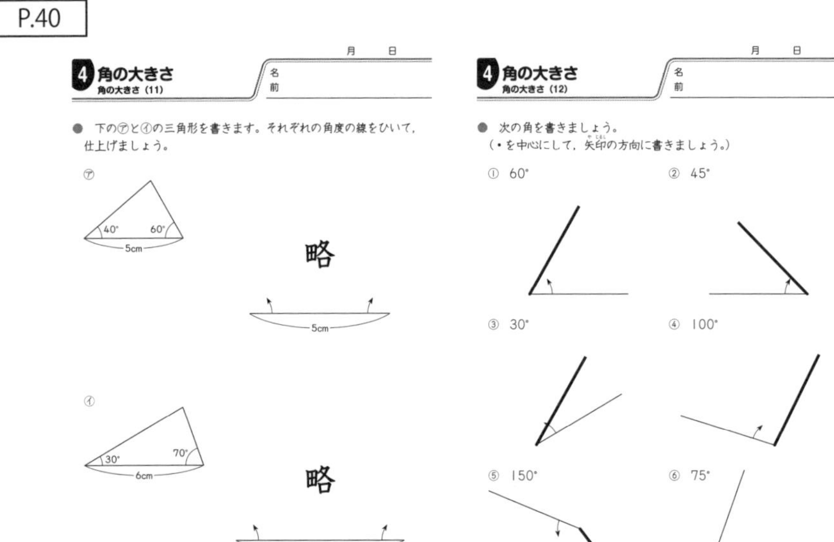

4 角の大きさ
角の大きさ（11）
下の㋐と㋑の三角形を書きます。それぞれの角度の線をひいて，仕上げましょう。
㋐
40°
60°
5cm
略
㋑
30°
70°
6cm
略
4 角の大きさ
角の大きさ（12）
次の角を書きましょう。
（・を中心にして，矢印の方向に書きましょう。）
① 60°
② 45°
③ 30°
④ 100°
⑤ 150°
⑥ 75°
40

P.41

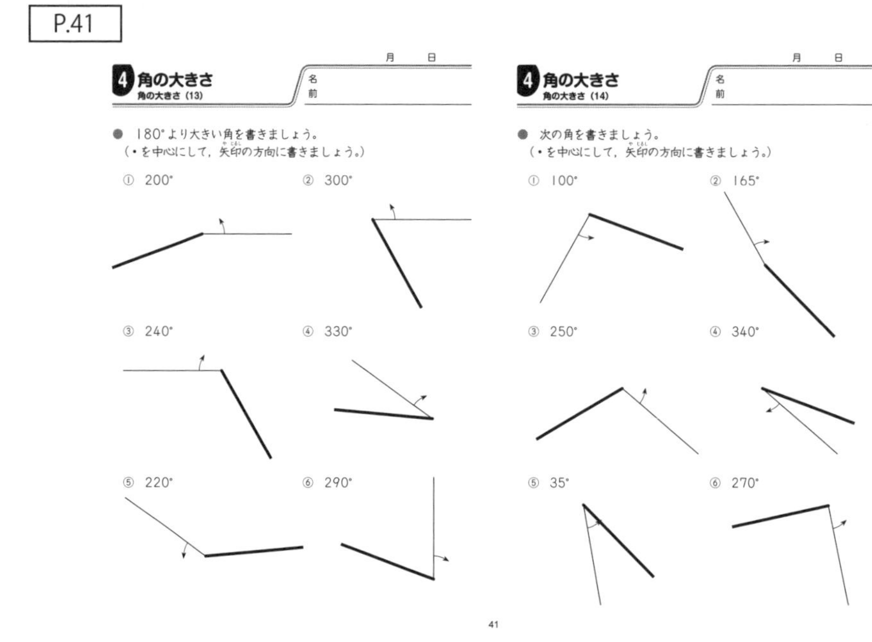

4 角の大きさ
角の大きさ（13）
180°より大きい角を書きましょう。
（・を中心にして，矢印の方向に書きましょう。）
① 200°
② 300°
③ 240°
④ 330°
⑤ 220°
⑥ 290°
4 角の大きさ
角の大きさ（14）
次の角を書きましょう。
（・を中心にして，矢印の方向に書きましょう。）
① 100°
② 165°
③ 250°
④ 340°
⑤ 35°
⑥ 270°
41

P.42

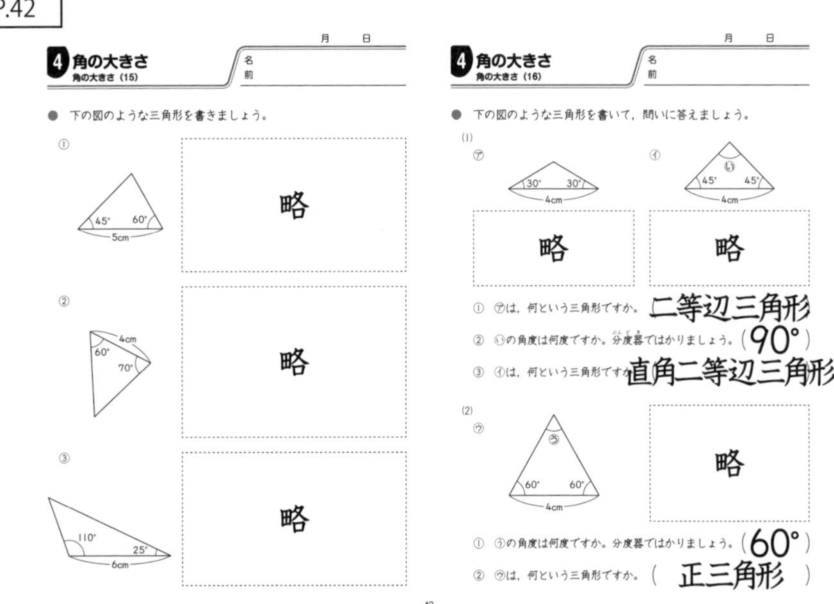

4 角の大きさ
角の大きさ（15）
下の図のような三角形を書きましょう。
① 45° 60° 5cm
略
② 4cm 60° 70°
略
③ 110° 25° 6cm
略
4 角の大きさ
角の大きさ（16）
下の図のような三角形を書いて，問いに答えましょう。
(1) ㋐ 30° 30° 4cm
㋑ 45° 45° 4cm
略
略
① ㋐は，何という三角形ですか。 二等辺三角形
② ㋒の角度は何度ですか。分度器ではかりましょう。（90°）
③ ㋑は，何という三角形ですか。 直角二等辺三角形
(2) ㋒ 60° 60° 4cm
略
① ㋒の角度は何度ですか。分度器ではかりましょう。（60°）
② ㋒は，何という三角形ですか。（ 正三角形 ）
42

P.43

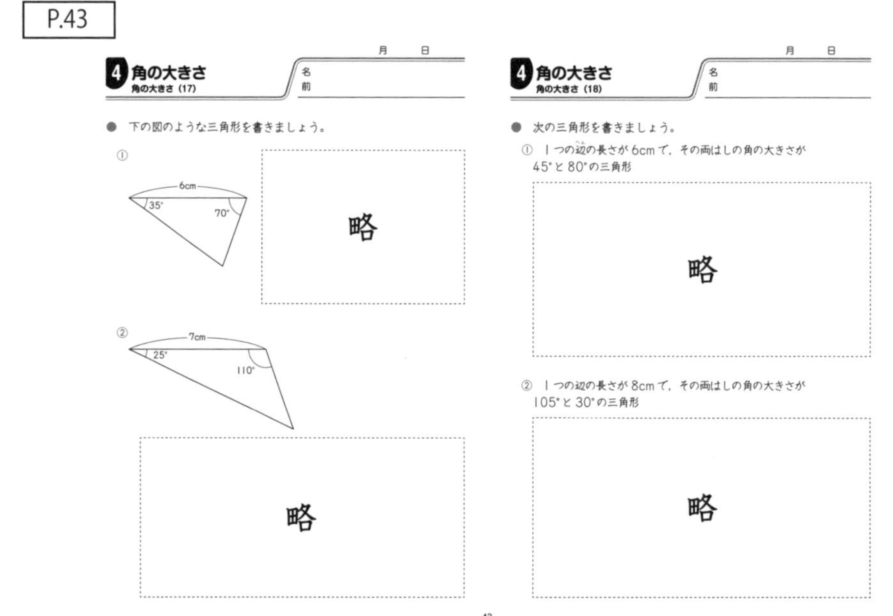

4 角の大きさ
角の大きさ（17）
下の図のような三角形を書きましょう。
① 6cm 35° 70°
略
② 7cm 25° 110°
略
4 角の大きさ
角の大きさ（18）
次の三角形を書きましょう。
① １つの辺の長さが 6cm で，その両はしの角の大きさが 45°と 80°の三角形
略
② １つの辺の長さが 8cm で，その両はしの角の大きさが 105°と 30°の三角形
略
43

P.44

4 角の大きさ 角の大きさ (19)

● 次の三角じょうぎを使ってできる角度を，式を書いて求めましょう。

①

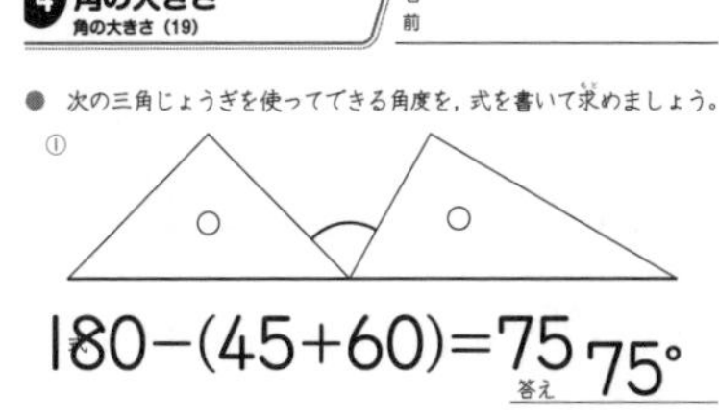

180−(45+60)=75 答え 75°

②

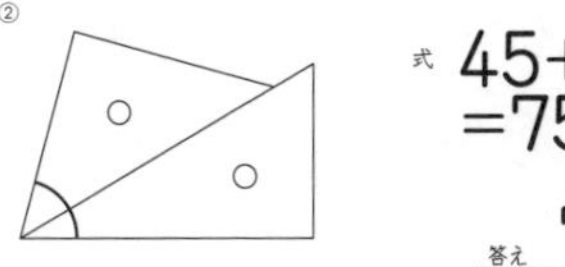

式 45+30 =75 答え 75°

③

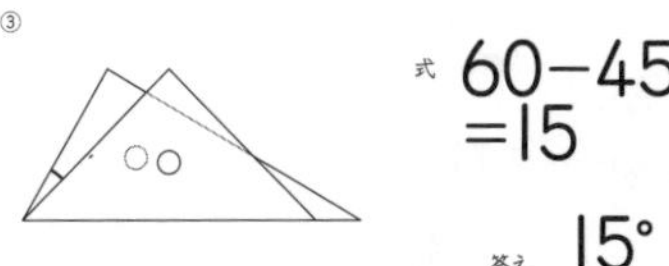

式 60−45 =15 答え 15°

4 角の大きさ 角の大きさ (20)

● 次の三角じょうぎを使ってできる角度を，式を書いて求めましょう。

①

㋐ 式 90+45 =135 答え 135°

㋑ 式 180−60=120 答え 120°

②

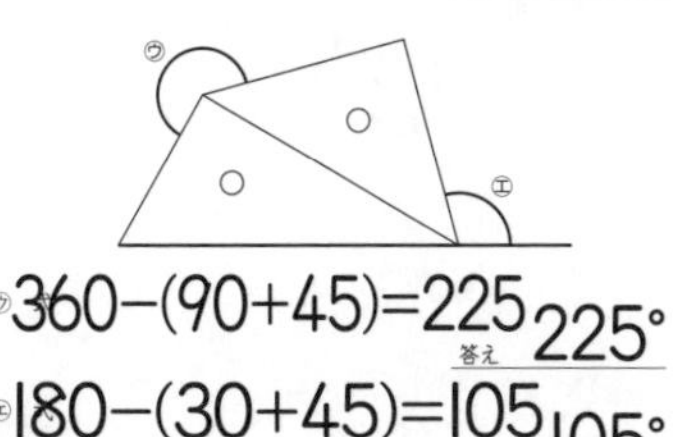

㋒ 360−(90+45)=225 答え 225°

㋓ 180−(30+45)=105 答え 105°

P.45

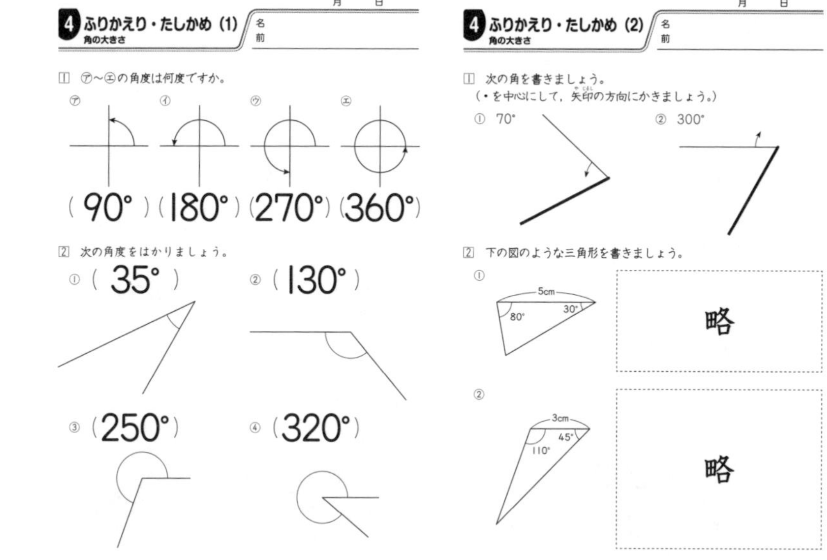

4 ふりかえり・たしかめ (1) 角の大きさ

1 ㋐〜㋓の角度は何度ですか。

(90°) (180°) (270°) (360°)

2 次の角度をはかりましょう。

① (35°) ② (130°) ③ (250°) ④ (320°)

4 ふりかえり・たしかめ (2) 角の大きさ

1 次の角を書きましょう。（・を中心にして，矢印の方向にかきましょう。）

① 70° ② 300°

2 下の図のような三角形を書きましょう。

① 5cm 80° 30° 略

② 3cm 45° 110° 略

P.46

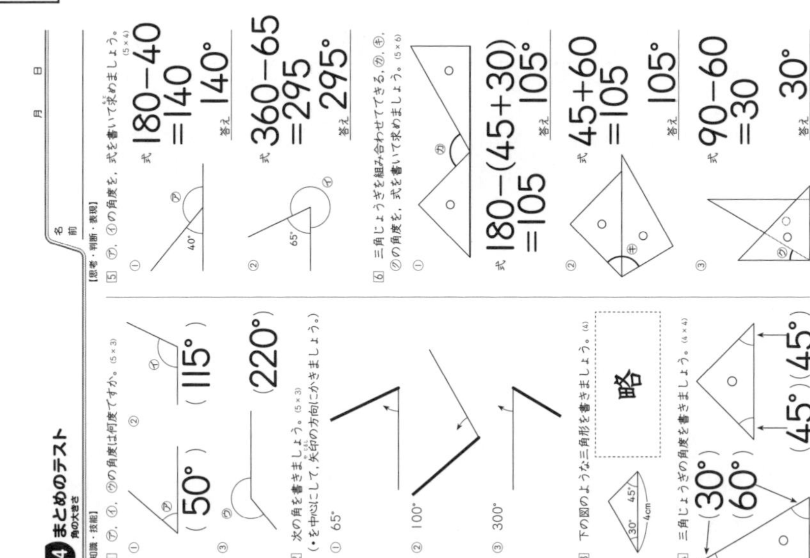

4 まとめのテスト 角の大きさ

【知識・技能】

1 ㋐，㋑，㋒の角度は何度ですか。(5×3)

① (50°) ② (115°) ③ (220°)

2 次の角を書きましょう。(5×3)（・を中心にして，矢印の方向にかきましょう。）

① 65° ② 100° ③ 300°

3 下の図のような三角形を書きましょう。(4) 4cm 45° 30° 略

4 三角じょうぎの角度を書きましょう。(4×4)

(30°) (60°) (45°) (45°)

【思考・判断・表現】

5 ㋐，㋑の角度を，式を書いて求めましょう。(5×4)

① 式 180−40 =140 答え 140°

② 式 360−65 =295 答え 295°

6 三角じょうぎを組み合わせてできる，㋒，㋓，㋔の角度を，式を書いて求めましょう。(5×6)

① 式 180−(45+30) =105 答え 105°

② 式 45+60 =105 答え 105°

③ 式 90−60 =30 答え 30°

P.47

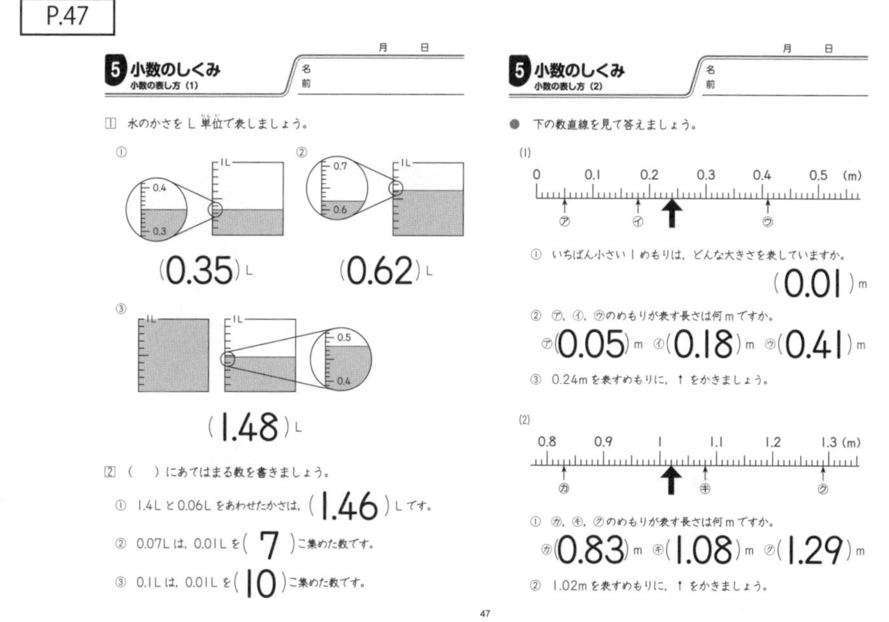

5 小数のしくみ 小数の表し方 (1)

1 水のかさを L 単位で表しましょう。

① (0.35) L ② (0.62) L ③ (1.48) L

2 (　) にあてはまる数を書きましょう。

① 1.4L と 0.06L をあわせたかさは，(1.46) L です。

② 0.07L は，0.01L を (7) こ集めた数です。

③ 0.1L は，0.01L を (10) こ集めた数です。

5 小数のしくみ 小数の表し方 (2)

● 下の数直線を見て答えましょう。

(1)

① いちばん小さい１めもりは，どんな大きさを表していますか。(0.01) m

② ㋐，㋑，㋒のめもりが表す長さは何 m ですか。㋐(0.05) m ㋑(0.18) m ㋒(0.41) m

③ 0.24m を表すめもりに，↑ をかきましょう。

(2)

① ㋓，㋔，㋕のめもりが表す長さは何 m ですか。㋓(0.83) m ㋔(1.08) m ㋕(1.29) m

② 1.02m を表すめもりに，↑ をかきましょう。

解答　児童に実施させる前に、必ず指導される方が問題を解いてください。本書の解答は、あくまでも１つの例です。指導される方の作られた解答をもとに、本書の解答例を参考に児童の多様な考えに寄り添って○つけをお願いします。

P.48

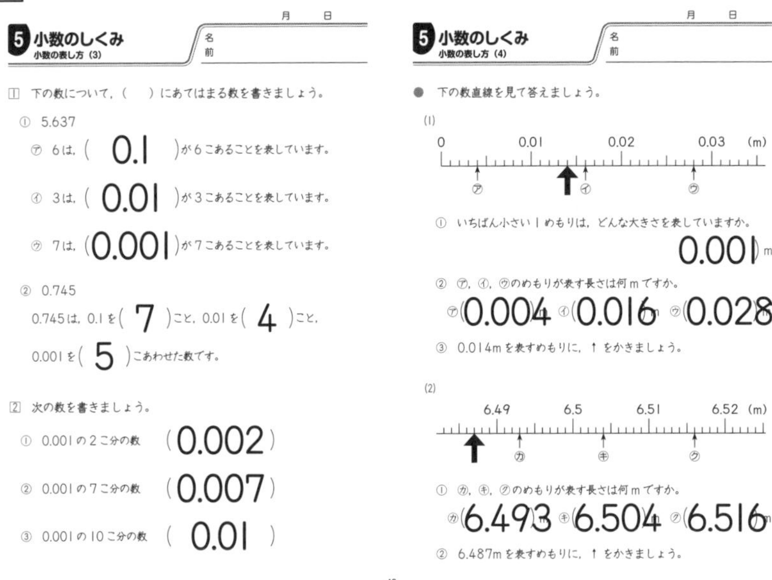

5 小数のしくみ　小数の表し方 (3)

月　日　名前

1 下の数について、(　)にあてはまる数を書きましょう。

① 5.637
- ㋐ 6は、(0.1)が6こあることを表しています。
- ㋑ 3は、(0.01)が3こあることを表しています。
- ㋒ 7は、(0.001)が7こあることを表しています。

② 0.745

0.745は、0.1を(7)こと、0.01を(4)こと、0.001を(5)こあわせた数です。

2 次の数を書きましょう。
- ① 0.001の2こ分の数　(0.002)
- ② 0.001の7こ分の数　(0.007)
- ③ 0.001の10こ分の数　(0.01)

48

5 小数のしくみ　小数の表し方 (4)

月　日　名前

● 下の数直線を見て答えましょう。

(1)

① いちばん小さい1めもりは、どんな大きさを表していますか。　0.001 m

② ㋐、㋑、㋒のめもりが表す長さは何mですか。　㋐(0.004)　㋑(0.016)m　㋒(0.028)

③ 0.014mを表すめもりに、↑をかきましょう。

(2)

① ㋕、㋖、㋗のめもりが表す長さは何mですか。　㋕(6.493)　㋖(6.504)　㋗(6.516)m

② 6.487mを表すめもりに、↑をかきましょう。

P.49

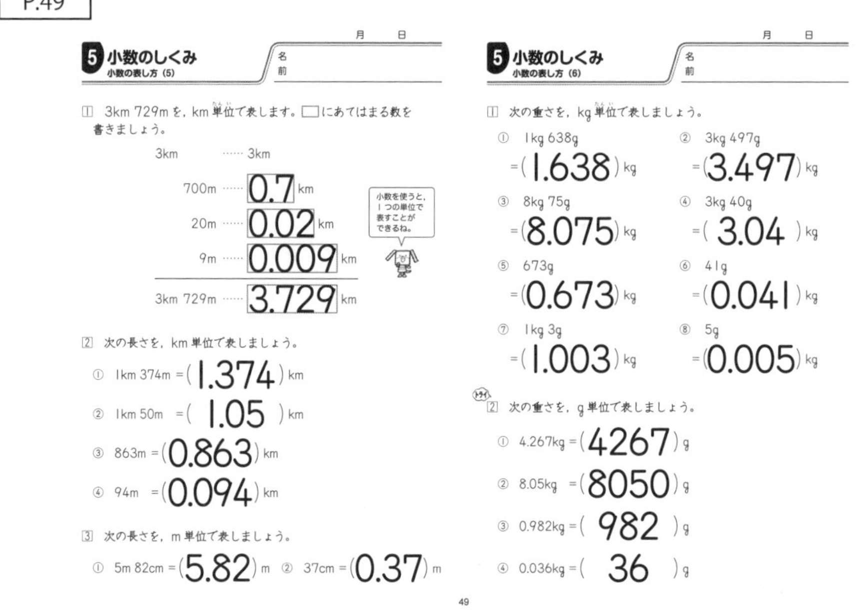

5 小数のしくみ　小数の表し方 (5)

月　日　名前

1 3km 729mを、km単位で表します。□にあてはまる数を書きましょう。

3km …… 3km
700m …… 0.7 km
20m …… 0.02 km
9m …… 0.009 km
3km 729m …… 3.729 km

小数を使うと、1つの単位で表すことができるね。

2 次の長さを、km単位で表しましょう。
- ① 1km 374m = (1.374) km
- ② 1km 50m = (1.05) km
- ③ 863m = (0.863) km
- ④ 94m = (0.094) km

3 次の長さを、m単位で表しましょう。
- ① 5m 82cm = (5.82) m　② 37cm = (0.37) m

5 小数のしくみ　小数の表し方 (6)

月　日　名前

1 次の重さを、kg単位で表しましょう。
- ① 1kg 638g = (1.638) kg　② 3kg 497g = (3.497) kg
- ③ 8kg 75g = (8.075) kg　④ 3kg 40g = (3.04) kg
- ⑤ 673g = (0.673) kg　⑥ 41g = (0.041) kg
- ⑦ 1kg 3g = (1.003) kg　⑧ 5g = (0.005) kg

2 次の重さを、g単位で表しましょう。
- ① 4.267kg = (4267) g
- ② 8.05kg = (8050) g
- ③ 0.982kg = (982) g
- ④ 0.036kg = (36) g

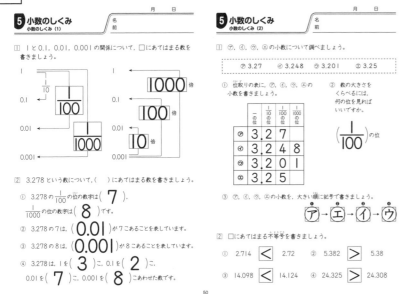

49

P.50

5 小数のしくみ　小数のしくみ (1)

月　日　名前

1 1と0.1、0.01、0.001の関係について、□にあてはまる数を書きましょう。

1 → $\frac{1}{10}$ → 0.1　1 → $\frac{1}{100}$ → 0.01　1 → $\frac{1}{1000}$ → 0.001

0.001 → 1000倍 → 1　0.01 → 100倍 → 1　0.001 → 10倍 → 0.01

2 3.278という数について、(　)にあてはまる数を書きましょう。
- ① 3.278の$\frac{1}{100}$の位の数字は(7)、$\frac{1}{1000}$の位の数字は(8)です。
- ② 3.278の7は、(0.01)が7こあることを表しています。
- ③ 3.278の8は、(0.001)が8こあることを表しています。
- ④ 3.278は、1を(3)こ、0.1を(2)こ、0.01を(7)こ、0.001を(8)こあわせた数です。

50

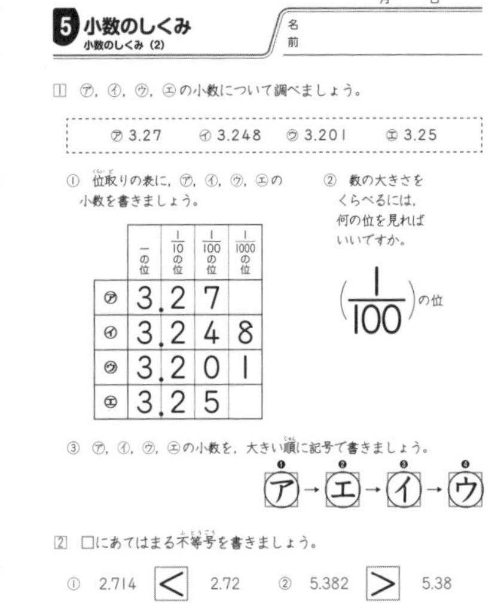

5 小数のしくみ　小数のしくみ (2)

月　日　名前

1 ㋐、㋑、㋒、㋓の小数について調べましょう。

㋐ 3.27　㋑ 3.248　㋒ 3.201　㋓ 3.25

① 位取りの表に、㋐、㋑、㋒、㋓の小数を書きましょう。

	一の位	$\frac{1}{10}$の位	$\frac{1}{100}$の位	$\frac{1}{1000}$の位
㋐	3.	2	7	
㋑	3.	2	4	8
㋒	3.	2	0	1
㋓	3.	2	5	

② 数の大きさをくらべるには、何の位を見ればいいですか。　($\frac{1}{100}$)の位

③ ㋐、㋑、㋒、㋓の小数を、大きい順に記号で書きましょう。　㋐→㋓→㋑→㋒

2 □にあてはまる不等号を書きましょう。
- ① 2.714 [<] 2.72　② 5.382 [>] 5.38
- ③ 14.098 [<] 14.124　④ 24.325 [>] 24.308

P.51

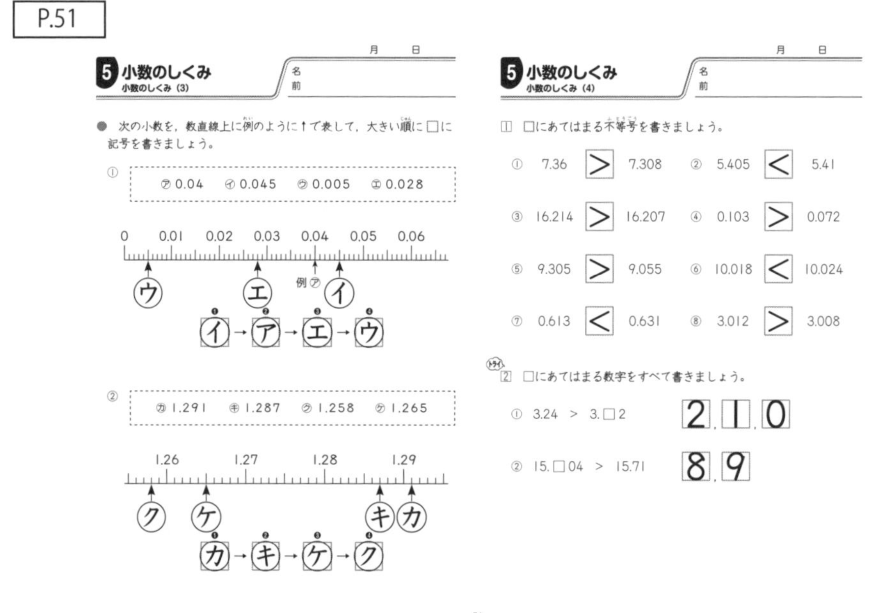

5 小数のしくみ　小数のしくみ (3)

月　日　名前

● 次の小数を、数直線上に例のように↑で表して、大きい順に□に記号を書きましょう。

① ㋐ 0.04　㋑ 0.045　㋒ 0.005　㋓ 0.028

㋑→㋐→㋓→㋒

② ㋕ 1.291　㋖ 1.287　㋗ 1.258　㋘ 1.265

㋕→㋖→㋘→㋗

5 小数のしくみ　小数のしくみ (4)

月　日　名前

1 □にあてはまる不等号を書きましょう。
- ① 7.36 [>] 7.308　② 5.405 [<] 5.41
- ③ 16.214 [>] 16.207　④ 0.103 [>] 0.072
- ⑤ 9.305 [>] 9.055　⑥ 10.018 [<] 10.024
- ⑦ 0.613 [<] 0.631　⑧ 3.012 [>] 3.008

2 □にあてはまる数字をすべて書きましょう。
- ① 3.24 > 3.□2　2, 1, 0
- ② 15.□04 > 15.71　8, 9

51

児童に実施させる前に，必ず指導される方が問題を解いてください。本書の解答は，あくまでも１つの例です。指導される方の作られた解答をもとに，本書の解答例を参考に児童の多様な考えに寄り添って○つけをお願いします。

解答

P.52

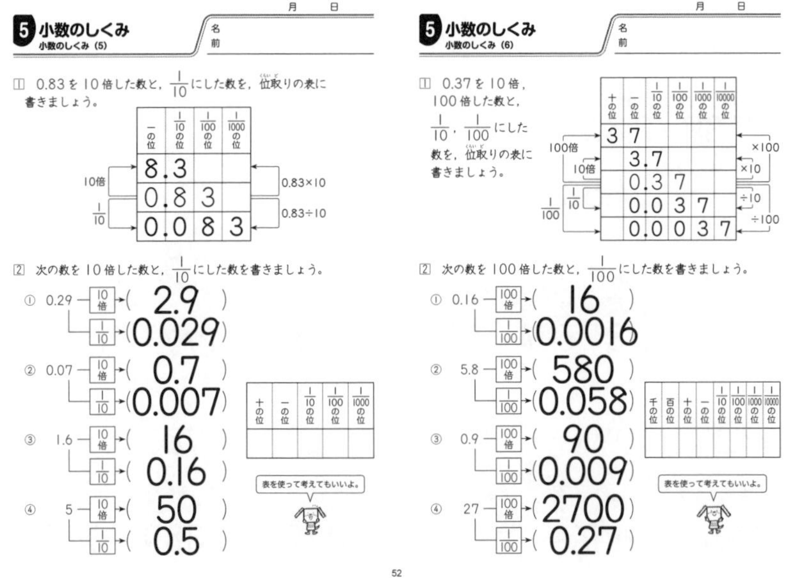

5 小数のしくみ　小数のしくみ (5)　月　日　名前

1 0.83を10倍した数と，$\frac{1}{10}$にした数を，位取りの表に書きましょう。

一の位	$\frac{1}{10}$の位	$\frac{1}{100}$の位	$\frac{1}{1000}$の位
8	3		
0	8	3	
0	0	8	3

10倍　0.83×10
$\frac{1}{10}$　0.83÷10

2 次の数を10倍した数と，$\frac{1}{10}$にした数を書きましょう。

① 0.29　10倍→(2.9)　$\frac{1}{10}$→(0.029)
② 0.07　10倍→(0.7)　$\frac{1}{10}$→(0.007)
③ 1.6　10倍→(16)　$\frac{1}{10}$→(0.16)
④ 5　10倍→(50)　$\frac{1}{10}$→(0.5)

十の位	一の位	$\frac{1}{10}$の位	$\frac{1}{100}$の位	$\frac{1}{1000}$の位

表を使って考えてもいいよ。

52

5 小数のしくみ　小数のしくみ (6)　月　日　名前

1 0.37を10倍，100倍した数と，$\frac{1}{10}$，$\frac{1}{100}$にした数を，位取りの表に書きましょう。

	十の位	一の位	$\frac{1}{10}$の位	$\frac{1}{100}$の位	$\frac{1}{1000}$の位	$\frac{1}{10000}$の位	
100倍	3	7					×100
10倍		3	7				×10
		0	3	7			
$\frac{1}{10}$		0	0	3	7		÷10
$\frac{1}{100}$		0	0	0	3	7	÷100

2 次の数を100倍した数と，$\frac{1}{100}$にした数を書きましょう。

① 0.16　100倍→(16)　$\frac{1}{100}$→(0.0016)
② 5.8　100倍→(580)　$\frac{1}{100}$→(0.058)
③ 0.9　100倍→(90)　$\frac{1}{100}$→(0.009)
④ 27　100倍→(2700)　$\frac{1}{100}$→(0.27)

千の位	百の位	十の位	一の位	$\frac{1}{10}$の位	$\frac{1}{100}$の位	$\frac{1}{1000}$の位	$\frac{1}{10000}$の位

表を使って考えてもいいよ。

P.53

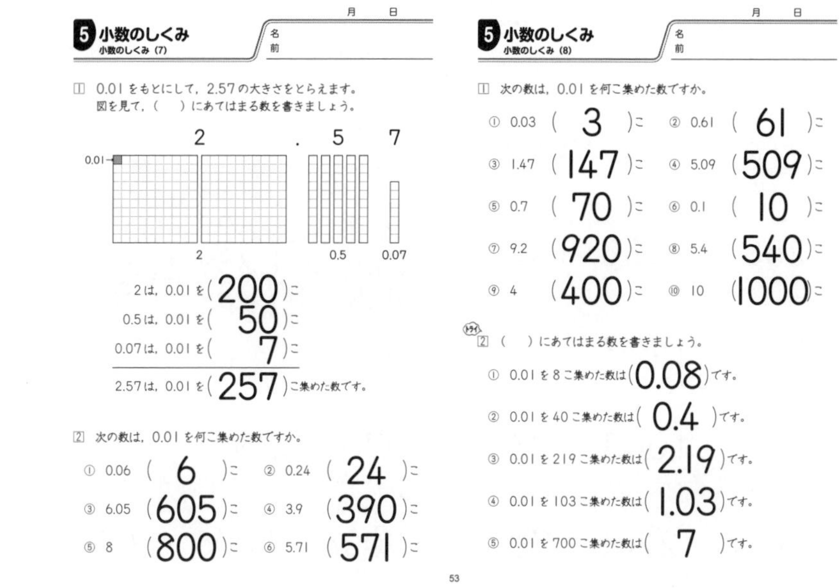

5 小数のしくみ　小数のしくみ (7)　月　日　名前

1 0.01をもとにして，2.57の大きさをとらえます。図を見て，（　）にあてはまる数を書きましょう。

2 . 5 7
0.01
2　0.5　0.07

2は，0.01を(200)こ
0.5は，0.01を(50)こ
0.07は，0.01を(7)こ
2.57は，0.01を(257)こ集めた数です。

2 次の数は，0.01を何こ集めた数ですか。

① 0.06 (6)こ　② 0.24 (24)こ
③ 6.05 (605)こ　④ 3.9 (390)こ
⑤ 8 (800)こ　⑥ 5.71 (571)こ

53

5 小数のしくみ　小数のしくみ (8)　月　日　名前

1 次の数は，0.01を何こ集めた数ですか。

① 0.03 (3)こ　② 0.61 (61)こ
③ 1.47 (147)こ　④ 5.09 (509)こ
⑤ 0.7 (70)こ　⑥ 0.1 (10)こ
⑦ 9.2 (920)こ　⑧ 5.4 (540)こ
⑨ 4 (400)こ　⑩ 10 (1000)こ

2 （　）にあてはまる数を書きましょう。

① 0.01を8こ集めた数は(0.08)です。
② 0.01を40こ集めた数は(0.4)です。
③ 0.01を219こ集めた数は(2.19)です。
④ 0.01を103こ集めた数は(1.03)です。
⑤ 0.01を700こ集めた数は(7)です。

P.54

5 小数のしくみ　小数のたし算とひき算 (1)　月　日　名前

1 リボンが，2.34mと1.58mあります。あわせると，何mになりますか。

式 2.34+1.58
=3.92

答え 3.92m

筆算

2 計算をしましょう。

① 5.72+2.63=8.35
② 3.28+4.57=7.85
③ 0.98+0.45=1.43
④ 0.77+0.28=1.05
⑤ 8.67+4.98=13.65
⑥ 3.08+0.94=4.02
⑦ 24.76+2.56=27.32
⑧ 6.39+15.83=22.22
⑨ 3.596+2.738=6.334
⑩ 4.783+1.249=6.032

54

5 小数のしくみ　小数のたし算とひき算 (2)　月　日　名前

① 2.73 + 4.31　7.04
② 5.97 + 0.68　6.65
③ 0.56 + 8.52　9.08
④ 4.67 + 3.09　7.76
⑤ 6.08 + 4.93　11.01
⑥ 0.37 + 5.09　5.46
⑦ 0.27 + 0.74　1.01
⑧ 9.85 + 0.16　10.01
⑨ 18.56 + 4.55　23.11
⑩ 9.83 + 47.56　57.39
⑪ 19.87 + 4.38　24.25
⑫ 16.38 + 3.65　20.03
⑬ 2.385 + 1.474　3.859
⑭ 0.846 + 0.595　1.441
⑮ 8.564 + 2.139　10.703

P.55

5 小数のしくみ　小数のたし算とひき算 (3)　月　日　名前

1 6.35＋2.41の筆算をしました。（　）にあてはまる数を書きましょう。

6.35
+2.41
8.76

左の筆算で，和の8.76の，
6は，(0.01)が5＋1で6こ，
7は，(0.1)が3＋4で7こ，
8は，(1)が6＋2で8こ
あることを表しています。

2 計算をしましょう。

① 7.42 + 2.45　9.87
② 2.06 + 7.57　9.63
③ 8.05 + 4.98　13.03
④ 0.92 + 0.14　1.06
⑤ 5.26 + 1.89　7.15
⑥ 0.36 + 5.27　5.63
⑦ 0.396 + 0.785　1.181
⑧ 0.583 + 2.749　3.332
⑨ 3.264 + 7.792　11.056

55

5 小数のしくみ　小数のたし算とひき算 (4)　月　日　名前

1 次の筆算はまちがっています。その理由を右から選んで，□に記号を書きましょう。また，正しい筆算をしましょう。

① 0.842 + 0.238
0.842
+0.238
1.080
㋑
正しい筆算
0.842
+0.238
1.080

② 7.2 + 2.349
7.2
+2.349
2.421
㋐
正しい筆算
7.2
+2.349
9.549

理由
㋐ 位をそろえて計算していない。
㋑ 和の小数点以下にある不要な0を消していない。
㋒ くり上がりの計算をまちがえている。

2 計算をしましょう。

① 3.46 + 1.34　4.80
② 0.029 + 0.351　0.380
③ 7.97 + 1.03　9.00
④ 4.37 + 2.3　6.67
⑤ 15.4 + 5.08　20.48
⑥ 4.9 + 0.186　5.086

解答

児童に実施させる前に，必ず指導される方が問題を解いてください。本書の解答は，あくまでも１つの例です。指導される方の作られた解答をもとに，本書の解答例を参考に児童の多様な考えに寄り添って○つけをお願いします。

P.56

5 小数のしくみ 小数のたし算とひき算 (5)

問題	答え	問題	答え	問題	答え
① 2.85 + 4.25	7.1Ø	② 5.87 + 0.6	6.47	③ 6.08 + 2.92	9.ØØ
④ 1.7 + 0.83	2.53	⑤ 13.6 + 5.28	18.88	⑥ 6.52 + 6.8	13.32
⑦ 0.85 + 1.95	2.8Ø	⑧ 4.23 + 15	19.23	⑨ 9.52 + 4.5	14.02
⑩ 8.02 + 15	23.02	⑪ 7 + 3.63	10.63	⑫ 0.27 + 2.73	3.ØØ
⑬ 3.894 + 0.72	4.614	⑭ 5.75 + 16.3	22.05	⑮ 1.38 + 5.7	7.08

5 小数のしくみ 小数のたし算とひき算 (6)

トライ 1 次の筆算はまちがっています。その理由を下から選んで，□に記号を書きましょう。また，正しい筆算をしましょう。

問題	まちがった筆算	記号	正しい筆算
① 14.2 + 85.8	14.2 + 85.8 = 100.0	ア	14.2 + 85.8 = 100.Ø
② 25.62 + 1.389	25.62 + 1.389 = 3.951	ウ	25.62 + 1.389 = 27.009
③ 3.92 + 2.08	3.92 + 2.08 = 5.90	イ	3.92 + 2.08 = 6.ØØ

㋐ 和 … てい
㋑ くり上がりの計算をまちがえている。
㋒ 位をそろえて計算していない。

2 計算をしましょう。

問題	答え	問題	答え	問題	答え
① 0.26 + 0.44	0.7Ø	② 3.272 + 7.828	11.1ØØ	③ 14.29 + 5.71	20.ØØ
④ 3.2 + 3.808	7.008	⑤ 1.805 + 3.2	5.005	⑥ 1.25 + 1.75	3.ØØ

56

P.57

5 小数のしくみ 小数のたし算とひき算 (7)

1 7.39mのテープがありました。2.86m使いました。テープは，何m残っていますか。

式 7.39−2.86 =4.53

答え 4.53m

筆算

2 計算をしましょう。

① 7.72 − 1.84	5.88
② 4.57 − 3.79	0.78
③ 7.93 − 2.09	5.84
④ 8.03 − 3.26	4.77
⑤ 5.31 − 0.94	4.37
⑥ 1.56 − 0.86	0.7Ø
⑦ 12.56 − 7.48	5.08
⑧ 4.532 − 1.788	2.744
⑨ 1.034 − 0.969	0.065
⑩ 6.531 − 5.921	0.61Ø

5 小数のしくみ 小数のたし算とひき算 (8)

問題	答え	問題	答え	問題	答え
① 1.72 − 0.82	0.9Ø	② 4.61 − 2.85	1.76	③ 7.13 − 5.56	1.57
④ 9.01 − 0.53	8.48	⑤ 4.03 − 3.67	0.36	⑥ 7.54 − 0.89	6.65
⑦ 6.23 − 0.75	5.48	⑧ 5.76 − 0.97	4.79	⑨ 6.63 − 5.93	0.7Ø
⑩ 7.026 − 3.743	3.283	⑪ 1.041 − 0.258	0.783	⑫ 10.34 − 4.67	5.67
⑬ 3.214 − 2.485	0.729	⑭ 30.48 − 16.68	13.8Ø	⑮ 2.003 − 1.347	0.656

57

P.58

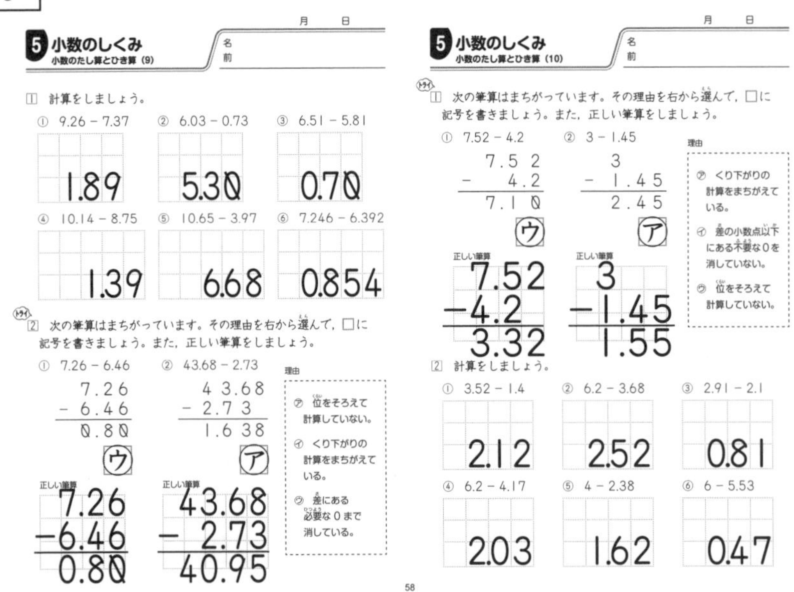

5 小数のしくみ 小数のたし算とひき算 (9)

1 計算をしましょう。

問題	答え	問題	答え	問題	答え
① 9.26 − 7.37	1.89	② 6.03 − 0.73	5.3Ø	③ 6.51 − 5.81	0.7Ø
④ 10.14 − 8.75	1.39	⑤ 10.65 − 3.97	6.68	⑥ 7.246 − 6.392	0.854

トライ 2 次の筆算はまちがっています。その理由を右から選んで，□に記号を書きましょう。また，正しい筆算をしましょう。

問題	まちがった筆算	記号	正しい筆算
① 7.26 − 6.46	7.26 − 6.46 = 0.8Ø	ウ	7.26 − 6.46 = 0.8Ø
② 43.68 − 2.73	43.68 − 2.73 = 1.638	ア	43.68 − 2.73 = 40.95

理由
㋐ 位をそろえて計算していない。
㋑ くり下がりの計算をまちがえている。
㋒ 差にある必要な0まで消している。

58

5 小数のしくみ 小数のたし算とひき算 (10)

トライ 1 次の筆算はまちがっています。その理由を右から選んで，□に記号を書きましょう。また，正しい筆算をしましょう。

問題	まちがった筆算	記号	正しい筆算
① 7.52 − 4.2	7.52 − 4.2 = 7.1Ø	ウ	7.52 − 4.2 = 3.32
② 3 − 1.45	3 − 1.45 = 2.45	ア	3 − 1.45 = 1.55

理由
㋐ くり下がりの計算をまちがえている。
㋑ 差の小数点以下にある不要な0を消していない。
㋒ 位をそろえて計算していない。

2 計算をしましょう。

問題	答え	問題	答え	問題	答え
① 3.52 − 1.4	2.12	② 6.2 − 3.68	2.52	③ 2.91 − 2.1	0.81
④ 6.2 − 4.17	2.03	⑤ 4 − 2.38	1.62	⑥ 6 − 5.53	0.47

P.59

5 小数のしくみ 小数のたし算とひき算 (11)

問題	答え	問題	答え	問題	答え
① 8.15 − 2.3	5.85	② 4.8 − 2.07	2.73	③ 7.453 − 0.78	6.673
④ 6.384 − 0.77	5.614	⑤ 11.2 − 8.54	2.66	⑥ 10.2 − 9.44	0.76
⑦ 14.7 − 0.92	13.78	⑧ 2.46 − 1.925	0.535	⑨ 1.02 − 0.962	0.058
⑩ 4 − 1.76	2.24	⑪ 8 − 7.12	0.88	⑫ 15 − 0.89	14.11
⑬ 36 − 0.53	35.47	⑭ 4 − 0.092	3.908	⑮ 1 − 0.012	0.988

5 小数のしくみ 小数のたし算とひき算 (12)

問題	答え	問題	答え	問題	答え
① 5.34 − 0.9	4.44	② 5.2 − 0.07	5.13	③ 5.44 − 2.4	3.04
④ 3.649 − 0.59	3.059	⑤ 15 − 0.92	14.08	⑥ 10 − 1.14	8.86
⑦ 6.5 − 4.91	1.59	⑧ 1 − 0.345	0.655	⑨ 2.28 − 1.864	0.416
⑩ 3.4 − 0.45	2.95	⑪ 8.43 − 3.7	4.73	⑫ 47 − 0.94	46.06
⑬ 18.3 − 3.75	14.55	⑭ 0.9 − 0.854	0.046	⑮ 6 − 5.899	0.101

59

児童に実施させる前に，必ず指導される方が問題を解いてください。本書の解答は，あくまでも１つの例です。指導される方の作られた解答をもとに，本書の解答例を参考に児童の多様な考えに寄り添って○つけをお願いします。

解答

P.60

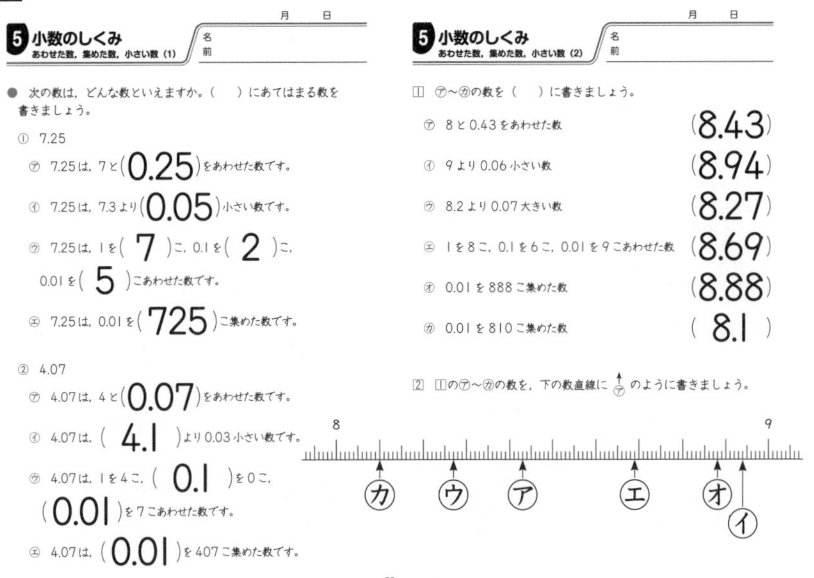

5 小数のしくみ あわせた数，集めた数，小さい数 (1)

● 次の数は，どんな数といえますか。（　）にあてはまる数を書きましょう。

① 7.25

㋐ 7.25は，7と(0.25)をあわせた数です。

㋑ 7.25は，7.3より(0.05)小さい数です。

㋒ 7.25は，1を(7)こ，0.1を(2)こ，0.01を(5)こあわせた数です。

㋓ 7.25は，0.01を(725)こ集めた数です。

② 4.07

㋐ 4.07は，4と(0.07)をあわせた数です。

㋑ 4.07は，(4.1)より0.03小さい数です。

㋒ 4.07は，1を4こ，(0.1)を0こ，(0.01)を7こあわせた数です。

㋓ 4.07は，(0.01)を407こ集めた数です。

5 小数のしくみ あわせた数，集めた数，小さい数 (2)

1 ㋐〜㋕の数を（　）に書きましょう。

㋐ 8と0.43をあわせた数 (8.43)

㋑ 9より0.06小さい数 (8.94)

㋒ 8.2より0.07大きい数 (8.27)

㋓ 1を8こ，0.1を6こ，0.01を9こあわせた数 (8.69)

㋔ 0.01を888こ集めた数 (8.88)

㋕ 0.01を810こ集めた数 (8.1)

2 1の㋐〜㋕の数を，下の数直線に ㋐↑ のように書きましょう。

P.61

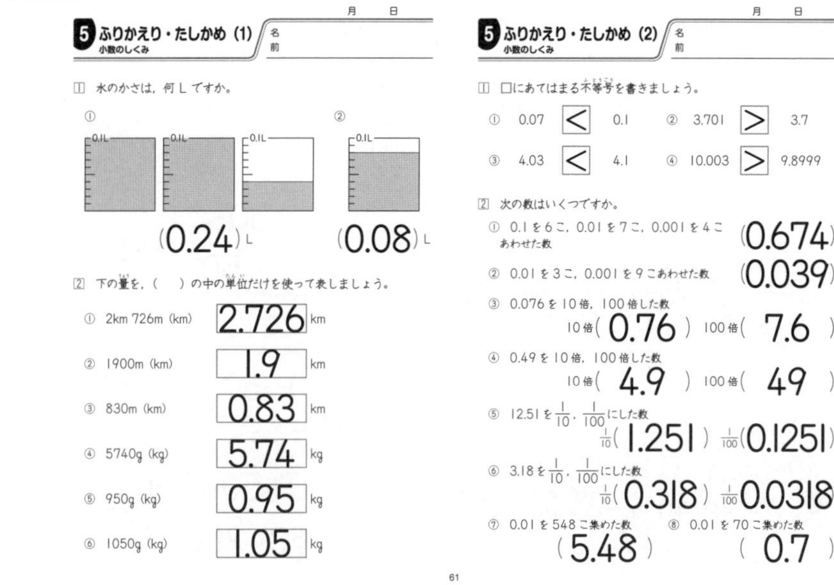

5 ふりかえり・たしかめ (1) 小数のしくみ

1 水のかさは，何Lですか。

① (0.24) L　② (0.08) L

2 下の量を，（　）の中の単位だけを使って表しましょう。

① 2km 726m (km) 2.726 km

② 1900m (km) 1.9 km

③ 830m (km) 0.83 km

④ 5740g (kg) 5.74 kg

⑤ 950g (kg) 0.95 kg

⑥ 1050g (kg) 1.05 kg

5 ふりかえり・たしかめ (2) 小数のしくみ

1 □にあてはまる不等号を書きましょう。

① 0.07 < 0.1　② 3.701 > 3.7

③ 4.03 < 4.1　④ 10.003 > 9.8999

2 次の数はいくつですか。

① 0.1を6こ，0.01を7こ，0.001を4こあわせた数 (0.674)

② 0.01を3こ，0.001を9こあわせた数 (0.039)

③ 0.076を10倍，100倍した数 10倍(0.76) 100倍(7.6)

④ 0.49を10倍，100倍した数 10倍(4.9) 100倍(49)

⑤ 12.51を$\frac{1}{10}$，$\frac{1}{100}$にした数 $\frac{1}{10}$(1.251) $\frac{1}{100}$(0.1251)

⑥ 3.18を$\frac{1}{10}$，$\frac{1}{100}$にした数 $\frac{1}{10}$(0.318) $\frac{1}{100}$ 0.0318

⑦ 0.01を548こ集めた数 (5.48)　⑧ 0.01を70こ集めた数 (0.7)

P.62

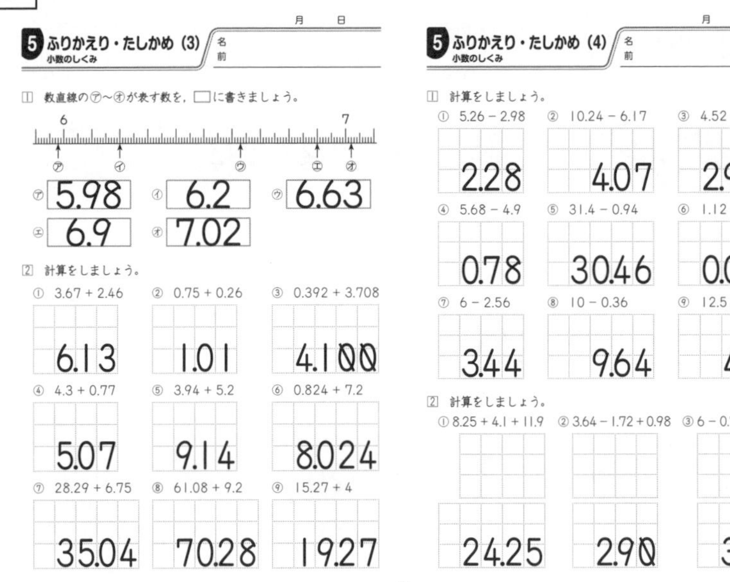

5 ふりかえり・たしかめ (3) 小数のしくみ

1 数直線の㋐〜㋔が表す数を，□に書きましょう。

㋐ 5.98　㋑ 6.2　㋒ 6.63　㋓ 6.9　㋔ 7.02

2 計算をしましょう。

① 3.67 + 2.46 = 6.13　② 0.75 + 0.26 = 1.01　③ 0.392 + 3.708 = 4.100

④ 4.3 + 0.77 = 5.07　⑤ 3.94 + 5.2 = 9.14　⑥ 0.824 + 7.2 = 8.024

⑦ 28.29 + 6.75 = 35.04　⑧ 61.08 + 9.2 = 70.28　⑨ 15.27 + 4 = 19.27

5 ふりかえり・たしかめ (4) 小数のしくみ

1 計算をしましょう。

① 5.26 − 2.98 = 2.28　② 10.24 − 6.17 = 4.07　③ 4.52 − 1.6 = 2.92

④ 5.68 − 4.9 = 0.78　⑤ 31.4 − 0.94 = 30.46　⑥ 1.12 − 1.095 = 0.025

⑦ 6 − 2.56 = 3.44　⑧ 10 − 0.36 = 9.64　⑨ 12.51 − 7.8 = 4.71

2 計算をしましょう。

① 8.25 + 4.1 + 11.9 = 24.25　② 3.64 − 1.72 + 0.98 = 2.90　③ 6 − 0.75 − 2.25 = 3.00

P.63

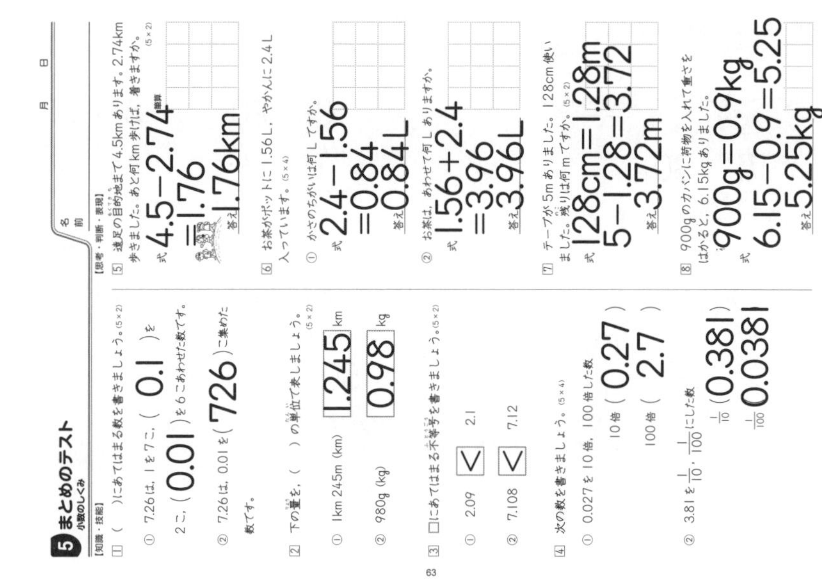

5 まとめのテスト 小数のしくみ

【知識・技能】

1 （　）にあてはまる数を書きましょう。(5×2)

① 7.26は，1を7こ，(0.1)を2こ，(0.01)を6こあわせた数です。

② 7.26は，0.01を(726)こ集めた数です。

2 下の量を，（　）の単位で表しましょう。(5×2)

① 1km 245m (km) 1.245 km

② 980g (kg) 0.98 kg

3 □にあてはまる不等号を書きましょう。(5×2)

① 2.09 < 2.1

② 7.108 < 7.12

4 次の数を書きましょう。(5×4)

① 0.027を10倍，100倍した数 10倍(0.27) 100倍(2.7)

② 3.81を$\frac{1}{10}$，$\frac{1}{100}$にした数 $\frac{1}{10}$(0.381) $\frac{1}{100}$ 0.0381

【思考・判断・表現】

5 遠足の目的地まで4.5kmあります。2.74km歩きました。あと何km歩けば，着きますか。(5×2)

式 4.5−2.74=1.76 答え 1.76km

6 お茶がポットに1.56L，やかんに2.4L入っています。(5×4)

① かさのちがいは何Lですか。 式 2.4−1.56=0.84 答え 0.84L

② お茶は，あわせて何Lありますか。 式 1.56+2.4=3.96 答え 3.96L

7 テープが5mありました。128cm使いました。残りは何mですか。(5×2)

式 128cm=1.28m 5−1.28=3.72 答え 3.72m

8 900gのカバンに荷物を入れて重さをはかると，6.15kgありました。荷物は何kgですか。(5×2)

式 900g=0.9kg 6.15−0.9=5.25 答え 5.25kg

解答　児童に実施させる前に，必ず指導される方が問題を解いてください。本書の解答は，あくまでも１つの例です。指導される方の作られた解答をもとに，本書の解答例を参考に児童の多様な考えに寄り添って○つけをお願いします。

P.64

考える力をのばそう　ちがいに注目して (1)

1 30このいちごをAさんとBさんの２人で分けます。Bさんのほうが４こ多くなるようにします。それぞれのいちごの数は何こになりますか。

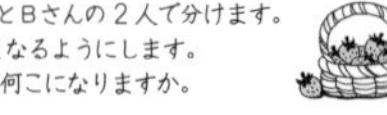

① □にあてはまる数を書きましょう。

全部で 30 こ　4 こ

② Aさん，Bさんそれぞれのいちごの数を求めましょう。

(例)30−4=26　26÷2=13　13+4=17
(30+4=34　34÷2=17　17−4=13)

答え Aさん 13こ　Bさん 17こ

2 40このあめをCさんとDさんの２人で分けます。Dさんのほうが６こ多くなるようにします。それぞれのあめの数は何こになりますか。

(例)40−6=34　34÷2=17　17+6=23
(40+6=46　46÷2=23　23−6=17)

答え Cさん 17こ　Dさん 23こ

考える力をのばそう　ちがいに注目して (2)

● 900mLのジュースを３人で分けます。３人のジュースは，50mLずつ量がちがうようにします。３人のジュースの量は，それぞれ何mLですか。

① □にあてはまる数を書きましょう。

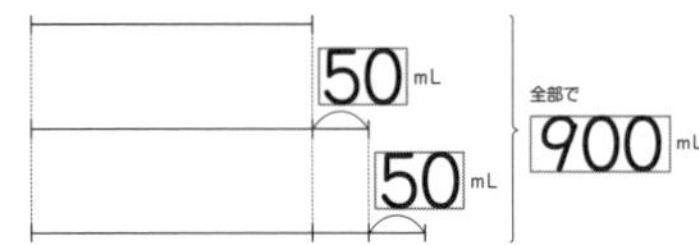

50mL　50mL　全部で 900mL

② それぞれのジュースの量は，何mLですか。

式 (例)900−50×3=750
750÷3=250
250+50=300
300+50=350

答え 250mL，300mL，350mL

P.65

6 わり算の筆算②−わる数が２けた　何十でわる計算 (1)

1 あめが80こあります。１人に20こずつ分けると，何人に分けることができますか。

□にあてはまる数を書きましょう。

式 80 ÷ 20

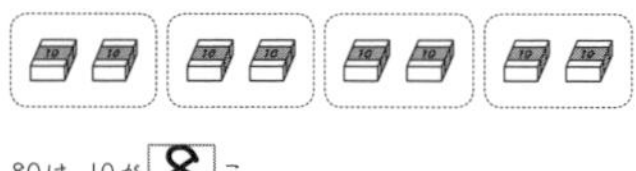

80は，10が 8 こ
20は，10が 2 こ

80 ÷ 20 = 4
8 ÷ 2 = 4　等しい

答え 4 人

2 計算をしましょう。

① 60 ÷ 30 = 2　② 120 ÷ 20 = 6
③ 180 ÷ 60 = 3　④ 300 ÷ 50 = 6

6 わり算の筆算②−わる数が２けた　何十でわる計算 (2)

1 計算をしましょう。

① 90 ÷ 30 = 3　② 150 ÷ 30 = 5
③ 280 ÷ 40 = 7　④ 350 ÷ 50 = 7
⑤ 400 ÷ 80 = 5　⑥ 420 ÷ 60 = 7
⑦ 540 ÷ 90 = 6　⑧ 720 ÷ 80 = 9

2 □にあてはまる数を書きましょう。

① 80 ÷ 20 = 4　② 120 ÷ 40 = 3
③ 320 ÷ 80 = 4　④ 450 ÷ 90 = 5
⑤ 400 ÷ 50 = 8　⑥ 420 ÷ 70 = 6

P.66

6 わり算の筆算②−わる数が２けた　何十でわる計算 (3)

1 あめが70こあります。１人に30こずつ分けると，何人に分けることができますか。また，何こあまりますか。

□にあてはまる数を書きましょう。

式 70 ÷ 30

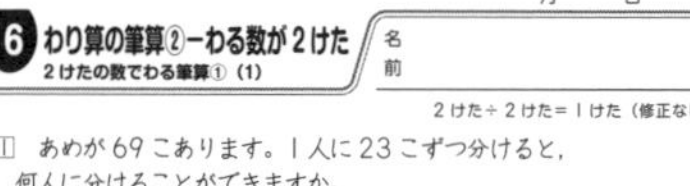

70は，10が 7 こ
30は，10が 3 こ

70 ÷ 30 = 2 あまり 10
7 ÷ 3 = 2 あまり 1　あまりに注意

答え 2 人，あまり 10 こ

2 計算をしましょう。

① 150 ÷ 3あまり30　② 200 ÷ 6あまり20
③ 350 ÷ 4あまり30　④ 400 ÷ 4あまり40

6 わり算の筆算②−わる数が２けた　何十でわる計算 (4)

1 計算をしましょう。

① 110 ÷ 3あまり20　② 170 ÷ 30 5あまり20
③ 240 ÷ 5 4あまり40　④ 300 ÷ 70 4あまり20
⑤ 420 ÷ 8 5あまり20　⑥ 510 ÷ 60 8あまり30
⑦ 550 ÷ 8 6あまり70　⑧ 680 ÷ 90 7あまり50
⑨ 600 ÷ 7 8あまり40　⑩ 700 ÷ 90 7あまり70

2 □にあてはまる数を書きましょう。

① 150 ÷ 20 = 7 あまり 10
② 200 ÷ 30 = 6 あまり 20
③ 270 ÷ 40 = 6 あまり 30
④ 440 ÷ 60 = 7 あまり 20

P.67

6 わり算の筆算②−わる数が２けた　２けたの数でわる筆算① (1)

２けた÷２けた＝１けた（修正なし）

1 あめが69こあります。１人に23こずつ分けると，何人に分けることができますか。

□にあてはまる数を，（　）にはことばを書きましょう。

式 69 ÷ 23

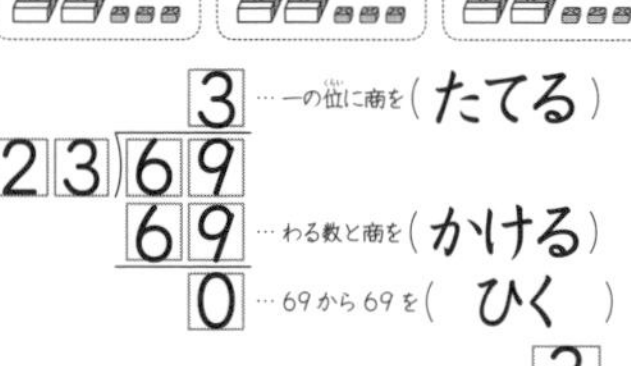

3 …一の位に商を（たてる）
23)69
69 …わる数と商を（かける）
0 …69から69を（ひく）

答え 3 人

2 計算をしましょう。

① 48 ÷ 12　4　② 68 ÷ 34　2　③ 82 ÷ 41　2

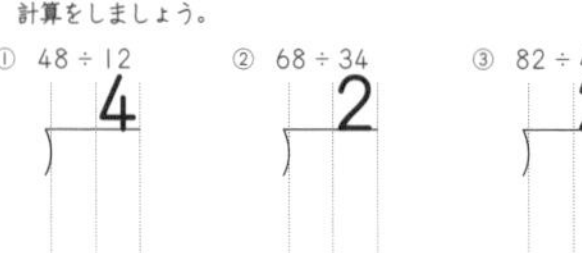

6 わり算の筆算②−わる数が２けた　２けたの数でわる筆算① (2)

２けた÷２けた＝１けた（修正なし）

1 計算をしましょう。

① 86 ÷ 43　2　② 96 ÷ 32　3　③ 84 ÷ 42　2　④ 66 ÷ 33　2
⑤ 44 ÷ 11　4　⑥ 93 ÷ 31　3　⑦ 88 ÷ 22　4　⑧ 42 ÷ 21　2

2 □にあてはまる数を書きましょう。

① 26 ÷ 13 = 2　② 48 ÷ 24 = 2
③ 99 ÷ 33 = 3　④ 63 ÷ 21 = 3

P.68

6 わり算の筆算②－わる数が２けた　２けたの数でわる筆算①（3）　月　日　名前

２けた÷２けた＝１けた（修正なし）

1 49 ÷ 23 の筆算をしましょう。

① □にあてはまる数を書いて，筆算をしましょう。

23)49 → 2, 46, 3

② けん算をします。□にあてはまる数を書きましょう。

23 × 2 + 3 = 49

2 次の筆算をしましょう。また，けん算もしましょう。

① 46 ÷ 21　2 あまり4　けん算（21×2+4=46）

② 55 ÷ 22　2 あまり11　けん算（22×2+11=55）

6 わり算の筆算②－わる数が２けた　２けたの数でわる筆算①（4）　月　日　名前

２けた÷２けた＝１けた（修正なし）

● 次の筆算をしましょう。また，けん算もしましょう。

① 85 ÷ 41　2 あまり3　けん算（41×2+3=85）

② 73 ÷ 32　2 あまり9　けん算（32×2+9=73）

③ 76 ÷ 53　1 あまり23　けん算（53×1+23=76）

④ 88 ÷ 34　2 あまり20　けん算（34×2+20=88）

⑤ 52 ÷ 24　2 あまり4　けん算（24×2+4=52）

⑥ 92 ÷ 21　4 あまり8　けん算（21×4+8=92）

P.69

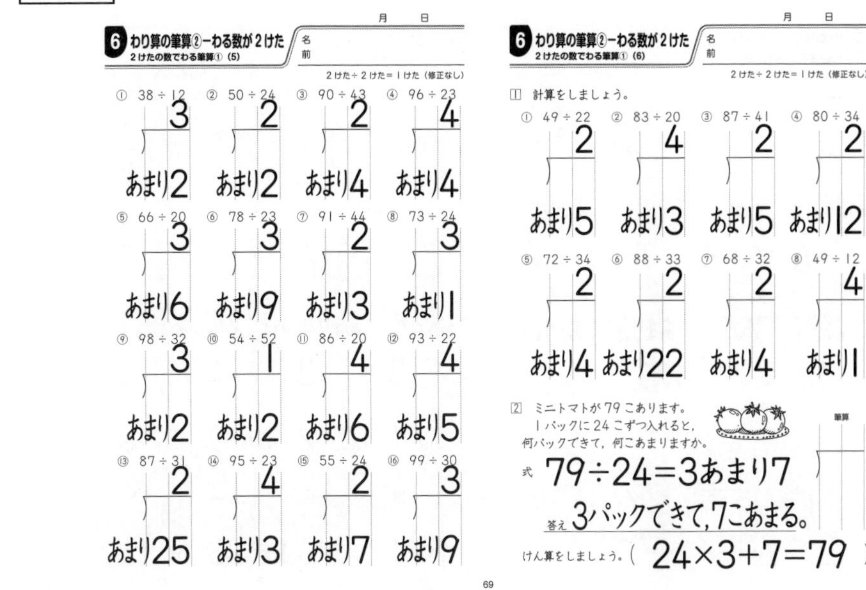

6 わり算の筆算②－わる数が２けた　２けたの数でわる筆算①（5）　月　日　名前

２けた÷２けた＝１けた（修正なし）

① 38 ÷ 12　3 あまり2
② 50 ÷ 24　2 あまり2
③ 90 ÷ 43　2 あまり4
④ 96 ÷ 23　4 あまり4
⑤ 66 ÷ 20　3 あまり6
⑥ 78 ÷ 23　3 あまり9
⑦ 91 ÷ 44　2 あまり3
⑧ 73 ÷ 24　3 あまり1
⑨ 98 ÷ 32　3 あまり2
⑩ 54 ÷ 52　1 あまり2
⑪ 86 ÷ 20　4 あまり6
⑫ 93 ÷ 22　4 あまり5
⑬ 87 ÷ 31　2 あまり25
⑭ 95 ÷ 23　4 あまり3
⑮ 55 ÷ 24　2 あまり7
⑯ 99 ÷ 30　3 あまり9

6 わり算の筆算②－わる数が２けた　２けたの数でわる筆算①（6）　月　日　名前

２けた÷２けた＝１けた（修正なし）

1 計算をしましょう。

① 49 ÷ 22　2 あまり5
② 83 ÷ 20　4 あまり3
③ 87 ÷ 41　2 あまり5
④ 80 ÷ 34　2 あまり12
⑤ 72 ÷ 34　2 あまり4
⑥ 88 ÷ 33　2 あまり22
⑦ 68 ÷ 32　2 あまり4
⑧ 49 ÷ 12　4 あまり1

2 ミニトマトが 79 こあります。１パックに 24 こずつ入れると，何パックできて，何こあまりますか。

式　79÷24=3あまり7

答え　3パックできて，7こあまる。

けん算をしましょう。（24×3+7=79）

P.70

6 わり算の筆算②－わる数が２けた　２けたの数でわる筆算①（7）　月　日　名前

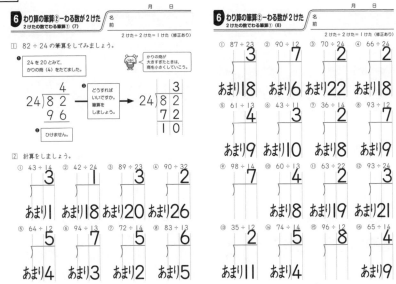

２けた÷２けた＝１けた（修正あり）

1 82 ÷ 24 の筆算をしてみましょう。

❶ 24 を 20 とみて，かりの商（4）をたてました。

かりの商が大きすぎたときは，商を小さくしていこう。

24)82 → 4, 96　❷ ひけません。

どうすればいいですか。筆算をしましょう。→ 24)82 → 3, 72, 10

2 計算をしましょう。

① 43 ÷ 14　3 あまり1
② 42 ÷ 24　1 あまり18
③ 89 ÷ 23　3 あまり20
④ 90 ÷ 32　2 あまり26
⑤ 64 ÷ 12　5 あまり4
⑥ 94 ÷ 13　7 あまり3
⑦ 72 ÷ 14　5 あまり2
⑧ 83 ÷ 13　6 あまり5

6 わり算の筆算②－わる数が２けた　２けたの数でわる筆算①（8）　月　日　名前

２けた÷２けた＝１けた（修正あり）

① 87 ÷ 23　3 あまり18
② 90 ÷ 12　7 あまり6
③ 70 ÷ 24　2 あまり22
④ 66 ÷ 24　2 あまり18
⑤ 61 ÷ 13　4 あまり9
⑥ 43 ÷ 11　3 あまり10
⑦ 36 ÷ 14　2 あまり8
⑧ 93 ÷ 12　7 あまり9
⑨ 98 ÷ 14　7
⑩ 60 ÷ 13　4 あまり8
⑪ 63 ÷ 22　2 あまり19
⑫ 93 ÷ 24　3 あまり21
⑬ 35 ÷ 12　2 あまり11
⑭ 74 ÷ 14　5 あまり4
⑮ 96 ÷ 12　8
⑯ 65 ÷ 14　4 あまり9

P.71

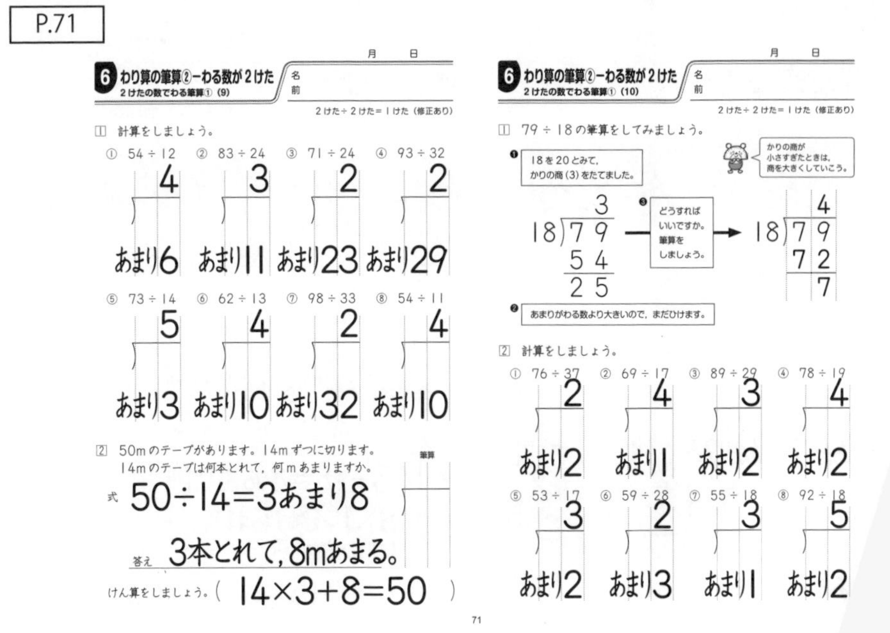

6 わり算の筆算②－わる数が２けた　２けたの数でわる筆算①（9）　月　日　名前

２けた÷２けた＝１けた（修正あり）

1 計算をしましょう。

① 54 ÷ 12　4 あまり6
② 83 ÷ 24　3 あまり11
③ 71 ÷ 24　2 あまり23
④ 93 ÷ 32　2 あまり29
⑤ 73 ÷ 14　5 あまり3
⑥ 62 ÷ 13　4 あまり10
⑦ 98 ÷ 33　2 あまり32
⑧ 54 ÷ 11　4 あまり10

2 50m のテープがあります。14m ずつに切ります。14m のテープは何本とれて，何 m あまりますか。

式　50÷14=3あまり8

答え　3本とれて，8mあまる。

けん算をしましょう。（14×3+8=50）

6 わり算の筆算②－わる数が２けた　２けたの数でわる筆算①（10）　月　日　名前

２けた÷２けた＝１けた（修正あり）

1 79 ÷ 18 の筆算をしてみましょう。

❶ 18 を 20 とみて，かりの商（3）をたてました。

かりの商が小さすぎたときは，商を大きくしていこう。

18)79 → 3, 54, 25

どうすればいいですか。筆算をしましょう。→ 18)79 → 4, 72, 7

❷ あまりがわる数より大きいので，まだひけます。

2 計算をしましょう。

① 76 ÷ 37　2 あまり2
② 69 ÷ 17　4 あまり1
③ 89 ÷ 29　3 あまり2
④ 78 ÷ 19　4 あまり2
⑤ 53 ÷ 17　3 あまり2
⑥ 59 ÷ 28　2 あまり3
⑦ 55 ÷ 18　3 あまり1
⑧ 92 ÷ 18　5 あまり2

解答

児童に実施させる前に，必ず指導される方が問題を解いてください。本書の解答は，あくまでも１つの例です。指導される方の作られた解答をもとに，本書の解答例を参考に児童の多様な考えに寄り添って○つけをお願いします。

P.72

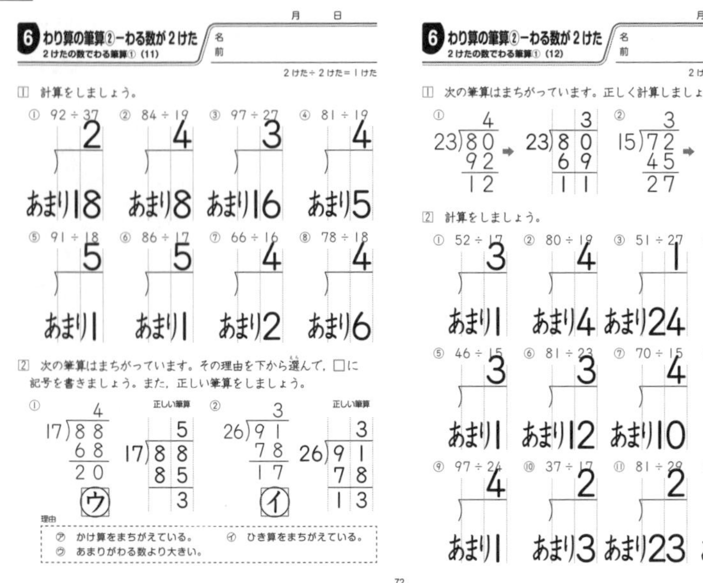

P.73

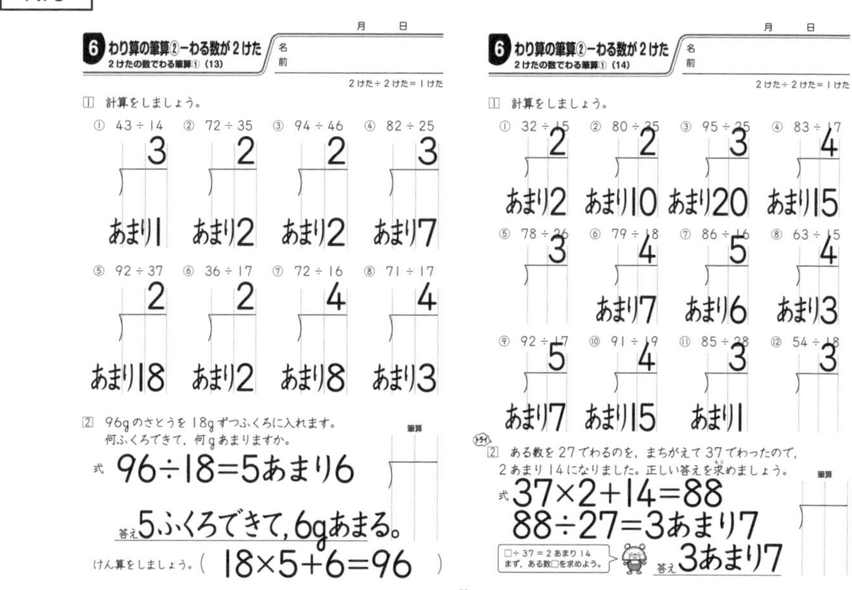

P.74

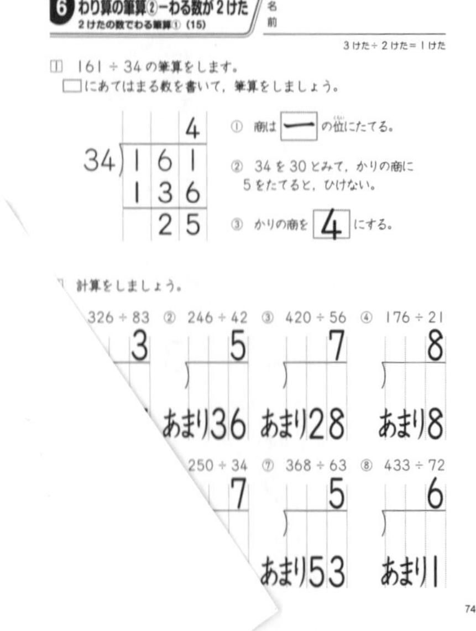

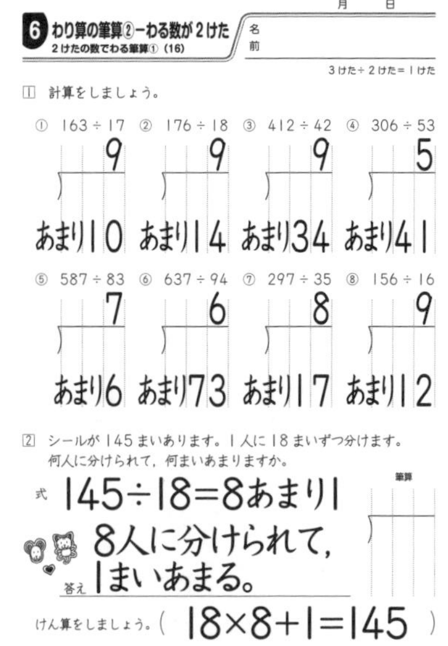

P.75

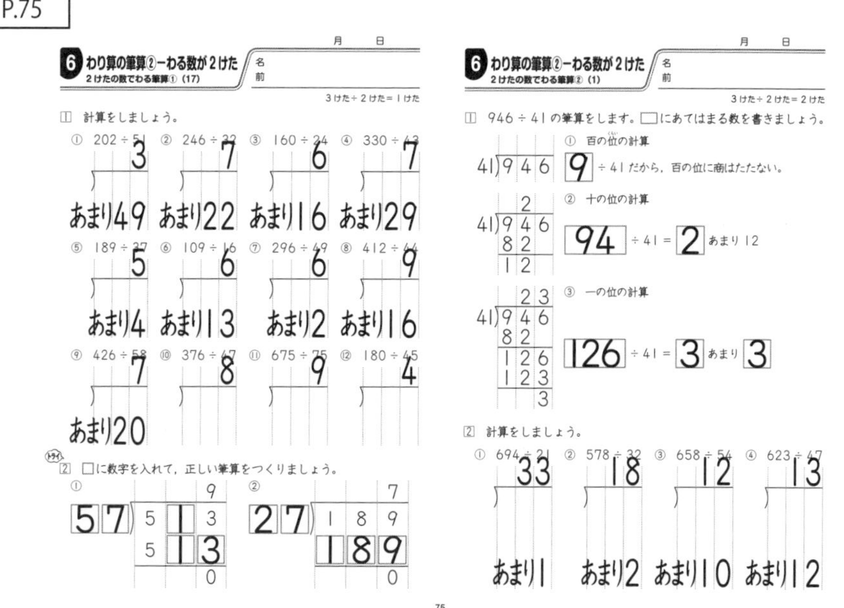

児童に実施させる前に，必ず指導される方が問題を解いてください。本書の解答は，あくまでも１つの例です。指導される方の作られた解答をもとに，本書の解答例を参考に児童の多様な考えに寄り添って○つけをお願いします。

解答

P.76

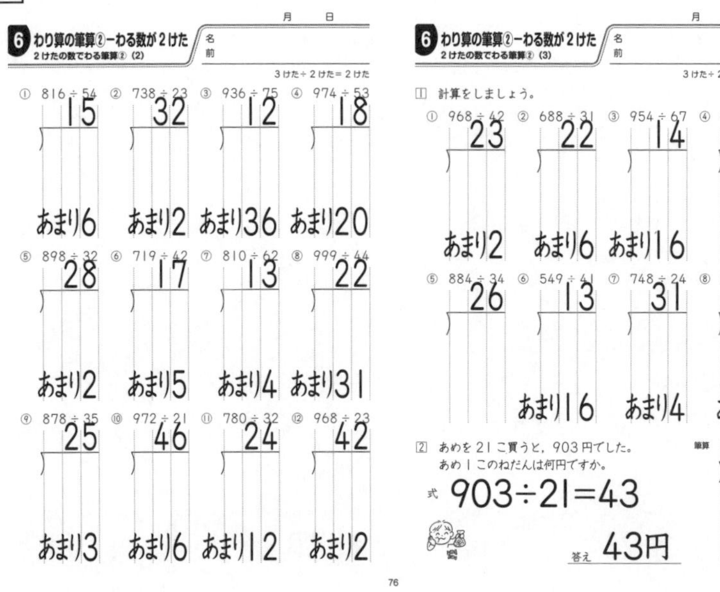

6 わり算の筆算②ーわる数が２けた　2けたの数でわる筆算② (2)　名前　月　日
3けた÷2けた＝2けた

① 816÷54　15 あまり6
② 738÷23　32 あまり2
③ 936÷75　12 あまり36
④ 974÷53　18 あまり20
⑤ 898÷32　28 あまり2
⑥ 719÷42　17 あまり5
⑦ 810÷62　13 あまり4
⑧ 999÷44　22 あまり31
⑨ 878÷35　25 あまり3
⑩ 972÷21　46 あまり6
⑪ 780÷32　24 あまり12
⑫ 968÷23　42 あまり2

6 わり算の筆算②ーわる数が２けた　2けたの数でわる筆算② (3)　名前　月　日
3けた÷2けた＝2けた

1 計算をしましょう。
① 968÷42　23 あまり2
② 688÷31　22 あまり6
③ 954÷67　14 あまり16
④ 368÷23　16
⑤ 884÷34　26
⑥ 549÷41　13 あまり16
⑦ 748÷24　31 あまり4
⑧ 839÷52　16 あまり7

2 あめを21こ買うと，903円でした。あめ１こ のねだんは何円ですか。
式 903÷21＝43
答え 43円

76

P.77

6 わり算の筆算②ーわる数が２けた　2けたの数でわる筆算② (4)　名前　月　日
3けた÷2けた＝2けた

1 計算をしましょう。
① 355÷15　23 あまり10
② 656÷25　26 あまり6
③ 682÷29　23 あまり15
④ 638÷14　45 あまり8
⑤ 606÷33　18 あまり12
⑥ 735÷53　13 あまり46
⑦ 828÷42　19 あまり30
⑧ 914÷32　28 あまり18

2 400このクッキーを，12こずつふくろに入れます。何ふくろできて，何こあまりますか。
式 400÷12＝33あまり4
答え 33ふくろできて，4こあまる。

77

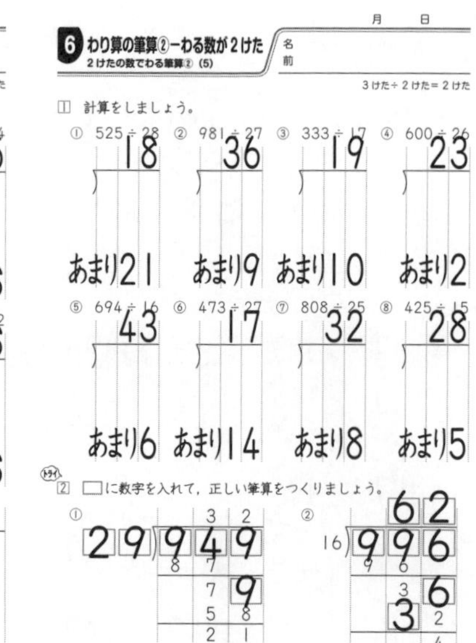

6 わり算の筆算②ーわる数が２けた　2けたの数でわる筆算② (5)　名前　月　日
3けた÷2けた＝2けた

1 計算をしましょう。
① 525÷28　18 あまり21
② 981÷27　36 あまり9
③ 333÷17　19 あまり10
④ 600÷26　23 あまり2
⑤ 694÷16　43 あまり6
⑥ 473÷27　17 あまり14
⑦ 808÷25　32 あまり8
⑧ 425÷15　28 あまり5

2 □に数字を入れて，正しい筆算をつくりましょう。
① 32　29)949　87　79　58　21
② 62　16)996　96　36　32　4

P.78

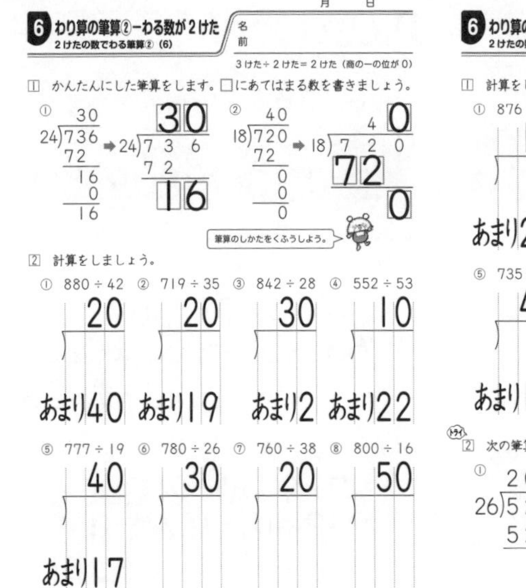

6 わり算の筆算②ーわる数が２けた　2けたの数でわる筆算② (6)　名前　月　日
3けた÷2けた＝2けた（商の一の位が0）

1 かんたんにした筆算をします。□にあてはまる数を書きましょう。
① 24)736 → 30　72　16　0　16 ⇒ 24)736　30　72　16
② 18)720 → 40　72　0　0　0 ⇒ 18)720　40　72　0

筆算のしかたをくふうしよう。

2 計算をしましょう。
① 880÷42　20 あまり40
② 719÷35　20 あまり19
③ 842÷28　30 あまり2
④ 552÷53　10 あまり22
⑤ 777÷19　40 あまり17
⑥ 780÷26　30
⑦ 760÷38　20
⑧ 800÷16　50

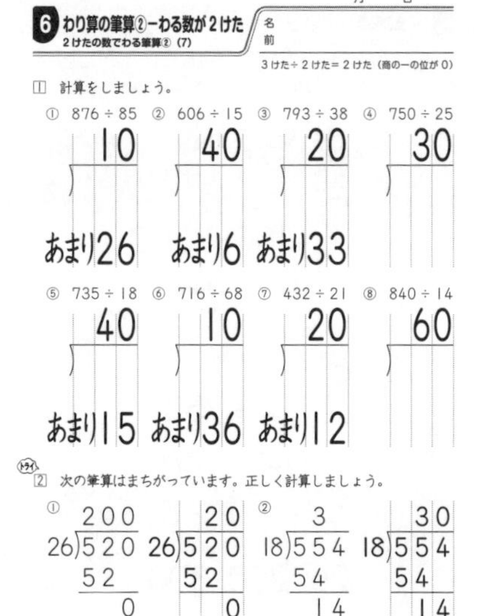

6 わり算の筆算②ーわる数が２けた　2けたの数でわる筆算② (7)　名前　月　日
3けた÷2けた＝2けた（商の一の位が0）

1 計算をしましょう。
① 876÷85　10 あまり26
② 606÷15　40 あまり6
③ 793÷38　20 あまり33
④ 750÷25　30
⑤ 735÷18　40 あまり15
⑥ 716÷68　10 あまり36
⑦ 432÷21　20 あまり12
⑧ 840÷14　60

2 次の筆算はまちがっています。正しく計算しましょう。
① 26)520　200　52　0 → 26)520　20　52　0
② 18)554　3　54　14 → 18)554　30　54　14

78

P.79

6 わり算の筆算②ーわる数が２けた　2けたの数でわる筆算② (8)　名前　月　日
3けた÷3けた＝1けた

1 756÷328の筆算をします。
① 商は，何の位にたてますか。（一の位）
② 328をいくつとみて，かりの商をたてればいいですか。（300）
③ 右の筆算をしましょう。
328)756　2　656　100

2 計算をしましょう。
① 984÷238　4 あまり32
② 374÷115　3 あまり29
③ 562÷273　2 あまり16
④ 542÷268　2 あまり6
⑤ 928÷457　2 あまり14
⑥ 497÷240　2 あまり17

79

6 わり算の筆算②ーわる数が２けた　2けたの数でわる筆算② (9)　名前　月　日
3けた÷3けた＝1けた

① 803÷398　2 あまり7
② 450÷105　4 あまり30
③ 696÷116　6
④ 938÷234　4 あまり2
⑤ 890÷295　3 あまり5
⑥ 533÷126　4 あまり29
⑦ 468÷118　3 あまり114
⑧ 378÷189　2
⑨ 950÷314　3 あまり8
⑩ 690÷115　6
⑪ 500÷125　4
⑫ 680÷136　5

解答

児童に実施させる前に，必ず指導される方が問題を解いてください。本書の解答は，あくまでも１つの例です。指導される方の作られた解答をもとに，本書の解答例を参考に児童の多様な考えに寄り添って○つけをお願いします。

P.80

6 わり算の筆算②－わる数が２けた
2けたの数でわる筆算② (10)

月　日　名前

- ① 82 ÷ 27　3 あまり1
- ② 49 ÷ 15　3 あまり4
- ③ 92 ÷ 12　7 あまり8
- ④ 82 ÷ 16　5 あまり2
- ⑤ 584 ÷ 83　7 あまり3
- ⑥ 375 ÷ 46　8 あまり7
- ⑦ 327 ÷ 46　7 あまり5
- ⑧ 409 ÷ 48　8 あまり25
- ⑨ 169 ÷ 18　9 あまり7
- ⑩ 238 ÷ 29　8 あまり6
- ⑪ 648 ÷ 72　9
- ⑫ 448 ÷ 56　8
- ⑬ 134 ÷ 16　8 あまり6
- ⑭ 296 ÷ 37　8
- ⑮ 668 ÷ 93　7 あまり17
- ⑯ 142 ÷ 19　7 あまり9

80

6 わり算の筆算②－わる数が２けた
2けたの数でわる筆算② (11)

月　日　名前

- ① 736 ÷ 12　61 あまり4
- ② 536 ÷ 23　23 あまり7
- ③ 649 ÷ 28　23 あまり5
- ④ 884 ÷ 36　24 あまり20
- ⑤ 754 ÷ 53　14 あまり12
- ⑥ 838 ÷ 38　22 あまり2
- ⑦ 432 ÷ 18　24
- ⑧ 784 ÷ 28　28
- ⑨ 900 ÷ 34　26 あまり16
- ⑩ 808 ÷ 48　16 あまり40
- ⑪ 768 ÷ 59　13 あまり1
- ⑫ 629 ÷ 17　37

P.81

6 わり算の筆算②－わる数が２けた
2けたの数でわる筆算② (12)

月　日　名前

- ① 65 ÷ 18　3 あまり11
- ② 384 ÷ 15　25 あまり9
- ③ 108 ÷ 16　6 あまり12
- ④ 611 ÷ 12　50 あまり11
- ⑤ 901 ÷ 13　69 あまり4
- ⑥ 960 ÷ 24　40
- ⑦ 98 ÷ 15　6 あまり8
- ⑧ 336 ÷ 48　7
- ⑨ 493 ÷ 69　7 あまり10
- ⑩ 284 ÷ 37　7 あまり25
- ⑪ 798 ÷ 19　42
- ⑫ 851 ÷ 37　23

81

6 わり算の筆算②－わる数が２けた
2けたの数でわる筆算② (13)

月　日　名前

- ① 987 ÷ 34　29 あまり1
- ② 780 ÷ 64　12 あまり12
- ③ 157 ÷ 18　8 あまり13
- ④ 111 ÷ 15　7 あまり6
- ⑤ 846 ÷ 28　30 あまり6
- ⑥ 78 ÷ 19　4 あまり2
- ⑦ 866 ÷ 27　32 あまり2
- ⑧ 108 ÷ 18　6
- ⑨ 764 ÷ 26　29 あまり10
- ⑩ 85 ÷ 17　5
- ⑪ 752 ÷ 94　8
- ⑫ 548 ÷ 36　15 あまり8

P.82

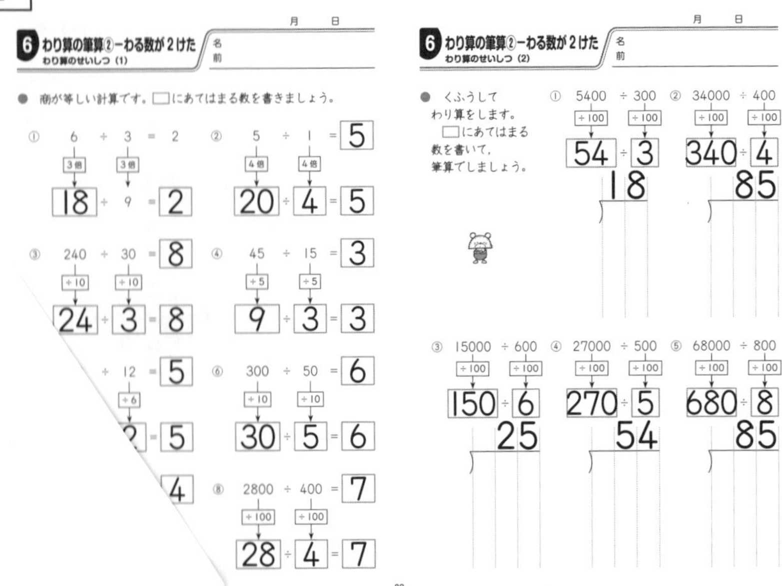

6 わり算の筆算②－わる数が２けた
わり算のせいしつ (1)
● 商が等しい計算です。□にあてはまる数を書きましょう。
① 6 ÷ 3 = 2　18 ÷ 9 = 2
② 5 ÷ 1 = 5　20 ÷ 4 = 5
③ 240 ÷ 30 = 8　24 ÷ 3 = 8
④ 45 ÷ 15 = 3　9 ÷ 3 = 3
⑥ 300 ÷ 50 = 6　30 ÷ 5 = 6
⑧ 2800 ÷ 400 = 7　28 ÷ 4 = 7
6 わり算の筆算②－わる数が２けた
わり算のせいしつ (2)
● くふうしてわり算をします。□にあてはまる数を書いて，筆算でしましょう。
① 5400 ÷ 300　54 ÷ 3　18
② 34000 ÷ 400　340 ÷ 4　85
③ 15000 ÷ 600　150 ÷ 6　25
④ 27000 ÷ 500　270 ÷ 5　54
⑤ 68000 ÷ 800　680 ÷ 8　85
82

P.83

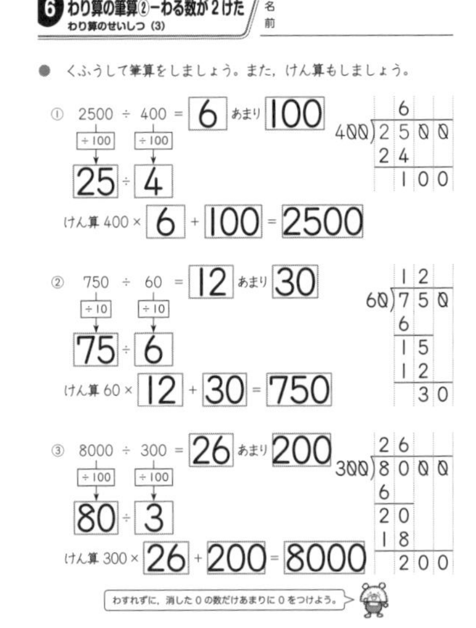

6 わり算の筆算②－わる数が２けた
わり算のせいしつ (3)
● くふうして筆算をしましょう。また，けん算もしましょう。
① 2500 ÷ 400 = 6 あまり 100　25 ÷ 4
けん算 400 × 6 + 100 = 2500
② 750 ÷ 60 = 12 あまり 30　75 ÷ 6
けん算 60 × 12 + 30 = 750
③ 8000 ÷ 300 = 26 あまり 200　80 ÷ 3
けん算 300 × 26 + 200 = 8000
わすれずに，消した０の数だけあまりに０をつけよう。

6 ふりかえり・たしかめ (1)
わり算の筆算②－わる数が２けた

月　日　名前

1 次のわり算で，商が10より小さくなるのは，□がどんな数字のときですか。あてはまる数字をすべて書きましょう。

① 43)4□5　　2，1，0

② 5□)578　　8，9

2 けん算の式を使って考えましょう。

① ある数を38でわったら，商が17で，あまりは21になりました。この数を28でわると，答えはどうなりますか。

式　38×17+21=667
　　667÷28=23あまり23

答え　23あまり23

② ある数を27でわったら，商が9で，あまりは10になりました。この数を18でわると，答えはどうなりますか。

式　27×9+10=253
　　253÷18=14あまり1

答え　14あまり1

83

P.84

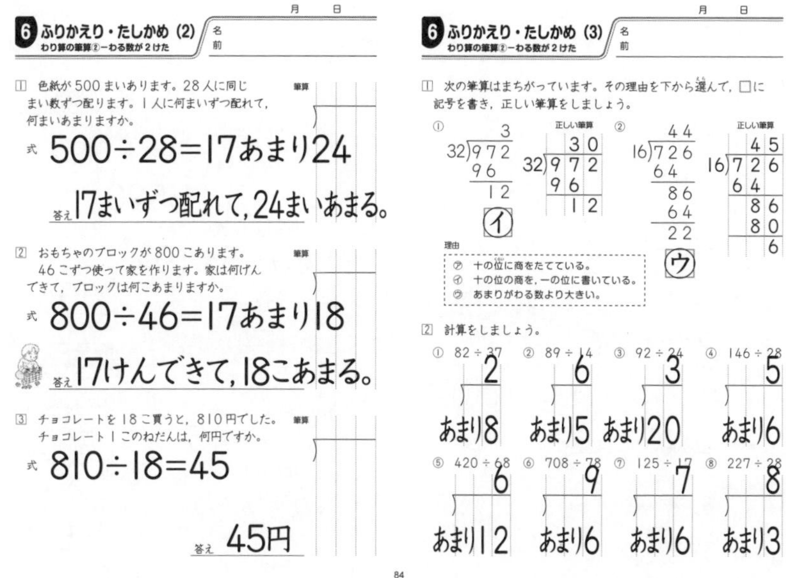

P.85

6 ふりかえり・たしかめ (4)
わり算の筆算②―わる数が２けた　月　日　名前

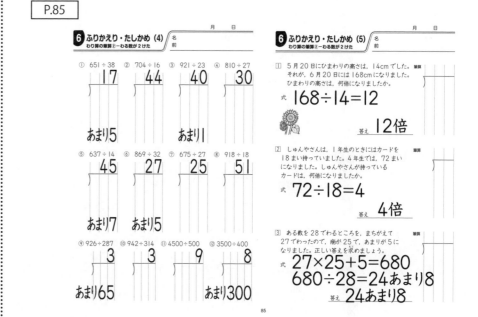

① 651÷38　17 あまり5
② 704÷16　44
③ 921÷23　40 あまり1
④ 810÷27　30
⑤ 637÷14　45 あまり7
⑥ 869÷32　27 あまり5
⑦ 675÷27　25
⑧ 918÷18　51
⑨ 926÷287　3 あまり65
⑩ 942÷314　3
⑪ 4500÷500　9
⑫ 3500÷400　8 あまり300

6 ふりかえり・たしかめ (5)
わり算の筆算②―わる数が２けた　月　日　名前

1 ５月20日にひまわりの高さは，14cmでした。それが，６月20日には168cmになりました。ひまわりの高さは，何倍になりましたか。

式 168÷14=12　答え 12倍

2 しゅんやさんは，１年生のときにはカードを18まい持っていました。４年生では，72まいになりました。しゅんやさんが持っているカードは，何倍になりましたか。

式 72÷18=4　答え 4倍

3 ある数を28でわるところを，まちがえて27でわったので，商が25で，あまりが５になりました。正しい答えを求めましょう。

式 27×25+5=680
680÷28=24あまり8
答え 24あまり8

P.86

6 まとめのテスト
わり算の筆算②―わる数が２けた　月　日　名前

[知識・技能]

1 計算をしましょう。(5×8)

① 93÷28　3 あまり9
② 80÷15　5 あまり5
③ 315÷45　7
④ 208÷23　9 あまり1
⑤ 942÷32　29 あまり14
⑥ 870÷27　32 あまり6
⑦ 852÷14　60 あまり12
⑧ 720÷18　40

2 計算を筆算でして，けん算もしましょう。(5×2)

9800÷300　答え 32あまり200
けん算 300×32+200=9800

[思考・判断・表現]

3 下の計算で，商が２けたになるのは，□にどんな数字が入ったときですか。(5×2)

① 38)3□2　8　9
② □6)279　2　1

4 色紙が350まいあります。(5×4)

① 36人に同じ数ずつ配ります。１人何まいになって，何まいあまりますか。
式 350÷36=9あまり26
答え 1人9まいになって，26まいあまる。

② 15まいずつ配ると，何人に配ることができて，何まいあまりますか。
式 350÷15=23あまり5
答え 23人に配ることができて，5まいあまる。

5 同じおかしを14こ買うと，910円でした。おかし１こが何円ですか。(5×2)
式 910÷14=65　答え 65円

6 450cmのテープは，75cmの何倍ですか。(5×2)
式 450÷75=6　答え 6倍

P.87

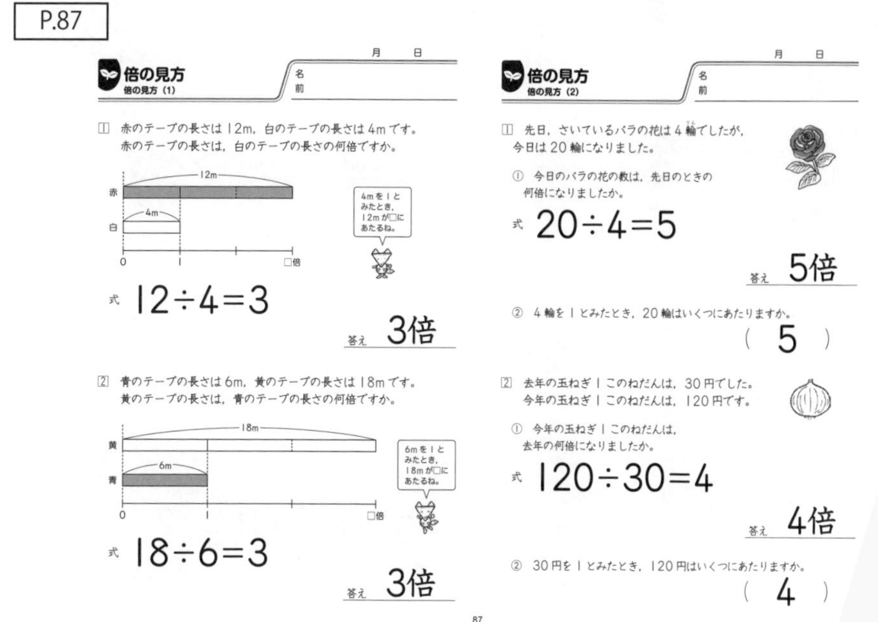

解答

児童に実施させる前に，必ず指導される方が問題を解いてください。本書の解答は，あくまでも１つの例です。指導される方の作られた解答をもとに，本書の解答例を参考に児童の多様な考えに寄り添って○つけをお願いします。

P.88

倍の見方
倍の見方（3）

月　日　名前

1 赤のリボンの長さは 160cm で，白のリボンの長さは，赤のリボンの長さの３倍です。白のリボンの長さは何 cm ですか。

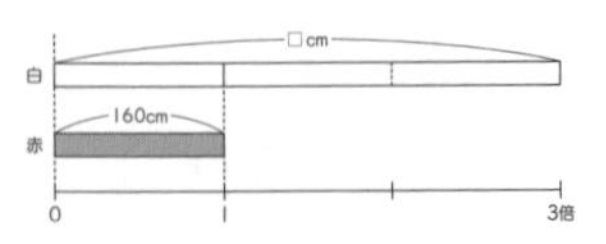

式 160×3=480

答え 480cm

2 Ａのリボンの長さは 260cm です。Ｂのリボンの長さは，Ａのリボンの長さの３倍です。Ｂのリボンの長さは何 cm ですか。

式 260×3=780

答え 780cm

倍の見方
倍の見方（4）

月　日　名前

1 えん筆１本のねだんは 120 円です。筆箱のねだんは，えん筆１本のねだんの７倍です。筆箱のねだんは何円ですか。

式 120×7=840

答え 840円

2 ある小学校の４年生の人数は 86 人です。全校の児童数はその６倍です。全校の児童数は何人ですか。

式 86×6=516

答え 516人

3 弟が借りた本のページ数は，48 ページです。姉の借りた本のページ数は，その５倍です。姉の借りた本のページ数は，何ページですか。

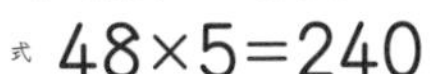

式 48×5=240

答え 240ページ

P.89

倍の見方
倍の見方（5）

月　日　名前

● 赤のロープの長さは，白のロープの長さの５倍で，75m です。白のロープの長さは何 m ですか。

① 白のロープの長さを□ m として，かけ算の式で表します。（　）にあてはまる数を書きましょう。

□×（ 5 ）=（ 75 ）

② □にあてはまる数を求めましょう。

式 75÷5=15

答え 15

③ □にあてはまる数を書きましょう。

75m を 5 とみると　1 にあたる大きさは 15m

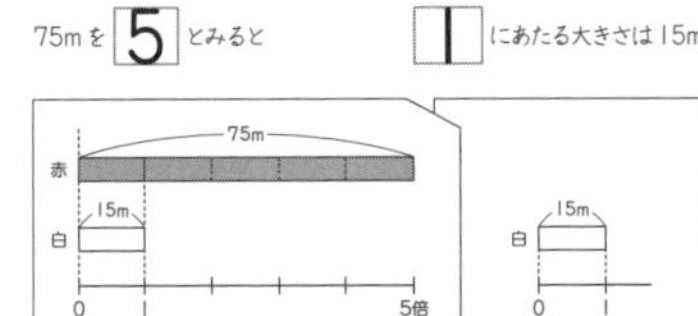

倍の見方
倍の見方（6）

月　日　名前

1 ケーキのねだんは，ジュースのねだんの５倍で，520 円です。

① ジュースのねだんを□円として，かけ算の式で表します。（　）にあてはまる数を書きましょう。

□×（ 5 ）=（520）

② □にあてはまる数を求めましょう。

式 520÷5=104

答え 104

2 ビルの高さは，木の高さの９倍で，45m です。

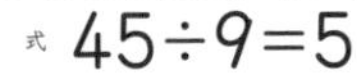

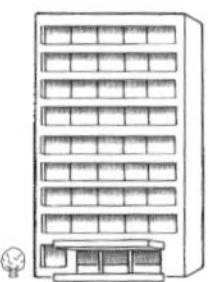

① 木の高さを□ m として，かけ算の式で表しましょう。

（□×9=45）

② □にあてはまる数を求めましょう。

式 45÷9=5

答え 5

P.90

倍の見方
倍の見方（7）

月　日　名前

● Ａのゴムは，30cm が 90cm にのびました。Ｂのゴムは，20cm が 80cm にのびました。どちらの方がよくのびたといえますか。それぞれ，何倍にのびているか求めましょう。

① Ａのゴム

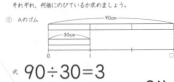

式 90÷30=3

答え 3倍

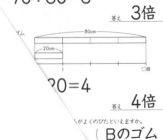

0=4

答え 4倍

がよくのびたといえますか。

（ Bのゴム ）

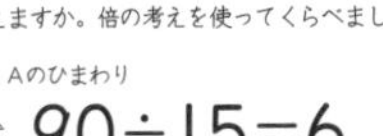

倍の見方
倍の見方（8）

月　日　名前

1 Ａのひまわりは，15cm が 90cm の高さに，Ｂのひまわりは，20cm が 100cm の高さになりました。どちらのほうがよくのびたといえますか。倍の考えを使ってくらべましょう。

① Ａのひまわり

式 90÷15=6

答え 6倍

② Ｂのひまわり

式 100÷20=5

答え 5倍

③ 倍を使ってくらべると，どちらがよくのびたといえますか。

（Aのひまわり）

2 野菜がねあがりしています。
大根（１本）　160 円 → 320 円
玉ねぎ（１こ）　35 円 → 140 円
ねだんの上がり方が大きいのは，どちらですか。

式 大根 320÷160=2
玉ねぎ 140÷35=4

答え 玉ねぎ

P.91

ふりかえり・たしかめ (1)
倍の見方

月　日　名前

1 25cm だった朝顔のつるが 125cm にのびました。朝顔のつるは何倍になりましたか。

式 125÷25=5

答え 5倍

2 あるぞうの生まれたときの体重は 100kg でした。親のぞうの体重は，その 60 倍です。親のぞうの体重は何 kg ですか。また，それは何 t ですか。

式 100×60=6000
6000kg=6t

答え 6000 kg，6 t

3 あるメスのライオンの体重は 120kg で，子どものライオンの体重の 40 倍です。子どものライオンの体重は何 kg ですか。

式 120÷40=3

答え 3kg

ふりかえり・たしかめ (2)
倍の見方

月　日　名前

1 広場で遊んでいる人は，はじめは６人でしたが，しばらくすると，24 人になりました。広場で遊んでいる人は，何倍になりましたか。

式 24÷6=4

答え 4倍

2 Ａさんがし育しているにわとりの数は，はじめ 28 わでしたが 196 わになりました。Ｂさんがし育しているにわとりの数は，はじめ 84 わでしたが 420 わになりました。どちらのにわとりのふえ方が大きいですか。倍を使ってくらべましょう。

式 Ａさん 196÷28=7
Ｂさん 420÷84=5

答え Ａさん

P.92

P.93

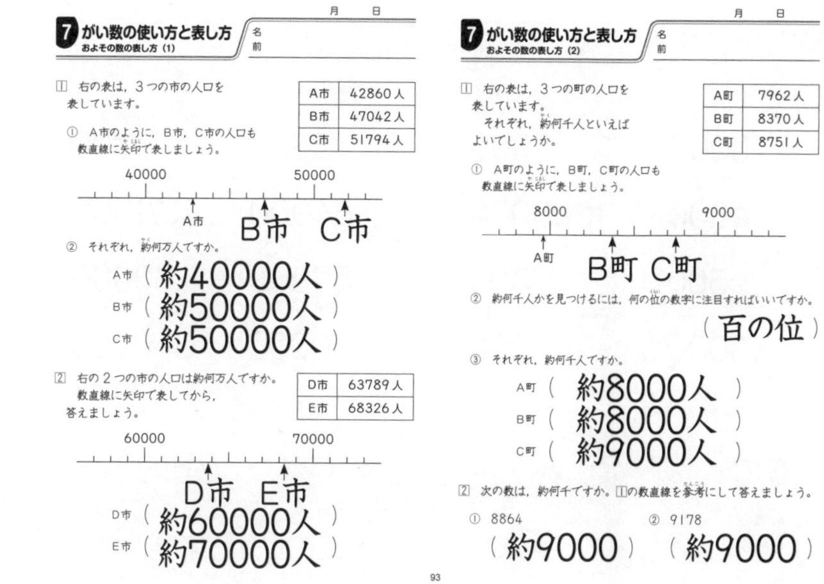

P.94

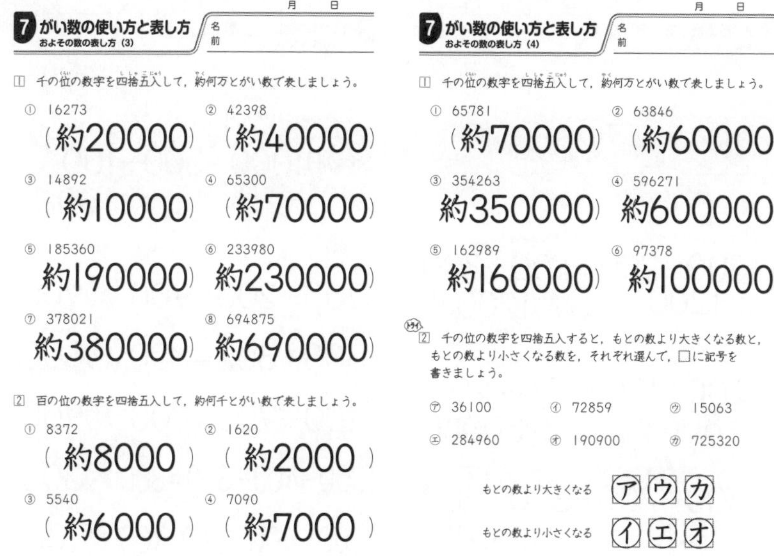

P.95

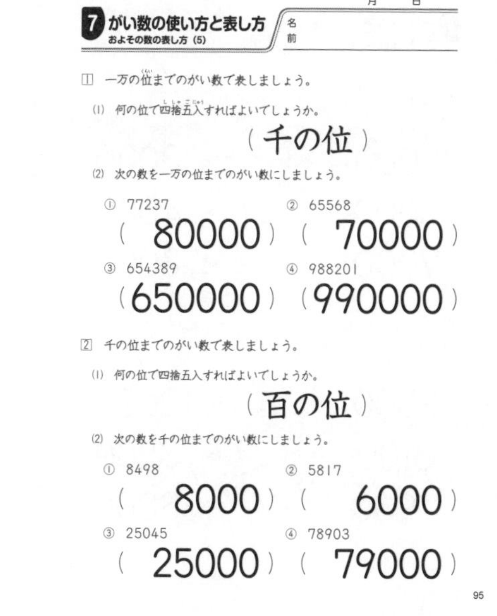

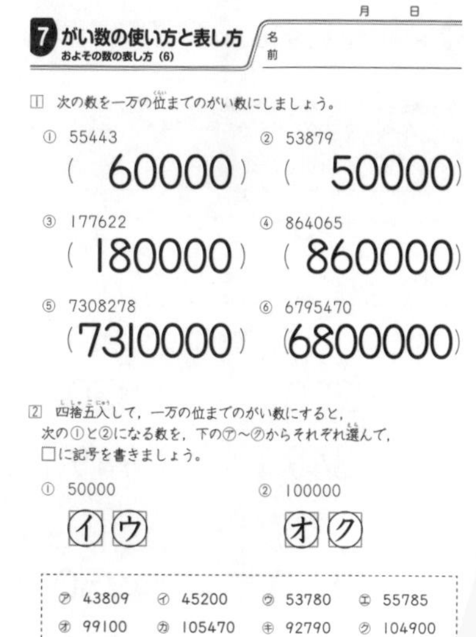

解答

児童に実施させる前に，必ず指導される方が問題を解いてください。本書の解答は，あくまでも１つの例です。指導される方の作られた解答をもとに，本書の解答例を参考に児童の多様な考えに寄り添って○つけをお願いします。

P.96

7 がい数の使い方と表し方 およその数の表し方 (7)

月　日　名前

1 次の数を四捨五入して，上から１けたのがい数にしましょう。

① 3498 (3000)　② 1542 (2000)

③ 3560 (4000)　④ 988201 (1000000)

⑤ 548 (500)　⑥ 794 (800)

⑦ 32976 (30000)　⑧ 97025 (100000)

2 四捨五入して，上から１けたのがい数にすると，次の①と②になる数を，下の㋐〜㋗からそれぞれ選んで，□に記号を書きましょう。

① 7000　㋑㋒

② 10000　㋔㋗

㋐ 73421	㋑ 7272	㋒ 6600	㋓ 6386
㋔ 10800	㋕ 16321	㋖ 9099	㋗ 9527

96

7 がい数の使い方と表し方 およその数の表し方 (8)

月　日　名前

1 次の数を四捨五入して，上から２けたのがい数にしましょう。

① 3780 (3800)　② 6840 (6800)

③ 64430 (64000)　④ 90737 (91000)

⑤ 56609 (57000)　⑥ 79650 (80000)

⑦ 800780 (800000)　⑧ 345710 (350000)

2 四捨五入して，上から２けたのがい数にすると，次の①と②になる数を，下の㋐〜㋗からそれぞれ選んで，□に記号を書きましょう。

① 84000　㋐㋑

② 10000　㋖㋗

㋐ 84466	㋑ 83720	㋒ 837200	㋓ 84500
㋔ 10620	㋕ 9947	㋖ 9974	㋗ 10379

P.97

7 がい数の使い方と表し方 およその数の表し方 (9)

月　日　名前

1 次の数を四捨五入して，上から１けたのがい数と上から２けたのがい数にしましょう。

	上から１けた	上から２けた
① 3498	(3000)	(3500)
② 1542	(2000)	(1500)
③ 3560	(4000)	(3600)
④ 988201	(1000000)	(990000)

2 四捨五入して上から１けたのがい数にすると60000になり，上から２けたのがい数にすると59000になる数を，下の㋐〜㋕から選んで，□に記号を書きましょう。

㋐ 58400	㋑ 58610	㋒ 59372
㋓ 59490	㋔ 59700	㋕ 60217

㋑㋒㋓

97

7 がい数の使い方と表し方 およその数の表し方 (10)

月　日　名前

● 次の数を四捨五入して十の位までのがい数にして，答えましょう。

173	174	175	176	177	178	179	180
170	170	180	180	180	180	180	180

181	182	183	184	185	186	187	188
180	180	180	180	190	190	190	190

① 四捨五入して，十の位までのがい数にすると180になる整数は，どこからどこまでですか。下の数直線に表しましょう。

170　180　190

② 四捨五入して，十の位までのがい数すると180になる整数で，いちばん小さい数といちばん大きい数を書きましょう。

いちばん小さい数 (175)　いちばん大きい数 (184)

③ 四捨五入して，十の位までのがい数にすると180になる整数のはんいを，以上と未満を使って表しましょう。

(175) 以上 (185) 未満

P.98

7 がい数の使い方と表し方 およその数の表し方 (11)

月　日　名前

1 四捨五入して，十の位までのがい数にすると70になる整数のうち，いちばん小さい数といちばん大きい数を書きましょう。

60　70　80

いちばん小さい数 (65)　いちばん大きい数 (74)

2 四捨五入して，百の位までのがい数にすると次の数になる整数のうち，いちばん小さい数といちばん大きい数を書きましょう。

① 300　いちばん小さい数 (250)　いちばん大きい数 (349)

② 900　いちばん小さい数 (850)　いちばん大きい数 (949)

④ 5000　いちばん小さい数 (4950)　いちばん大きい数 (5049)

98

7 がい数の使い方と表し方 およその数の表し方 (12)

月　日　名前

1 次の数を，切り捨て，切り上げのしかたで，千の位までのがい数にしましょう。

切り捨て		切り上げ
(2000) ←	① 2570	→ (3000)
(3000) ←	② 3160	→ (4000)
(7000) ←	③ 7990	→ (8000)

2 次の数を，切り捨て，切り上げのしかたで，百の位までのがい数にしましょう。

切り捨て		切り上げ
(2500) ←	① 2570	→ (2600)
(3100) ←	② 3160	→ (3200)
(7900) ←	③ 7990	→ (8000)

P.99

7 がい数の使い方と表し方 がい数を使った計算 (1)

月　日　名前

● ここなさんは，下の買い物をして，いくらぐらいの代金になるか，がい算しました。

プリン １パック280円　クッキー １箱170円　ドーナツ １箱340円　せんべい １ふくろ230円

① 1000円でたりるかどうかを考えます。すべての金がくを切り上げて百の位までのがい数にして，代金を見積もりましょう。

式 300+200+400+300=1200　答え 約1200円

② 代金が1000円をこえるとサービスがもらえます。すべての金がくを切り捨てて百の位までのがい数にして，代金を見積もりましょう。

式 200+100+300+200=800　答え 約800円

③ 四捨五入して百の位までのがい数にして，代金を見積もりましょう。

式 300+200+300+200=1000　答え 約1000円

99

7 がい数の使い方と表し方 がい数を使った計算 (2)

月　日　名前

1 478円のおべん当と116円のお茶を買って，1000円札ではらいました。おつりはおよそいくらになりますか。十の位の数字を四捨五入して，おつりを見積もりましょう。

式 (例) 1000−500−100=400　答え 約400円

2 四捨五入して百の位までのがい数にして，答えを見積もりましょう。

① 720 + 180　700+200=900　約900

② 548 + 339　500+300=800　約800

③ 186 + 726　200+700=900　約900

④ 1000 − 373 − 251　1000−400−300=300　約300

⑤ 1000 − 419 − 468　1000−400−500=100　約100

P.100

7 がい数の使い方と表し方
がい数を使った計算 (3)

月　日　名前

● ４年生 48 人で，博物館へ見学に行きます。

① 博物館の観らん料金は１人 240 円です。全員の観らん料金は何円になりますか。上から１けたのがい数にして，見積もりましょう。

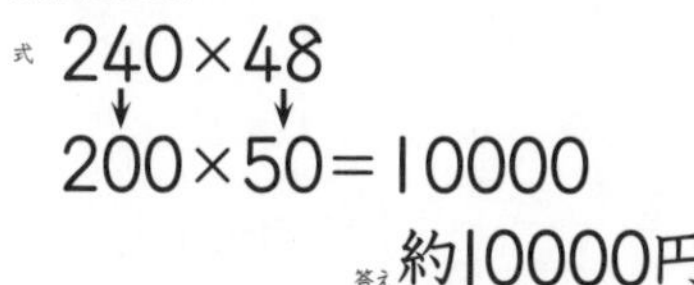

式 240×48
↓　↓
200×50＝10000

答え 約10000円

② バスを１台借りるのに，82560 円かかります。１人分のバス代は約何円になりますか。上から１けたのがい数にして，見積もりましょう。

式 82560÷48
↓　↓
80000÷50＝1600

答え 約1600円

7 がい数の使い方と表し方
がい数を使った計算 (4)

月　日　名前

● 四捨五入して上から１けたのがい数にして，積や商を見積もりましょう。

① 428 × 363
400×400＝160000　約160000

② 184 × 59
200×60＝12000　約12000

③ 586 × 84
600×80＝48000　約48000

④ 6275 ÷ 23
6000÷20＝300　約300

⑤ 7940 ÷ 41
8000÷40＝200　約200

⑥ 96200 ÷ 52
100000÷50＝2000　約2000

100

P.101

7 ふりかえり・たしかめ (1)
がい数の使い方と表し方

月　日　名前

1 次の数を四捨五入して，それぞれの方法でがい数にしましょう。

① 5763700
- 約何万 （約5760000）
- 千の位までのがい数 （5764000）
- 上から２けたのがい数 （5800000）

② 69218
- 約何万 （約70000）
- 千の位までのがい数 （69000）
- 上から２けたのがい数 （69000）

2 四捨五入して，百の位までのがい数にすると，600 になる整数のはんいを，２つの方法で表しましょう。

（550）以上（649）以下
（550）以上（650）未満

7 ふりかえり・たしかめ (2)
がい数の使い方と表し方

月　日　名前

1 四捨五入して，十の位までのがい数にすると，50 になる整数のはんいを，２つの方法で表しましょう。

（45）以上（54）以下
（45）以上（55）未満

2 185 円のマーカーペンと 328 円のじょうぎセットを買って，1000 円札ではらいました。おつりは何円になりますか。十の位を四捨五入して，おつりを見積もりましょう。

式（例）1000－200－300
＝500

答え 約500円

3 四捨五入して上から１けたのがい数にして，積や商を見積もりましょう。

① 426 × 2731
400×3000
＝1200000　約1200000

② 92341 ÷ 28
90000÷30
＝3000　約3000

101

P.102

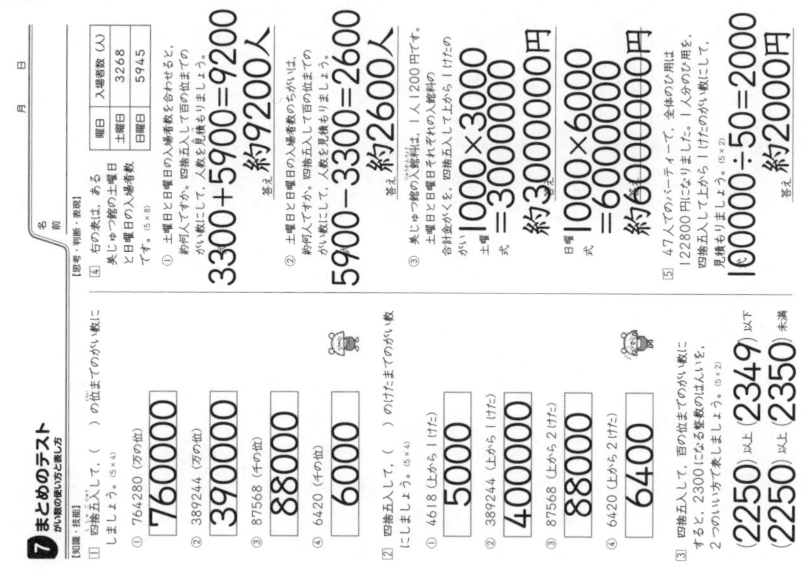

7 まとめのテスト
がい数の使い方と表し方

月　日　名前

【知識・技能】

1 四捨五入して，（　）の位までのがい数にしましょう。(5×4)

① 764280（万の位） 760000
② 389244（万の位） 390000
③ 87568（千の位） 88000
④ 6420（千の位） 6000

2 四捨五入して，（　）のけたまでのがい数にしましょう。(5×4)

① 4618（上から１けた） 5000
② 389244（上から１けた） 400000
③ 87568（上から２けた） 88000
④ 6420（上から２けた） 6400

3 四捨五入して，百の位までのがい数にすると，2300 になる整数のはんいを，２つのいい方で表しましょう。(5×2)

（2250）以上（2349）以下
（2250）以上（2350）未満

【思考・判断・表現】

4 右の表は，ある美じゅつ館の土曜日と日曜日の入場者数です。(5×8)

曜日	入場者数（人）
土曜日	3268
日曜日	5945

① 土曜日と日曜日の入場者数を合わせると，約何人ですか。四捨五入して百の位までのがい数にして，人数を見積もりましょう。

3300＋5900＝9200

答え 約9200人

② 土曜日と日曜日の入場者数のちがいは，約何人ですか。四捨五入して百の位までのがい数にして，人数を見積もりましょう。

5900－3300＝2600

答え 約2600人

③ 美じゅつ館の入館料は，１人 1200 円です。土曜日と日曜日それぞれの入館料の合計金がくを，四捨五入して上から１けたのがい数にして見積もりましょう。

土曜 式 1000×3000
＝3000000

答え 約3000000円

日曜 式 1000×6000
＝6000000

答え 約6000000円

5 47人でのパーティーで，全体のひ用は 122800 円になりました。１人分のひ用を，四捨五入して上から１けたのがい数にして，見積もりましょう。(5×2)

式 100000÷50＝2000

答え 約2000円

102

WEB サイト
情報（正誤表含む）は
サイトをご覧下さい。

書ワークシートをコピー・印刷して児童に配布できます。
にあわせて，拡大してお使い下さい。

教科書にそって 学べる

算数教科書プリント　4年 ①
東京書籍版

2023年3月1日　　第1刷発行

イ ラ ス ト：山口 亜耶 他
表紙イラスト：鹿川 美佳
表紙デザイン：エガオデザイン
執筆協力者：新川 雄也
企画・編著：原田 善造・あおい えむ・今井 はじめ・さくら りこ・中 あみ
中 えみ・中田 こういち・なむら じゅん・はせ みう
ほしの ひかり・堀越 じゅん・みやま りょう（他4名）
編集担当：川瀬 佳世

発 行 者：岸本 なおこ
発 行 所：喜楽研（わかる喜び学ぶ楽しさを創造する教育研究所：略称）
〒604-0827　京都府京都市中京区高倉通二条下ル瓦町 543-1
TEL　075-213-7701　FAX　075-213-7706
HP　https://www.kirakuken.co.jp
印　　刷：創栄図書印刷株式会社

ISBN:978-4-86277-379-1

Printed in Japan